国家自然科学基金项目资助（71563011）
华东交通大学专著出版基金资助

深化户籍制度改革的城市公共服务创新研究

周小刚　著

科学出版社
北京

内 容 简 介

本书以户籍制度改革背景下城市公共服务治理为主线，应用了人口迁移理论、基本公共服务均等化理论、整体政府理论、多中心理论和系统动力学理论等基本理论。首先，通过统计数据和抽样调查数据，从户籍衍生价值和改革成本测算角度出发，分析户籍制度改革总成本和衍生价值。其次，通过借鉴蒂布特理论、公共产品理论和动态面板模型，深入探讨公共产品供给对城镇化的作用机制；在修正美国顾客满意度模型的基础上，建立结构方程模型分析影响流动人口公共服务满意度的作用机理；深入研究户籍制度改革中流动人口公共服务产品的筹资机制、组织机制、激励机制和监督机制。最后，依据逐树设撤关联数结构行为检验建模法，建立南昌市试点城市户籍制度改革的公共服务创新系统动力学模型，进行公共服务创新的政策仿真研究。

本书适用于经济管理、工商管理和公共管理的本科生与研究生教学参考，对于公共管理领域的研究者与实际工作者，具有较高的参考价值。

图书在版编目（CIP）数据

深化户籍制度改革的城市公共服务创新研究 / 周小刚著. —北京：科学出版社，2020.11

ISBN 978-7-03-066570-6

Ⅰ. ①深… Ⅱ. ①周… Ⅲ. ①户籍制度-体制改革-研究-中国 Ⅳ. ①D631.42

中国版本图书馆 CIP 数据核字（2020）第 209294 号

责任编辑：刘英红 邓 娴 / 责任校对：贾娜娜
责任印制：张 伟 / 封面设计：华路天然工作室

科学出版社出版
北京东黄城根北街 16 号
邮政编码：100717
http://www.sciencep.com

北京虎彩文化传播有限公司印刷

科学出版社发行 各地新华书店经销

*

2020 年 11 月第 一 版 开本：720×1000 B5
2020 年 11 月第一次印刷 印张：13 3/4
字数：275 000

定价：125.00 元

（如有印装质量问题，我社负责调换）

作 者 简 介

周小刚，男，江西进贤人，1973年12月出生，华东交通大学经济管理学院教授，南昌大学管理学博士，中国社会科学院人口与劳动经济研究所博士后，主要研究方向：劳动力转移、人口城市化。近年来在《系统工程理论与实践》《中国农村经济》《统计与信息论坛》《人口与经济》《经济纵横》《科技进步与对策》《当代财经》等CSSCI期刊发表论文二十余篇，获全国教育科学研究优秀成果二等奖，获江西省教育科学优秀成果一等奖，获江西省社会科学优秀成果二等奖及三等奖。主持国家自然科学基金项目、国家社会科学基金教育学项目、教育部人文社会科学研究一般项目和江西社会科学规划项目等省部级课题9项，主持并参与其他各类省部级课题十余项。

前　言

随着中国城镇化的快速推进，大量农村劳动力向城市转移就业。但是长期以来，流动人口在为当地社会经济发展做出重大贡献的同时，仍难以享受与当地户籍人口同等的公共服务。在中国大力推进新型城镇化的背景下，如何有效解决流动人口公共服务的问题是社会各界关注的焦点。2016年1月1日，国务院颁发的《居住证暂行条例》正式实施，这一政策的核心思想是，即使流动人口不具有工作或居住地的当地户籍，但是依据居住证同样可以享受流入地的基本公共服务。因此，本书结合政府新一轮的改革发展目标和流动人口对公共服务均等化的迫切需求，对居住证制度改革背景下流动人口公共服务创新模式和运行机制进行深入分析，具有极其重要的现实意义。

本书在理论上，从劳动力迁移、基本公共服务均等化理论和公共服务质量的视角来探讨流动人口公共服务供给和治理问题，从协同视角进一步丰富和深化我国流动人口公共服务内涵，有利于拓展和丰富公共服务均等化研究的理论成果。在实践上，从准公共物品提供角度出发，在政府直接供给模式、政府公共服务外包模式、商业化运作模式和社会志愿提供四种模式的基础上，借鉴协同学理论和多中心理论，从多元化治理结构、协同治理路径和协同合作模式出发，研究构建城市公共服务创新协同模式，探讨构建城市户籍人口与流动人口的基本公共服务均等化实现机制和创新基本公共服务的供给模式。

本书以户籍制度改革背景下城市公共服务治理为主线，在深入研究国内外前沿文献的基础上，应用人口迁移理论、基本公共服务均等化理论、整体政府理论、多中心理论和系统动力学理论等基本理论，通过统计数据和抽样调查数据，首先从户籍衍生价值和改革成本测算角度出发，阐释户籍制度改革历史沿革和当前户籍制度改革的主要制约因素，分析户籍制度改革总成本和衍生价值。本书指出，从财政支出角度来看，深化户籍制度改革的本质在于加快户籍城镇化速度，促进基本公共服务均等化，赋予进城务工人员以平等的公共服务权利价值，有助于缩小城乡收入差距，实现进城务工人员市民化和促进城乡经济社会一体化发展。

其次，从基本公共服务与经济系统协同发展的核心概念出发，建立基本公共服务与经济系统的耦合协调度模型，通过计算各地区基本公共服务和经济两个子系统发展水平的综合指数，利用协调度模型测算出各地区2007~2016年基本公共服务与经济发展的协调度，再利用空间计量方法分析基本公共服务和经济系统协调水平的时空分布特征。本书研究结果表明：中国基本公共服务与经济系统东、中、西部地区的协调分布差异明显，其中东部的整体协调度最好，中部的协调度变化幅度最小，西部的协调度分布波动最大；基本公共服务与经济系统协调水平的地区分布具有较为显著的空间依赖性，分别形成了以天津和江苏为中心的两个基本公共服务与经济系统协调水平高值集聚区,且集聚区保持一定的空间稳定性；基本公共服务与经济系统协调水平高的省域在空间上相互邻近，而基本公共服务与经济系统协调水平低的省域也趋于集中。书中进一步分析了基本公共服务供给的四种主要模式，探究公共服务协同治理的主要困难和问题，如供给主体单一、社会组织能力不足、监管缺乏等问题，进而深入研究深化户籍制度改革进程中公共服务创新的协同治理模式。

再次，通过借鉴蒂布特理论、公共产品理论和动态面板模型，深入探讨公共产品供给对城镇化的作用机制，通过构建公共产品评价指标体系，运用熵值法测度出公共产品供给的区域异质性特征；然后建立动态面板模型，验证城镇化存在自我强化和路径依赖等特点。进一步分析表明，公共产品总体上对加速城镇化具有显著的正向影响；中西部地区公共产品对城镇化的正向影响显著，存在明显的公共产品促进城镇化提升的效应；但东部地区公共产品的城镇化效应并不显著。由于不同公共产品外溢性的特征差异，公共产品中的医疗卫生、社会保障与就业、公共教育和环境保护对城镇化均有显著的正向影响，但公共设施和公共安全对城镇化的影响并不显著。

最后，结合顾客满意度理论，开发和设计调查量表，建立结构方程模型，对流动人口及公共服务相关文献进行梳理，从公共服务受众角度进行公共服务主观满意度评价的探讨。在修正美国顾客满意度模型的基础上，结合中国国情，构建居住证制度改革背景下流动人口公共服务满意度模型，建立结构方程模型分析影响公共服务满意度的作用机理，并且深入研究户籍制度改革中流动人口公共服务产品的筹资机制、组织机制、激励机制和监督机制。

另外，依据逐树设撤关联数结构行为检验建模法，建立南昌市试点城市户籍制度改革的公共服务创新系统动力学模型，建立户籍制度改革与公共服务系统的$T_1(t)$至$T_6(t)$入树模型，经过嵌运算得到与流率基本入树模型等价的流图模型，通过关联矩阵和枝向量行列式反馈环计算得到系统所有的反馈环，并进行城市公共服务创新策略的反馈环与仿真组合分析。在实践上，深入剖析居住证制度改革背景下流动人口公共服务存在的典型问题，提出提升居住证的含金量，明确公共服务均等化的成本分担机制；建立基本公共服务多元化供给模式，提升公共服务供给效率；利用“互联网+”模式，健全和完善动态的人口信息数据库；以人为本，提高流动人口公共服务参与度和认可度；以财权、事权相适应为原则，健全公共服务财税流转体制；推动公共服务供给侧改革，构建公共服务监管和绩效评估制度等治理创新对策。

目　录

第1章 绪 论

1.1 深化户籍制度改革的背景

中国户籍管理制度曾发挥重要的历史作用，但特有的户籍壁垒形成了城乡差别的“二元社会结构”，产生了欠城镇化的“进城务工人员问题”，造成了进城务工人员“流而不迁”和“循环流动”，传统城镇化造成城乡分离、城际分离，城市人口管理体制严重滞后于人口流动格局和进城务工人员市民化需求，不利于现代社会管理。2013年中国共产党十八届三中全会①和中央城镇化工作会议②均明确指出：必须健全体制机制，形成以工促农、以城带乡、工农互惠、城乡一体的新型工农城乡关系，让广大农民平等参与现代化进程、共同分享现代化成果。要加快构建新型农业经营体系，赋予农民更多财产权利，推进城乡要素平等交换和公共资源均衡配置，完善城镇化健康发展体制机制。要以人为本，推进以人为核心的城镇化，提高城镇人口素质和居民生活质量，把促进有能力在城镇稳定就业和生活的常住人口有序实现市民化作为首要任务。2017年3月，《国务院关于印发“十三五”推进基本公共服务均等化规划的通知》指出，基本公共服务是由政府主导、保障全体公民生存和发展基本需要、与经济社会发展水平相适应的公共服务。基本公共服务均等化是指全体公民都能公平可及地获得大致均等的基本公共服务，其核心是促进机会均等，重点是保障人民群众得到基本公共服务的机会，而不是简单的平均化③。

随着中国经济和社会步入新常态的发展轨道，传统户籍制度已不适应统筹城乡经济社会发展的需要。从本质上来说，户籍制度改革本身并不复杂，但是一系列公共福利嵌套于户籍制度，成为改革瓶颈。若没有相关公共政策的协同支持，极易发生类似2001年广东、2003年河南户籍制度改革的“昙花一现”。例

---

①《中国共产党十八届三中全会》，http://www.miit.gov.cn/n1146290/n1146392/c3297970/content.html[2013-11-13]。

②《中央城镇化工作会议在北京举行》，http://www.gov.cn/jrzg/2013-12/14/content_2547822.htm[2013-12-14]。

③《国务院关于印发“十三五”推进基本公共服务均等化规划的通知》，http://www.gov.cn/zhengce/content/2017-03/01/content_5172013.htm[2013-03-01]。

如，河南郑州曾试验放开落户限制改革，结果人口大量涌入导致城市教育资源短缺，户籍制度改革被迫中止，诸如此类户籍制度改革的失败案例更加重了对这一问题的担忧。近年来随着城镇化进程加快、人口流动空前频繁和政府财政支付能力大幅提高，重庆、辽宁、云南等地方相继出台以统一城乡户口登记为主要内容的户籍制度改革措施，江西省正在南昌试点城市探索建立城乡统一的户籍制度。然而，从各地户籍制度改革实践来看，成效不一，大多数仍停留在放开户籍层面，尚未触及更深层次的公共服务配套改革。2014年云南等部分户籍制度改革地区出现的农民被城镇化和伪城镇化现象进一步说明，不改变进城务工人员或农民转为市民后应享有的就业创业、基本医疗、子女教育和基本养老等公共服务的滞后和不均等状况，实质性的深化户籍制度改革就难以实现，新型城镇化质量将难以提升。

在城乡户籍限制壁垒正逐步削弱的大背景下，追求公共服务均等化、呼唤公平正义的诉求不仅对于沿海城市和发达地区具有重要意义，而且考虑到特殊性和差异性，对于内陆城市和落后地区因地制宜地实施户籍制度改革同样具有深远意义。2014年7月，国务院印发《关于进一步推进户籍制度改革的意见》指出，“全面放开建制镇和小城市落户限制，有序放开中等城市落户限制，合理确定大城市落户条件，严格控制特大城市人口规模，有效解决户口迁移中的重点问题”。“建立城乡统一的户口登记制度，建立居住证制度，健全人口信息管理制度”。①国务院颁布的《居住证暂行条例》于2016年1月1日起正式施行②，该条例通过实施居住证制度，努力缩小流动人口与户籍地居民之间的公共服务和社会福利差异。一般来说，大城市优势明显，但城市病凸显，环境污染、交通拥挤、住房困难等问题比较严重，面临资源环境承载能力的限制；中小城市发展空间广阔，正逐步建立网络型城镇体系，但小城市产业支撑乏力、公共服务水平低，缺乏落户吸引力，吸引人口集聚的能力不足。当前，城乡之间基本公共服务供给不均等，农村基本公共服务水平远低于城市，户籍分割导致常住人口城镇化率远远高于户籍人口城镇化率。深化户籍制度改革的本质在于加快户籍城镇化速度，促进基本公共服务均等化，赋予流动人口平等的公共服务权利价值，有助于缩小城乡收入差距，实现进城务工人员市民化和城乡经济社会一体化发展。

---

①《国务院印发〈关于进一步推进户籍制度改革的意见〉》，http://www.gov.cn/xinwen/2014-07/30/content_2726848.htm[2014-07-30]。

②《居住证暂行条例（国务院令第663号）》，http://www.gov.cn/zhengce/2015-12/14/content_5023611.htm[2015-12-12]。

1.2 深化户籍制度与公共服务创新的研究意义

1.2.1 理论意义

深化户籍制度改革的本质在于赋予常住人口平等的权利价值，这有利于维护流动人口的合法权益、缩小城乡收入差距、促进城市人口集聚和推动城乡一体化发展。新形势下，城市需要深入探索创新公共服务运行机制，进一步广泛、深入地研究推进城镇基本公共服务常住人口全覆盖。近年来，学术界对流动人口享受公共服务问题的讨论，通常从政府财政分配、制度体系、政策导向等客观层面进行分析，往往忽视了从公共服务受众角度对公共服务供给的主观感受和满意度分析及特定城市公共服务政策仿真研究，事实上公共服务受众评价不仅是对政府提供的基本公共服务质量与效率的最直接、最真实的评价，而且符合国家基本公共服务体系“十三五”规划的目标。高质量发展是中国经济发展的主线，追求“质”的发展，必须重视户籍制度改革、公共服务提升和经济发展之间的协同关系。公共服务是推动经济发展的双引擎之一，研究户籍制度改革、基本公共服务协同和经济发展的耦合协调情况对缩小区域之间的发展差距，实现社会的公平正义和促进高质量发展有着很重要的意义。本书从相关理论出发，在居住证制度改革背景下对流动人口公共服务协同供给模式、运行机制和政策仿真进行深入分析，可以丰富人口迁移理论、基本公共服务均等化理论、整体政府理论和多中心理论及系统动力学理论。

1.2.2 现实意义

本书聚焦在流动人口最为关注、问题最为突出的基本公共服务方面，通过对户籍衍生价值和公共服务改革成本进行测算，深入分析城市公共服务供给创新机制，探讨民生性公共服务供给对人口城镇化的影响，并基于顾客满意度理论分析流动人口对公共服务的满意程度及影响因素，建立南昌市户籍制度改革中公共服务创新政策效应的系统动力学模型，分析公共政策创新的仿真效应，并深入剖析基本公共服务供给中存在的典型问题，进一步提出针对性强的有效对策建议。本书以城市的户籍制度改革推进为主线，以基本公共服务均等化为中心，研究城镇化质量提升进程中基本公共服务管理的协同模式及运行机制，研究促使流动人口管理从分隔走向整合的新思维，建立民生导向的社会管理创新模式体系。这对于改善流动人口基本公共服务、创新公共服务政策、提高新型城镇化水平和质量、维护社会公平、促进高质量发展与构建和谐社会均具有极其重要的现实意义。

1.3 国内外研究现状及发展动态分析

1.3.1 国外研究现状

农村劳动力向城市转移是世界各国城市化过程中普遍面临的问题，大多数国家本着迁徙自由、要素自由流动及劳动力从低生产力部门转移到高生产力部门促进经济增长的认知，很少对流动人口进行限制迁移，故对于改变或消除户口限制的相关研究甚少，很多国家和地区制定了完善的人口民事登记（civil registration）管理制度，如美国的社会保障号制度、欧洲的人口民事登记制度、日本的户籍随人走制度等。国外相关研究主要体现在以下几方面。

1. 户籍民事登记制度和流动人口公共政策实践

在美国，仅对公民出生、死亡进行登记，并且公民一出生就可申请社会保障号，享受政府提供的一系列福利和社会救助。公民平时可以自由迁移、移民。但为维护城市和谐发展，公民迁移必须符合城市相关法律及卫生规定，如有一定的住房面积、有稳定的收入等。

在法国，户籍管理制度内容十分详尽，有公民出生年月、性别、父母的职业、经济收入、宗教信仰等相关内容。法国人的户籍信息与就医、存款等日常生活紧密相关，但对于跨地区的人口流动，无论是城里人下乡，还是农村人进城，法国政府都没有任何强制性的行政措施。人口迁移只需通知社会保险机构将其个人资料转到新住址所在地的机构即可。在德国，同样实行的是以居住地登记户籍的制度，联邦政府在20世纪50年代颁布了《户籍管理法》，1987年又颁布了《居民身份证法》，使户籍法规更加完善。

在日本，实行的是户籍随人走的制度，最常用的户籍文本称为住民票，以每个人的居住地为基础设立，标有姓名、出生年月、性别、与户主的关系等。一般以家庭为单位标明每个人的身份、夫妻关系、父子关系等。孩子在20岁的法定成人之前，无权独立设立自己的户籍，一旦成人，则完全自由。日本的住民票是完全随着住址移动的。

纵观发达国家的户籍管理制度，表现出以下特点：①户籍体制健全，分工明确；②证书签发程序透明，有条不紊；③迁移管理宽松，迁移自主。近年来，国际民事登记的实践重心转向创建科学的人口统计数据库，提高感染疾病人群的治愈率和降低死亡率。世界卫生组织（World Health Organization，2013）指出，各利益相关者都能从民事登记和生命统计工具包中，获取巨大和直接的价值，民事登记系统是最为可靠的出生、死亡和死因统计数据来源。完备的民事登记系统与国民健康发展之间存在正相关性（Abouzahr et al.，2013）。

综上分析，国外大多数国家不采用以人口登记管理来限制迁移和福利绑定，故对于本国改变或消除户口限制的研究甚少，但相关研究对中国户籍制度改革中剥离衍生福利功能、还原和拓展民事登记功能具有一定的借鉴意义。

2. 人口迁移流动与公共服务政策的关系研究

户籍登记管理的本质在于对人口迁移行为进行精细化调控和管理，关于人口迁移动因的研究主要涵盖人口迁移推力-拉力理论、二元两部门理论、预期收入理论和新迁移经济学等经典理论。户籍制度改革的根本目的是对人口迁移和流动进行精细化调控和管理。西方对人口迁移的研究经历了新古典主义、劳动力市场分割理论和新迁移经济学三个主要阶段。从宏观角度来看，Lewis（1954）提出了著名的两部门理论，传统农业和现代工业的二元部门关系变迁是农村劳动力向城镇迁移的根本动因，劳动力的转移过程与现代部门产出及就业的增长密不可分，并且所有农村劳动力平均分配所生产的农产品，农村部门的实际工资不是由劳动力的边际产量决定的，而是由劳动力的平均产量决定的。

从微观角度来看，只要存在城乡收入水平的预期差异，就会发生劳动迁移；只有当预期的城市工资和农村收入水平相等时，农村劳动力的迁移才会停止，农村与城市的收入差距决定了农村劳动力的迁移数量和工资水平（Harris and Todaro，1970）。当前，人口迁移研究从空间和数量模型上转向对迁移人的行为研究。新迁移经济学强调迁移行为不仅是迁移者决策的结果，而且是家庭集体决策的结果；在分析劳动力市场行为时，迁移者的行为和绩效也在很大程度上依赖于迁移者家庭的偏好和家庭的约束。例如，Mincer（1978）认为，家庭在劳动力迁移上起到关键作用，参加迁移的不是一个人，而是一个家庭。家庭决定其成员的迁移，不只是为了提高其绝对收入，也为了提高相对收入，减轻在某一参照群体内的相对贫困感，即相对剥夺动机（Stark and Taylor，1991）。Portes（1995）、Withers（1997）重视社会因素、个体特殊因素、偶然性因素对迁移行为的解释，从个人、婚姻和家庭层面展开对人口迁移动机、决策的微观理论研究，并强调社会资本在迁移各个环节中产生的重要作用。

劳动力市场分割理论则认为，雇主可以通过雇用外来人口来填补本地劳动力不愿意从事的职业空缺，双重劳动力市场是人口迁移的起源（Piore，1983）。与此类似，Peri（2007）指出，外来人口并没有增加具有相似受教育程度及工作经验的本地居民失业的可能性，移民并不是本地居民的完全替代者，移民有利于而不是损害了本地居民的就业和工资。与此相反，Borjas（2003）的研究显示，移民对相似受教育程度及工作经验的本土居民的工资和就业机会有显著的负面影响，会减少本地低技能工人的工资。Cheng和Selden（1994）的研究指出，户籍制度造成中国农村、各级城市之间存在资源配置和福利待遇方面的等级性社会差别。Messinis（2013）认为，近年来，人口迁移行为研究不仅从空间和数量模型上转向对人的行为机理研究，而且出现了公共服务对人口迁移流向及移民人口的社会福利需求的研究。Zhou和Cheung（2017）指出，2014年之后，中国政策逐步允许外来人口随迁子女在城市接受公共教育，然而外来人口子女一定程度上仍然面临社会排斥和歧视的挑战，因此需要进一步分析政策改革的社会福利效益。

国际上一般把医疗卫生、公共教育等基本公共服务称为核心公共服务（core public service），公共服务均等化理论源自福利经济学、公共产品理论和公平正义理论等经典理论。从公平正义来看，所有的社会价值、自由和机会、收入和财富，必须通过公平正义制度安排来加以平等分配。新福利经济学认为用单纯的效用指标来衡量社会福利存在一定的缺陷，并提出能力中心观，即社会福利水平的提高来自个人能力的培养和提高，个人的幸福是他所做各种事情的函数，因此，“以人为本”是政府推行公共服务均等化的基本出发点和归宿（Sen，2001）。Tiebout（1956）提出，政府并不能通过帕累托最优方式去配置公共产品和公共资源，因为在供给过程中不得不考虑当地农村人口、政府官员素质、政府财政支配等各项影响因素。蒂布特理论指出，在满足一定条件的假设前提下，住户居民会通过用选择居住地的“用脚投票”的方式，表达他们对地方公共产品的需求，同时各个地方政府之间的相互竞争，会促使政府更有效地提供住户居民所需要的公共产品和服务。这种选择可以实现各地区间公共产品的供求均衡，并使资源配置达到帕累托最优。尽管蒂布特模型建立在一系列前提假设基础之上，但它仍然为经济学家们分析财政体制中地方政府收入和支出政策的变化提供了一定的依据。Cebula（2009）研究认为，国家税收的存在会影响人口迁徙模式，移民更倾向较低的州所得税负担、较低的州地方财产税负担，以及更高的小学和中学公共教育费用支出，从而使得地方福利水平、公立学校教育质量等公共产品提供水平成为重要的人口迁移影响因素，即存在“蒂布特选择”机制。近年来，在上述理论的基础上，出现了针对移民人口的社会福利需求和福利依赖的实证研究。Corrigan（2010）、Radnor和Osborne（2013）的研究揭示，来自非西方国家的移民高福利依赖与人道主义的准入政策相关，并且移民的教育、种族和居住年数等因素会使移民对福利存在不同的需求，在参与社会救助和失业救济金等社会福利类型方面存在显著差异，政府应当积极制定福利变化政策和进行制度变革。同时，迁移者的教育、职业和居住年数等对公共福利的不同种类存在差异性需求，因此，公共政策制定应当考虑迁移者的内部差异性，建立适应移民公共服务需求倾向的福利产品、类型和体系。Aure等（2018）指出，通过提高公共服务水平，鼓励移民定居和停止其流动来提高稳定定居水平。结合国内人口迁移的实际情况来看，中国农村劳动力的迁移动机和行为过程既符合一般规律，又表现为独特的“农民—进城务工人员”和“进城务工人员—市民”两阶段特征，具有特殊性，在研究内容上需进一步深入研究公共服务资源配置对进城务工人员自主落户定居的影响机理，以上相关研究对于户籍制度改革阶段流动人口公共服务需求机理和政策设计具有借鉴意义。

3. 公共服务产品的供给机制与绩效研究

西方基本公共产品的供给机制主要有政府福利机制、市场机制和社会机制三种形式。政府本是公共产品的最好提供者，有利于避免出现“搭便车”现象，但是在提供公共物品时有时会造成资源的浪费，导致公共支出成本规模过大或者存在低效率问题，预算上出现偏差，政府活动难以取得令人满意的效果，即政府失灵；而由于市场机制的固有缺陷，以及信息不对称和外部性因素的影响，公共产品在消费过程中具有非排他性和非竞争性特点，从而使得通过市场价值规律这只看不见的手无法实现资源最佳配置，导致公共产品供给存在市场失灵；同时，单纯依靠政府调控和市场机制发挥作用已经很难实现社会公共利益的最大化，需要非营利组织提供服务进行补充，但非营利组织又存在“志愿失灵”现象，即出现资金不足、公信力不足等问题，从而导致公共物品提供不足（Olson，1971；Salamon and Nunez，1995）。在制度绩效方面，美国密歇根州立大学教授斯密德（1999）聚焦于各利益主体经济运行中的相互关联性及权利的集合，提出“状态（situation）—结构（structure）—绩效（performance）”的SSP理论系统分析范式：状态指个人、团体及物品的特性，个人的特性主要包括偏好、价值观、追求的最终目标。团体的特性则包括参与决策的人数及决策者的个人特性显现的程度。结构指制度选择与安排，代表对成本与收益的形成和方向起作用的权利结构，由制度或权利的选择组成，包括权利的类型及哪一方拥有它。绩效指财富和机会在不同个人和团体之间的分配状况。从逻辑关系来看，状态决定或直接影响着结构，结构安排决定或直接影响着制度绩效。在现实生活中，流动人口及家庭迁移会受到不同地区之间公共服务水平差异的影响，这种“用脚投票”的理论涉及公共产品深层次的有效供给问题。由于受到政府政绩考核指标、居民需求偏好的制约，地方政府预算支出结构往往围绕公共教育、公共卫生、基础设施、养老保障等方面进行合理安排。虽然公共部门不像私营部门追求盈利最大化，但由于受到“用脚投票”的约束，公共部门必须强化支出管理，多元主体协同、复杂利益关系、制度和绩效问题越来越受到关注。

进入21世纪，出现了“协同政府”“跨部门协作”“整体政府”等一系列新概念，这一时期公共治理以“整体政府”和“协同治理”前沿理论为基础，通过横、纵向协调的治理模式，政府、社会组织、私人组织及层级部门之间形成了伙伴关系，产生了协同效应。关于公共物品治理效率的研究主要集中在两方面：一是组织机制方面，Marmolo（1999）、Kernaghan（2009）认为，政府供给公共产品的原因在于市场失灵，政府供给的关键不再是效率问题，而是制度设计，若没有有效的集体决策制度和竞争机制，公共产品无法有效供给；二是激励机制方面，越来越多的公共服务动机研究已经从研究是什么激励公务员转向探索公共服务动机是如何影响绩效的。Paarlberg和Lavigna（2010）认为管理者应利用公共服务动机的积极方面来提高员工和组织的绩效，进而需要制定将公共服务激励价值观纳入整个管理系统的有效策略。从公共服务绩效来看，Radnor和Osborne（2013）认为在当前公共开支减少的时代，精益化的公共服务有利于提高服务生产率、改善利用状况和保持质量，否则当前公共物品的"瘦身计划"注定是一个要失败的理论和实践。这些研究对于本书关于公共服务产品的供给机制和提高公共服务绩效具有典型借鉴意义。公共服务水平的提高对于社会、经济的稳定和对当地政府的认同都至关重要，如何能够行之有效地提高公共服务供给水平，一直是政府部门和社会各界努力的方向。从研究方法来看，近年来关于公共服务绩效评价的研究非常丰富。其中，因子分析法、数据包络分析（data envelopment analysis，DEA）方法和熵值法使用范围很广泛。一是因子分析法。此方法是指利用变量的相关矩阵，用较少的潜在变量去解释多个随机变量，并保留大部分信息的一种方法。二是DEA方法。DEA方法是基于单目标线性规划，将一个系统作为一个实体，计算得出相对的投入产出效率的一种方法。三是熵值法。根据熵的特性，可以通过计算熵值来判断一个事件的随机性及无序程度，也可以用熵值来判断某个指标的离散程度。因此，本书利用熵值法，根据各项指标的变异程度，利用正负指标熵值计算工具，计算出各个指标的权重，为多指标综合评价提供依据。

4. 公共服务政策的创新协同和治理实践研究

关于移民一体化公共服务整合政策，一直以来都是一个棘手的难题，涉及国家和地区的政策差异，Jorgensen（2012）发现，这种分歧源于政治理念、经济规模、机会差异、组织结构、竞争体系和制度逻辑的差异；Drinkwater和Robinson（2013）以荷兰的移民融合政策为例，指出在移民融合有争议的政策领域，不同的政策框架使得多层次的治理模式复杂化，从而使得建立不同层次的一体化政策成为特殊的挑战。良好、有效的政策协同机制有利于提高政策的实施效率和实现帕累托最优状态，相互协同的混合政策要优于单一政策，可创造更多的福利（Iglesias et al.，2011）。因此，Wojtarowicz和Herold（2014）认为，在政策协同治理发展过程中，实现各部门之间的纵向及横向整合治理一开始就是关注的焦点，需要创建新的一体化机构来有效解决不同层次参与者的跨部门责任问题，这对于政策设计和执行来说，至关重要。

从治理实践来看，非营利部门的兴起并承担起公共产品供给的责任，使公共管理进一步变得复杂。当前研究主要关注两个方面的内容：一是公共政策工具的选择。彼得斯和冯尼斯潘（2007）认为，选择最为合适的政策工具的理性方法是寻找政策工具与政策环境之间的相互适应性，并区分在不同治理层面下的政策工具运用。政府对基本公共服务的政策工具主要包括补贴、免税、减税、低息贷款、代用券、直接生产、联合生产等，通过这些工具对企业和非营利组织进行激励、监管和提供财政支持，确保其向公众提供优质的公共产品。二是政府与企业、社会组织的合作模式主要包括签约外包、特许经营、公私伙伴关系、官助民办等。①签约外包。外包方式是指政府通过与营利组织、非营利性组织签订合同，明确服务标准、服务质量、监督条款及违约责任。②特许经营。特许经营是指政府赋予特定组织的垄断经营权，允许通过收取费用的方式向公众有偿提供其生产的物品或服务。③公私伙伴关系。公私伙伴是指政府通过提供税收优惠、财政拨款、政府贷款、拨付土地等形式与营利性组织联合提供公共服务。④官助民办。在诸如教育、医疗卫生和养老等公共服务领域，地方政府负责公共服务的政策支持、发展环境、区位优势和制度环境。民办指营利性组织按照市场化原则供给公共服务以满足需求，官助、民办互动可实现基本公共服务的可持续性。

以Perri等（2002）为代表提出的整体性治理理论，首倡整体性政府，主张通过充分沟通与合作，在治理层级、治理功能和公私部门合作三个层面，完成政策、规章、服务供给和监督等过程的整合，避免产生碎片化，使多元主体彼此的政策目标连续、一致，公共服务演进过程中出现了以竞争为特征的新公共管理改革向以合作为特征的整体政府改革迈进；Ostrom（2009）提出了多中心理论、制度分析与发展（institutional analysis and development，IAD）的元理论框架和社会-生态系统框架。多中心理论能有效解决单一主体造成的低效问题，使权责分配更加合理。公共服务的多中心供应机制是指政府、营利组织和非营利组织在一个项目中相互合作，充分发挥优势。政府可以完善法律法规，颁布更有效的激励政策，加强外部监督。IAD元理论框架包括行动情境和外生变量两个要素：行动情境指不同主体相互作用、协同解决问题的竞争和合作空间，在信息、控制力等条件影响下会产生一系列结果。外生变量指行动情境所处的社会、文化和政治环境，通过影响行动情境来最终影响主体在行动情境下产生的结果，包括社区特点、应用规则和自然属性。社会-生态系统框架认为社会公共环境领域涉及多个利益相关者主体，是由家庭、组织、机构和社区等相互联系的因素而构成的功能性整体，通过物质、能量、信息的变化及成本、利益之间的关系相互影响。这些研究均主张政府应以目标为导向，实现跨部门协作，建立公共服务质量标准与绩效监测制度体系，与非营利部门一起共同为公众提供完善的公共服务和社会福利，这对于政策工具和公共服务产品协同供给模式选择有典型借鉴意义。

1.3.2 国内研究现状

中华人民共和国成立之初，国家推行农业支持工业的赶超战略，实施严格控制城市规模的户籍制度，一定程度上阻碍了城镇化进程。20世纪80年代以来，国家减少了农民向城市流动的限制，但仍然存在进城务工人员流动的制度障碍。国内研究主要集中在以下几方面。

1. 户籍制度、要素配置和改革路径研究

从经济学角度来看，21世纪最初几年的户籍制度改革对进城务工人员流动的影响非常有限，主要原因在于改革附带的条件使进城务工人员获得城市户籍的可能性极小。陈钊等（2009）认为，劳动力市场的进入障碍是造成行业收入不平等的重要原因。孙文凯等（2011）指出，除了教育、工龄、年龄、性别外，社会关系网络、父亲的教育和政治身份及城镇户籍等都是有利于劳动者进入高收入行业的因素。城乡工人在劳资关系各方面的巨大差异源于两个方面：一是人力资本水平差异和就业企业的差异；二是进城务工人员受到的户籍歧视。姚先国和赖普清（2004）认为，世袭制户籍制度导致劳动力市场中劳资关系存在着户籍差异，阻碍了市场经济的要素配置，降低了经济增长的绩效。鉴于人口迁移对代际收入流动的重要影响，政府部门有必要进一步采取措施消除劳动力自由迁移的障碍，并合理分配教育资源，以提高社会公平程度。

从社会学角度来看，以户口登记和管理为中心的户籍制度，不仅是中国的一项基本社会管理体制，也是一项与资源配置和利益分配密切相关的制度。陆益龙（2008）认为，户口等级制和社会空间等级差别现象的存在，反映了资源在城乡之间、不同级别城市之间的不均衡配置，也反映了户口仍然是获得重要资源的依据，以及户籍制度安排形成了相对封闭的阶层结构。城乡差别和户口等级差别的社会分层特点，与户籍制度的关联主要在于城乡户口身份的难转换性和城市间户口的难迁移性，这两种机制将由行政资源配置体制所造成的城市和区域差别转为社会性的差别，体现为不同户口身份上黏附着有差别的价值。户口迁移的开放程度与个人流动机会呈正相关关系，户口等级差别及户口对体制内流动所起的结构性影响依然存在。户籍制度的强黏附性导致了社会差别，使户口出现价值化和等级化，这已在整个社会中造成了社会空间等级（social spatial hierarchy）现象，这种等级化不仅存在于城乡之间，也存在于不同城市之间。李强和胡宝荣（2013）认为，当前我国户籍制度的一个最基本的问题是存在着明显的功能超载问题；户籍涉及就业、住房、教育、卫生、社会保障等社会管理功能，因而改革这一制度的基本方向是推行户口一元化和迁移自主化。

从管理学角度来看，袁志刚（2006）认为，随着中国工业化和城镇化进程的加快，大量农村剩余劳动力进入城市，尽管进城农村劳动力增加对城镇非农户口劳动力失业概率的总体影响微乎其微，但仍然需要进一步拆除阻碍城乡劳动力流动的政策藩篱，加大政府对于下岗失业群体的再就业扶持力度，继续推进市场化改革和扩大社会保障的覆盖面等措施，将有助于削弱进城农村劳动力增加对城镇失业可能存在的负面影响。城市劳动力市场上的进城务工人员具有两个特征，即拥有外地户口和拥有农业户口。因为户籍身份的不同，进城务工人员在城市劳动力市场上受到了一定程度的歧视,这些歧视一方面导致城市劳动力市场的低效率，另一方面也扩大了城市劳动力市场上城镇居民和进城务工人员之间的收入差距。章元和王昊（2011）指出，在城市劳动力市场上，相对于本地工人而言，进城务工人员受到了一定程度上的地域歧视和户籍歧视，并且户籍歧视比地域歧视略严重一些。传统户籍管理制度在人口登记和管理上已“力不从心”，人户分离现象大量存在，与户籍相挂钩的身份和社会地位，以及其他社会经济权利和福利使得社会不公平性凸显，不利于社会稳定，并可能产生和加剧城市“新二元结构”。彭小辉等（2013）认为，户籍制度必须回归本位，与户籍相配套的公共服务改革必须按照人们关注的紧迫程度有序推进，逐步降低入城门槛，让市场调控人口流动。上海作为大量流动人口聚集地,户籍制度改革更应关注外来人口的城市融入问题。当前进城务工人员市民化需要实施差别化落户政策的二维路径：一是通过户籍制度改革，实施差别化落户和积分制政策，让符合条件的农业转移人口落户城镇；二是推进人口管理创新，通过居住证制度，有序实现不能或不想落户的农业转移人口市民化。城市落户改革的本质是推进与之配套的公共服务，没有理由通过户籍限制农村劳动力迁移来改善城镇失业状况。辜胜阻等（2014）指出，当前中国市民化进程正面临外来人口的公共服务覆盖面窄、不同规模的城市公共服务供给水平差距大、转移人口就业不稳定、中小城市就业机会少等问题。为此，需要夯实城市产业基础，加强职业培训，提供稳定的就业，推进财政转移支付体制改革。于海燕和黄文义（2018）提出，包容性发展是流动人口公共服务供给的逻辑导引，流动人口公共服务公平供给是对包容性发展理念的实践，在发展主体上平衡流动人口与户籍人口的差距，在发展内容上解决基本公共服务与非基本公共服务的供给缺失问题，在发展过程中优化供给程序，最终实现流动人口对公共服务尤其是基本公共服务的均等化享受。这些研究为放宽户籍限制、促进经济增长和社会发展提供了理论依据，但是以实证研究为主，没有深入地研究如何通过户籍制度改革、创新公共服务供给方式来剥离附加在户籍上的社会福利。

2. 基本公共服务均等化和户籍制度改革成本测算研究

目前，学界一般认为政府公共服务分为维护性公共服务、经济性公共服务和社会性公共服务，包括教育、社会保障和生态环境等范畴。李梅香（2011）认为需要以户籍制度改革和基本公共服务均等化为行动框架来解决进城务工人员问题，基本公共服务均等化对新生代进城务工人员的城市融合具有显著影响，其中最重要的是义务教育公共服务，新生代进城务工人员的城市融合进一步对城市公民行为具有积极影响，有助于进城务工人员身体和心灵得到全面发展，进而促进城市社会和谐、健康发展。在众多文献中，倪红日和张亮（2012）从财政管理体制角度探讨了基本公共服务均等化，认为当前分税制财政体制存在的主要矛盾是地方财政的事权与财力不匹配；主要问题是地区间公共服务水平仍然存在差距；关键原因是分税制改革没有到位，中央政府与地方政府的职责存在错位，由于地方财政部门还保留着“分灶吃饭”的体制特征，地方财政收支与国内生产总值（gross domestic product，GDP）直接相关，所以地区间公共服务水平差距依然明显，需要以基本公共服务均等化为目标，坚持收入相对集权、支出相对分权，合理划分中央政府和地方政府职责，中央政府集中做好规划、指导和宏观调控，将公共服务项目和具体实施的决策权下放给地方政府。田发和周琛影（2013）分析了现行财政体制运行导致的纵向不均衡现象，不仅上下级政府间财政收支不匹配，而且存在横向不均衡，区域间财政能力差异显著，不利于缩小区域基本公共服务差距；转移支付提高了区域财力总体均衡水平与区域间财力均衡水平，却没有有效抑制东部、西部地区内的财力差距。实现区域基本公共服务均等化的财政体制变迁，应从区域基本公共服务支出责任分工、区域财力均衡分配、改进均等化转移支付三方面入手。武力超等（2014）采用主成分分析等方法测算各省（自治区、直辖市）公共服务均等化水平，将我国地级市的各项公共服务指标合成公共服务水平得分，构建基尼系数估测各省（自治区、直辖市）的公共服务均等化水平。研究发现，提高经济发展水平对地区公共服务均等程度有更加明显的积极作用。汪利锬（2014）研究发现，中国地方政府公共服务支出均等化水平逐渐拉大；在东、中、西部地区分项检验中，东部以2.71%的速度逐渐趋向均等化；中部均等化趋向不明；西部以3.02%的速度逐渐拉大。经济增长、政府间财政转移支付与中国地方政府间公共服务支出差异呈正向关系，这说明经济增长不平衡和政府间财政转移支付拉大了中国地方政府间公共服务的支出差距。林李月等（2019）认为，流动人口在流入城市获得的城镇基本公共服务是影响其城市居留意愿的关键因素，此类影响效应因公共服务内容和城市规模的不同而存在差异。大城市流动人口获得的医疗保险、失业保险和住房保障显著增强了流动人口的城市居留意愿。现有关于公共服务均等化的研究大多从财政角度进行，从政府转型、组织协同视角进行的研究还不多。

以基本公共服务均等化理论为基础，出现了少量关于户籍制度改革成本测算的研究，国务院发展研究中心课题组（2011）基于对全国6个城市的实地考察和20多个城镇6232名进城务工人员的问卷调查发现，进城务工人员市民化意愿强烈，但不愿意以双放弃的方式换取城镇户籍。就进城务工人员市民化公共成本而言，按照2010年不变价格计算，每个进城务工人员市民化的政府支出公共成本在8万元左右。推进进城务工人员市民化，必须以扩大进城务工人员转移就业、保障进城务工人员合法权益、完善进城务工人员公共服务和安置进城务工人员进城定居为重点，深化户籍制度改革，扎实提高人口城镇化水平，使进城务工人员共享改革发展成果。屈小博和程杰（2013）则认为与户籍相关联的公共福利才能成为成本核算主体，基础设施、公共管理等投入应内化到城镇化发展中，不应该纳入户籍制度改革成本中，户籍价值及改革成本的地区差异是地方推动户籍制度改革的巨大阻力，据此，测算出全国地级城市的户籍价值平均为2211元。未来20年，在城镇化水平达到70%的情况下，户籍制度改革总成本累计不会超过30万亿元，相当于全国财政累计用于与民生直接相关支出的16%左右。基于公共服务均等化的户籍制度改革思路,将户籍价值和改革成本的估算范围明确界定为与户籍直接挂钩、最直接关联的基本权利和福利项目。陈忠谊和李萍（2017）分析了合理地进行新一轮户籍制度改革的公共成本测算，认为构建科学、有效的公共成本分担机制可有效助推户籍制度改革及新型城镇化进程，是当下一个紧迫且重要的课题。关于户籍制度改革成本内涵及不同测算结果的争论还在继续，户籍制度改革成本的测算本身是一个相当复杂的问题，也是各级政府关心的问题。

3. 进城务工人员公共服务均等化问题和公共服务质量的研究

学界围绕以进城务工人员为代表的流动人口基本公共服务的单一专项领域进行了较多的研究，主要集中在以下几方面。

（1）在进城务工人员子女教育均等化方面。谢建社等（2011）调查发现，进城务工人员的随迁子女教育问题是其融入城镇的难点，珠三角地区进城务工人员的随迁子女存在入学年龄大、就读民办学校比例高、转学率高、失学率高、犯罪率高、学习成绩低、升学率低、城镇认同感低等现象，需要合理匹配公共教育资源满足随迁子女教育需求。尽管进城务工人员的工作、居住环境已得到改善，但户籍制度仍然阻碍着进城务工人员以同等身份获得城市保障性住房、社会保障和子女义务教育等公共服务。由于教育资源的稀缺性和有限性，进城务工人员子女的受教育问题仍然是现时期中国义务教育的难点和薄弱环节。进城务工人员子女学前教育普遍存在教育资源短缺、投入不足，城市学龄前儿童教育收费普遍较高，一些地方入园难问题突出，收费远远超出了农村流动人口的承受范围。这不仅要求在进城务工人员子女获取平等的教育机会和条件方面需进一步妥善处理，而且对教育过程和教育效果公平也提出了新的要求。

（2）在进城务工人员公共就业服务均等化方面。不同的劳动力市场内部存在激烈的就业竞争。为了能得到更高的工资收入或良好的工作环境，外地劳动力、本地居民都不同程度地在行业之间、企业之间寻找更好的工作，只是外地劳动力大多在非正规部门，本地居民大多在正规部门。严善平（2007）指出，户籍分割导致劳动力市场高流动性和严格阶层化并存，对进城务工人员实施公共技能培训有助于其从事技术岗位。只有提高进城务工人员的受教育水平，才能确保进城务工人员在就业选择上的公平，同时可提高进城务工人员对就业单位性质、职业类型的选择能力。刘万霞（2013）认为，需要采用政府资助、进城务工人员自主选择培训内容和形式的模式，采取政府购买培训服务或政府与企业联合培训的方式，以及政府对进城务工人员培训费用给予补助等，提高政府培训的效率和进城务工人员参与培训的积极性。

（3）在进城务工人员医疗卫生服务均等化方面。刘传江和程建林（2008）认为，我国进城务工人员医疗服务需求强烈，但只能享受到有限的公共医疗资源，医疗保险参保率很低，医疗保障仍处于低水平状态，极易陷入“疾病—贫穷”的恶性循环。由于进城务工人员的支付能力不足，医院和医生为他们提供的医疗资源和医疗服务非常有限。针对进城务工人员医疗保障制度安排的不足，必须对其进行制度创新，实行“可衔接、可转移、可折算”的进城务工人员医疗保障制度安排，引导他们参加职工互助医疗补充保险，合理配置医疗卫生资源，提高进城务工人员医疗报销水平。目前仍有约2亿流动人口的医疗需求没有得到有效保障或虽有制度安排却难以落实，进城务工人员医疗保险主要有四种模式：一是以深圳市为代表的运行上独立于城镇职工基本医疗保险的“进城务工人员医疗保险模式”。优点是缴费负担较轻，涵盖了门诊和住院医疗；缺点是并非所有的进城务工人员都能参保。医保关系难以转移和接续到其他医疗与社会保险体系。二是以上海为代表享受包括医疗、工伤、养老在内的三种保险的“综合医疗保险模式”。优点是将进城务工人员纳入城镇职工保险体系；缺点是医保关系难以转移和接续到其他医疗与社会保险体系。三是“纳入型模式”，有文献称之为扩展的医疗保险模式，代表城市有北京和成都。进城务工人员基本上与城镇职工享受同等医疗待遇。优点是形成了统一的保险体系；缺点是难以在其他地方实施。四是以新型农村合作医疗为基础，代表城镇有浙江嘉兴。李孜和杨洁敏（2009）、王健等（2014）认为，需要创造条件，使进城务工人员即使不在家乡工作，也能参加新型农村合作医疗，有效地解决进城务工人员流动性大、统筹账户无法随其流动而转移等系列问题。

（4）在进城务工人员社会保障均等化方面。郑功成（2007）指出，由于中国流动人口是一个结构日益复杂的庞大群体，解决其社会保障问题也有很大难度。这需要看是否有利于解除流动人口的后顾之忧、是否有利于缩小收入分配差距、是否有利于化解流动人口与当地固定户籍人口的利益冲突、是否有利于促进流动人口真正融入当地社会，同时现阶段依据公平、共享、渐进的原则，结合流动人口内部特点，先从低水平、多元化制度安排起步，分层、分类地解决流动人口的社会保障问题，再逐步向全国统一的、公平的社会保障体系过渡。由于户籍制度的制约等原因，流动人口只能回到流出地养老，流出地承担的这个养老债务最终必将由中央财政来承担。为防止养老保险制度碎片化倾向，以适应流动人口参保，建议建立全国统一的养老保险制度。随着刘易斯转折点到来，进城务工人员就业环境有所改善，但其社会保障仍处在多种制度并存、权益明显受损的状态，因此必须强化政府与雇主责任。在全球金融危机对中国实体经济造成冲击期间，进城务工人员从大规模返乡，到回城寻找工作，再到出现新一轮民工荒，反映了其就业受经济周期影响的程度。郑秉文（2008）、蔡昉（2010a）分析认为，尽管进城务工人员的就业环境逐渐改善，特别是在劳动力出现短缺的情况下工资水平得以不断提高，但由于他们没有获得流入地的城市户口，其面临社会保障不足的困扰，就业和收入不稳定，社会保障覆盖率较低，在遭遇就业冲击时难以获得就业扶助。

此外，近年来出现了少量关于公共服务质量和公共服务绩效评价的研究。例如，吕微和韩晋乐（2014）从农民满意度需求角度研究农村公共服务体系建设，在面对农村经济社会的快速发展和农民对公共服务有着日益强烈的需求时，需要建立基于农民满意的农村公共服务系统，需要体现在公共服务供给决策、执行、监督等各个环节上，加快以公共服务为中心的政府转型步伐，构建新型的农村公共服务供给制度和相关体制机制，尽快建立"以工补农"的长效机制，创新公共服务体制机制，建立政府绩效评价体系。陈振明和耿旭（2014）提出，行政服务标准化的实质是促进行政服务质量的持续改进，不断满足民众对高质量行政服务的需求，并为行政服务质量改进提供新机制、新途径及新方式，贯穿"以公民为中心"的服务理念，实施公共行政服务标准化有利于促进行政服务质量的改进，需要准确把握公众的需求，加快行政服务质量持续改进的机制建设。孙璐等（2007）指出，目前有关公共服务的研究仍停留在基本的概念层面，研究最多的问题主要集中在概念、范围和实现模式等方面，对于公共服务的评价问题研究很少。公共服务是一个多投入、多产出的系统，其效益评价涉及的指标众多，通过因子分析和DEA模型相结合的方法，得出长三角地区16个城市的公共服务绩效，发现11个城市处于规模收益不变阶段，4个城市处于规模收益递减阶段，规模收益递增的只有一个城市。戴钰（2010）认为，基本公共服务绩效评估的理论基础来源于新公共管理理论、新公共服务理论和公共产品理论，政府基本公共服务绩效评估应遵循职能导向原则、科学性原则和可操作性原则。以公民价值理论、顾客价值观理论为基础，选取26个基本指标进行测算，将地方政府公共服务效率分为总投入类、功能情感类、个人情感类和社会价值类，这是构建我国政府基本公共服务绩效评估指标体系的必然要求。吴乐珍（2012）则通过选取截面数据的方法，将基本公共服务分成多个维度，使用因子分析的方法将变量减少为5个，对31个省区市公共服务综合得分进行分析，得出省际基本公共服务绩效水平存在巨大的差异，各省（自治区、直辖市）公共服务绩效水平的差异与经济发展水平差异具有高度的相关性，应通过完善转移支付制度，使各地方政府逐步拥有相对均衡的公共服务供给能力，保障居民最终享有大体均衡的教育、医疗卫生、社会保障、就业服务、公共治安及公用设施等基本公共服务。王伟同等（2016）指出，政府提供公共服务的最终目标是满足社会公众的公共服务需求，评价公共服务效果的最直接指标是公众对于民生状况的满意度评价，地方政府应充分考虑当地居民公共服务的需求，只有站在居民角度才能有针对性地改善当地的公共服务质量。地区间基于满意度指标度量的公共服务绩效与基于人均公共支出水平度量的公共服务绩效水平不存在明显相关性，更高的公共支出不一定带来更高的民生满意度。不同人群间的民生满意度存在较强异质性，本地户籍人口满意度普遍高于非本地户籍人口满意度；高学历人口、女性人口、身体健康的人群普遍具有更低的民生满意度。整体公共服务投入产出绩效水平较高，大多数地区实现了较少投入和较高的满意度水平，但北京、上海、天津等公共服务高投入地区，存在投入效率偏低的现象。从现有研究来看，对进城务工人员公共服务均等化大多集中于单一领域，缺乏整体性研究，并缺乏居住证制度与公共服务之间如何有效衔接的研究。同时，缺乏从进城务工人员转户角度对公共服务需求的微观机理，以及从流动人口终端使用者角度对公共服务质量的深入研究。朱楠和任保平（2019）构建了公共服务质量评价指标体系，评估中国31个省区市的公共服务质量，对其空间格局特征进行了分析，研究发现不同年份、省（自治区、直辖市）、服务项目之间公共服务质量差距较大，区域特征明显，经济因素成为制约公共服务质量水平提升的重要因素。

4. 户籍制度改革、公共服务承载力与政策实践的研究

户籍政策放松之后，大量人口的涌入会对城市综合承载力构成挑战，特别是公共服务承载力，这一约束条件日益引起人们关注。在城市综合承载力方面，学者逐渐从城市承载力的单一维度过渡到城市综合承载力评价指标体系，聚焦于土地、水资源、交通和环境要素承载力指标等维度进行综合研究。孙莉等（2009）指出，快速城镇化背景下，城市发展与资源环境中的矛盾日益突出，选取京津冀、长三角、珠三角、中原、成渝城市群中土地、水资源、交通和环境要素承载力指标，建立城市综合承载力评价指标体系。诊断出五大城市群发展中的短板，并且从优化承载力结构、稳步推进城镇化进程、合理引导资源需求、实施空间管治四个方面提出了提高承载力的政策建议。罗凤金等（2012）从资源、环境、经济和社会等要素出发对全国14个大城市进行综合承载力评价，并以广州为例判断大城市人口承载现状，进而提出了增强大城市承载力的途径和建议。蔡昉（2010a）从户籍制度改革实践出发，认为需要合理确定城镇人口承载力，在户口中附着较多福利的地区，户籍制度改革越难以推进。在劳动力无限供给、公共服务资源短缺的条件下，进城务工人员与城市居民存在着就业机会和社会福利供给上的竞争关系，使得户籍制度改革不能完成，城市化不彻底，妨碍了进城务工人员发挥其作为稳定劳动力供给和正常消费者的作用。当刘易斯转折点到来时，单纯依靠廉价

劳动力和高储蓄率的人口红利逐渐式微，中央和地方政府看到了城市化的这个潜在贡献，形成了进一步深化户籍制度改革的强烈动机，并在中央政府、地方政府、转移劳动力、城市居民之间形成了激励相容。范建刚（2012）认为，存在户籍制度改革陷阱，即推进实质性改革会减少城市建设资金与政府收入，进城务工人员被锁定于低工资且不稳定状态使户籍制度改革成本居高不下，增加市民人口面临城市综合承载力不足的限制，三个因素共同造成了我国的户籍制度改革陷阱。转变政府认识是关键，提高进城务工人员的人力资本水平是基础，增强城市综合承载力是条件。党的十八大报告提出“加快改革户籍制度，有序推进农业转移人口市民化，努力实现城镇基本公共服务常住人口全覆盖”[①]。蔡昉（2013）认为，应该通过消除制度障碍疏通劳动力流动渠道，继续提高资源重新配置效率，保持全要素生产率的提高。我国城镇化的核心应该是农业转移人口进入并落户于城市，享受基本公共服务的普照之光。因此，推进城镇化要求深化户籍制度改革，实现进城务工人员的市民化。这些研究和实践具有典型借鉴意义，但是对城市复杂系统综合承载力的研究，特别是完整纳入公共服务承载力指标的研究依然不足。

1.3.3 研究动态简要分析

上述研究成果无疑对本书的研究具有极其重要的借鉴意义和参考价值，学界形成的基本共识是：户籍制度功能异化与市场经济相背离，不适应统筹城乡发展的需要，户籍制度改革则有利于促进城乡互融，有利于打破城乡分治的公共服务二元模式。户籍制度改革的核心在于剥离附加在户籍上的公共服务和社会福利，也可以说是，提高区域人口的公共服务资源供给水平和能力，但是究竟如何剥离和如何提高？这些不同解释框架大多集中于探讨现有户籍造成的障碍和后果，尚缺乏对具有实质性意义的、真正有助于解决问题的公共政策治理的深入关注，从而使研究缺乏系统性和难以触及问题的本质。在城镇化水平和质量不断提升的过程中，如何有效扩大公共服务供给并惠及社会大众，还是一个新课题；如何提升社会公共服务协同网络治理能力，防止公共政策的碎片化还是一个新挑战；对政府和民间社会资本介入的边界划分和整合，跨部门之间如何建立协同运行机制还面临新的困惑。就目前的文献来看，还有以下几方面的研究需要进一步深化。

（1）有关户籍制度改革的研究缺乏系统性、协同的视角及规范的实证研究。以往对户籍制度改革的考察一般从社会学和政治学等宏观角度，以规范的定性研究为主，强调公平正义和户籍制度改革对要素自由流动的重要性，缺少户籍制度改革中对公共服务供给机制的深入关注，缺少公共服务对农村转移人口落户定居

① 《胡锦涛在中国共产党第十八次全国代表大会上的报告》，http://cpc.people.com.cn/n/2012/1118/c64094-19612151-1.html[2012-11-08]。

影响机理的分析，缺少从管理科学视角进行公共政策仿真的定量实证研究。事实上，现有一系列公共福利嵌套于户籍制度改革中，户籍制度改革的多领域性和复杂性超越了现有政策领域边界和单个部门的职责范围，这就决定了户籍制度改革和基本公共服务均等化问题本身就是一个复杂的系统工程，必须应用系统、科学的方法加以解决。

（2）有关基本公共服务均等化的研究缺乏组织视角、整体视角和质量视角。目前多数学者都是从公共财政的角度探讨如何实现我国基本公共服务均等化，过多集中于财政投入的研究，而从组织协同、治理结构和协同模式等视角进行的研究还不多。在公共服务供给中，政府、市场和社会仍然存在边界不清、责任不明、体制不顺的问题。事实上，如果没有多元化供给主体、复合型供给机制和高效的组织制度保障，就难以真正推进基本公共服务的均等化。另外，对进城务工人员公共服务均等化和需求机理的研究，大多围绕公共服务的单一领域进行，缺少居住证制度如何与公共服务系统有效衔接的研究。同时，也缺乏从终端使用者角度对公共服务实际使用质量、感受和结果的研究。

（3）关于城市承载力的研究缺乏完整纳入公共服务承载力的指标，并且大多为静态视角。户籍制度改革中城镇化的快速推进意味着越来越多的人口在城区集聚，现有城市承载力评价的研究主要集中于土地、水资源、交通和环境要素承载力指标等维度，缺乏完整地将公共服务承载力纳入城市复杂系统的研究和动态演化视角。事实上，综合考虑自然资源承载力和公共服务承载力的研究非常重要，因为城市承载力不完全取决于自然资源承载力，实际上也受到公共服务承载力的影响。

总之，当前中国户籍制度改革的研究和实践探索正处于关键的攻坚时期，决策部门亟须证据充分、可靠的研究结论，这直接关系到城镇化质量的提高。“二元”户口变“一元”户口虽然容易，但是如何将附着在户口上的利益重新分配和保障流动人口合法权益，促进基本公共服务均等化实现，是户籍制度改革背后的核心难题。户籍制度改革的核心在于促进基本公共服务均等化，不仅需要地方政府动用更多的财政资源来强化基本公共服务职能，而且需要建立政府、市场化主体和社会组织的公共服务协同供给模式，这对于城市人口集聚和地区发展尤为重要。当前研究实践尚缺乏从系统角度对适应户籍制度改革的公共服务创新协同的诸多决定因素进行全面、深入的研究，需要从立体性和本质性视角来全面分析户籍制度改革带来的公共政策演进、走向与趋势，评估政策创新的实施效应和建立公共服务产品的均等化供给机制。

本书首先通过对相关文献的梳理，提取出对本书有指导意义的思想，确立理论研究基础和研究方向；切入基本公共服务均等化的关键环节，了解不同地区居住证制度改革的实施现状；明确建立户籍制度改革中公共服务协同的必要性、条件与可行性，以及存在的障碍与困难，提出实行户籍制度改革与公共服务协同创新的路径，以提升公共服务供给能力。

其次，研究公共管理复杂系统中公共服务与经济发展的协调度，并分析不同地区的空间协同差异；构建结构方程模型，探究不同群体之间公共服务满意度是否存在显著差异，定量分析居住证改革背景下流动人口公共服务满意度的影响因素和作用机理；深入研究区域人口快速城市化和公共产品资源配置非均衡性引发供需的结构性矛盾；探索政府主导、社会组织和企事业单位广泛参与的多元公共产品协同供给创新机制，推动农村转移人口就业、居住、就医、子女就学等社会管理问题的协同解决。

最后，通过创新系统动力学建模新原理与方法，对试点城市南昌进行政策效应的动态仿真研究，将系统、科学的建模仿真工具与公共服务治理理论有机结合，探索城镇常住人口均衡化公共服务和公平化社会保障目标的实现规律，为推进城乡一体化发展提供理论与方法依据，并提出可操作性强的对策建议。

1.4 社会经济系统工程方法

本书通过现场调查、问卷调查、案例访谈、实证研究和专题研讨，通过对收集的第一手资料进行分析，以区域经济发展水平、公共服务承载力为基础条件，力图从公共产品的供给层面，分析公共政策创新路径，定量分析公共服务创新的协同模式、运行机制和政策绩效之间的内在关系，为公共服务治理理论提供新视角。

1.4.1 理论和实践相结合方法

本书的研究主要由提出问题、理论研究、调查研究、建模仿真、效应评价、政策优化等几部分组成。本书内容主要包括深化户籍制度改革中城市公共服务创新的理论研究、基础条件、协同模式、运行机制和政策仿真等五个部分，将人口迁移理论、基本公共服务均等化理论、整体政府理论与流动人口公共服务治理的具体实际情况相结合，通过现场调查、问卷调查、案例深度访谈、实证研究和专题研讨，对收集的第一手资料进行分析，并将调查数据和统计年鉴数据与动态面板模型、结构方程模型、系统动力学方法等实际建模法进行紧密结合，进行实证研究，在实践中不断丰富和完善，深入分析户籍制度改革背景下以进城务工人员为主体的流动人口公共服务供给状况，并提出可操作性强的对策建议。

1.4.2 定性与定量相结合的方法

定性研究是定量研究的基础，本书在定性研究基础上，结合统计年鉴数据和调查问卷数据，采用计量经济学Stata软件、系统动力学Vensim软件、统计分析软件SPSS 22.0和结构方程软件AMOS 22.0等建模工具进行数学建模研究。运用熵值法测度中国民生性公共服务水平，在蒂布特理论分析框架下，在GMM法的基础上，考察公共服务资源配置对人口城镇化的影响机理；在顾客满意度模型下，建立结构方程模型分析公众预期、公共服务资源配置和公共服务满意度。依据中国综合社会调查数据，分析农业和非农户籍人口的公共服务满意度、社会阶层认同与居民主观幸福感。一方面通过定性明确所要研究的现象和问题，另一方面在精确定量的依据下准确定性，定性与定量研究相互依存、相互补充，为进一步定量研究变量之间的数量关系及问题的原因奠定基础。

1.4.3　系统科学方法

本书以统筹城乡户籍制度改革路线图为背景，主要采用协同学、结构方程模型和系统动力学分析方法，以常住人口基本公共服务均等化为主题，以政府财政支撑力为基础条件，从组织协同治理视角分析户籍制度改革中城市公共服务创新的协同模式，从公共产品供求视角研究城市公共服务创新的运行机制。通过对公共服务的系统目标分析、系统要素分析和系统环境分析，准确地诊断问题，深刻地揭示问题起因，以系统、科学的思想为指导来分析影响人口、经济与公共服务发展变化的因素和内在联系，利用熵值法确定公共服务与经济发展系统相互之间的重要度，建立二者的耦合协调度模型，并结合试点城市的公共服务和经济发展情况，通过构建系统增长与制约反馈基模和结构模型，揭示系统发展中存在的制约因素，对基模进行嵌运算，确定主导基模和流位、流率变量，明晰辅助变量、增补变量及外生变量，依据表函数、延迟函数、选择函数和阶跃函数等原理，建立流位、流率变量之间的数学方程，建立系统动力学模型，进行管理对策参数调控后的仿真模拟比较分析，得到系统反馈结构流图并创新反馈环计算方法，得出管理对策并进行仿真研究。

1.4.4　空间计量方法

为了分析基本公共服务与经济发展耦合协调度的地理空间分布特征及差异，本书在空间统计的视角下，考察中国地区间基本公共服务与经济发展的耦合协调度变动是否存在空间相关性，目前空间自相关的测度有多种，包括莫兰指数（Moran I）、G系数、连接数分析、Ripley's K函数等，其中实际应用研究中常使用的就是Moran I。因为它是对称变换下的一个参数，既包括原始数据向量的信息，又包括空间权重矩阵的信息。计算Moran I主要分为数据标准化、构建$n \times n$空间权重矩阵和计算Moran I等三个步骤。

$$\text{Moran I} = \frac{\sum_{i=1}^{n}\sum_{j=1}^{n} W_{ij}(z_i - \overline{z})(z_j - \overline{z})}{S^2 \sum_{i=1}^{n}\sum_{j=1}^{n} W_{ij}}$$

其中， $i = 1,2,3,\cdots,n$ ； $j = 1,2,3,\cdots,m$ ， $m = n$ 或 $m \neq n$ ； $S^2 = \frac{1}{n}\sum_{i=1}^{n}(z_i - \overline{z})$; $\overline{z} = \frac{1}{n}\sum_{i=1}^{n} z_i$ ， z_i 为标准化之后的第 i 个地区的观测值； n 为地区总数； W_{ij} 为要素 i 和 j 之间的空间权重。

Moran I可看作各地区观测值的乘积和，其取值范围在–1到1，若各地区间耦合协调度为空间正相关，其数值应当较大，负相关则较小。在空间相关问题上，当目标地区数据在空间区位上既相似，又具有相类似的属性值时，空间模式总体上就表示为正的空间自相关性；而当在空间上邻近的目标地区数据显现出异常的属性值时，就表示为负的空间自相关性；当属性值在地区上的分布相互独立时，表示零空间自相关性。

第2章 理论基础

2.1 人口迁移理论

2.1.1 刘易斯模型

刘易斯（Lewis，1954）在“Economic development with unlimited supplies of labour”中首次提出发展中国家劳动力转移的二元经济结构模型，即现代化的工业和技术落后的传统农业在发展中国家并存的经济结构。他认为发展中国家的经济由两个不同的经济部门组成：一个是传统部门，劳动生产率很低，自给自足，生产方式比较落后，容纳着发展中国家的绝大部分劳动力，以传统农业为代表；另一个是现代部门，劳动生产率较高，采用先进的技术进行生产，容纳的就业劳动力较少，以工业为代表。然而随着资本投入的不断增加，现代部门的规模也会不断地扩大，于是就有了对劳动力的大量需求，那么滞留在传统部门的大量剩余劳动力正好可以满足这个需求。

在刘易斯模型中，假定传统农业部门中存在无限的劳动力供给，即在一个既定的工资水平上，现代工业部门可以从传统农业部门获得任意多的所需要的劳动力数量。传统农业部门由于人多地少，滞留着大量的剩余劳动力，这些劳动力的边际生产率小于或等于零。因此，只要现代工业部门的工资收入比传统农业部门稍微高一点，刘易斯假定大概高30%，那么农村的剩余劳动力就会源源不绝地涌入现代工业部门。在这个过程中，将经济收入分配向现代工业部门倾斜，使得现代工业部门不断扩张，从而为农村的剩余劳动力转移创造了大量的机会。

图2-1中，横轴代表的是劳动力数量，纵轴代表的是劳动的边际产品和工资。*OA*代表的是传统农业部门维持生计的工资水平，由传统部门制度和习惯来决定并且固定。*OW*代表现代工业部门的工资水平。*DD*曲线代表边际劳动生产率，也是现代工业部门的劳动力需求曲线。*WS*代表现代工业部门的劳动力供给曲线。刘易斯认为，现代工业部门以追求利润最大化为目标，现代工业部门对劳动力的需求一直持续到劳动者的边际生产率等于现代部门的工资水平为止。

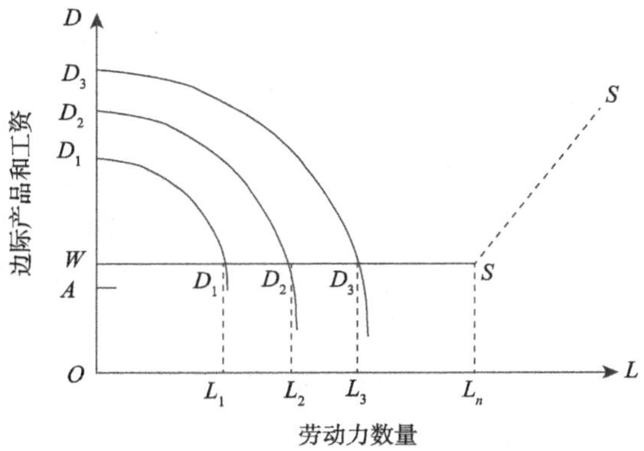

图 2-1 刘易斯模型的劳动力转移过程图

在图2-1中，当原始资本为K时，劳动力需求曲线为 D_1D_1，现代工业部门的劳动力数量为 OL_1，劳动力的供给和需求达到均衡的状态。刘易斯假定，资本家将他们所获得的利润全部储存起来用于新的投资，那么，当资本从 K_1 增加到 K_2 时，劳动力的需求曲线就从 D_1D_1 移动到了 D_2D_2，现代工业部门的就业量也达到了新的水平，利润规模也会随之继续增加，这个过程会一直持续到传统农业部门的剩余劳动力消失为止。这是劳动力转移的第一个阶段。当现代工业部门对劳动力的需求过了 OL_n 之后，经济发展进入第二个阶段，此时劳动力供给曲线是一条向右上方倾斜的曲线，在这个阶段，劳动力也变得稀缺起来，现代工业部门如果对劳动力有进一步的需求，则需要通过提高工资来吸引劳动力。这也就意味着现代工业部门如果想要获得更多的劳动力，就必须与传统部门展开竞争。

2.1.2 推-拉模型和托达罗模型

著名经济学家Bogue（1959）首次提出推-拉理论，明确指出劳动力在产业上，由第一产业向第二产业和第三产业转移；在地域上由农村向城市转移。流动的主要因素受到农村内部的推力和城市的拉力同时作用的结果。农村人口迁移存在十二个方面的推力因素和六个方面的拉力因素。推力是指迁出地农村存在的消极因素，主要包括农村人口过度增长、技术进步对农业劳动力的替代、自然资源枯竭、农业生产成本增加、偏低的收入等；拉力是指迁入地城市的吸引力，包括就业机会、高工资收入、发展空间和较好的教育机会、医疗设施和交通条件等。Lee（1966）进一步提出了一个系统化的推-拉模型，对劳动力迁移的原因进行分析。他认为形成迁移的因素可以分为四类：一是与迁出地相关的因素；二是与迁入地相关的因素；三是介于迁入地与迁出地之间的障碍因素；四是迁移者个人的因素。除此之外，Lee还对迁移数量、迁移流向及迁移者的特征进行了详细的分析，在人口迁移的众多理论中，Lee对人口迁移行为进行了比较全面和系统的研究。

Todaro（1969）在《美国经济评论》上发表了题为“A model of labor migration and urban unemployment in less developed countries”的经典论文。第二年，Harris和Todaro（1970）发表了名为“Migration，unemployment and development：a two-sector analysis”的文章，试图解释发展中国家农村人口向城市流动的决定因素和城市失业现象，提出了著名的哈里斯–托达罗人口迁移模型：在许多发展中国家，即使城市存在失业的情况，也可能发生农村向城市移民的现象，尽管城市中失业现象十分严重，但是农村劳动力还是可以依据城乡之间的实际工资差异和城市找到工作的概率这两个因素做出是否向城市流动的合理决策。

2.1.3 新迁移经济学理论

随着人口迁移行为研究的不断深入，Root和de Jong（1991）发现个体迁移研究存在局限性，影响迁移的因素除了经济社会环境和个体异质性特征外，家庭也是很重要的影响因素，并且迁移行为具有鲜明的家庭特征，既有以家庭为单位的整体迁移，又有“接棒式”“连锁”迁移，产生了家庭生命周期理论、家庭网络、家庭束缚等词汇，以Stark和Bloom（1985）为代表的新迁移经济学认为，迁移决策由相互关联的家庭成员从家庭效用最大化出发，做出集体决策；Massey等（1993）认为，家庭在迁移决策中不仅考虑到利益最大化，还考虑到通过分散劳动力资源使家庭经营风险最小化。新古典迁移理论把迁移决策认为是独立的个体行为，新迁移经济学则将迁移研究的关注点转向了相互依赖的家庭成员。

家庭迁移理论的第一个主要观点是：家庭净收益而不是个人净收益，是家庭迁移的动力（Mincer，1978）；家庭效用函数可以进一步简化，用家庭收入之和代替家庭效用（Borjas and Bronars，1991）。Mincer（1978）界定家庭背景和家庭关系及家庭迁移决策，认为经济持续增长产生了劳动需求，家庭经济促进了劳动力供给和人力资本的形成。在家庭里，人们的集体行动不仅追求最大化收入，而且通过分散风险，缓解与劳动力市场之外相关联的各种约束（Stark，1984）。Stark（1991）认为，尽管劳动力转移行为的执行者通常是以单个转移者的形式出现的，但是劳动力转移本身比单个人的利益最大化蕴含着更多的意义，转移行为实际上是家庭一组人决策的结果。新迁移经济学的主要观点如下。

第一，关于迁移主体。新迁移经济学与新古典迁移理论不同的关键点在于，迁移决策不是由孤立的个人单独做出的，而是由相互联系的人所构成的家庭做出的。第二，关于迁移动机。由于传统农业生产容易受到气候和自然灾害及市场价格波动的影响，在缺乏完善的保险机制的情况下，这种收入不稳定对家庭农业收入影响较大，从而产生了分散家庭风险的迁移动机。第三，关于市场制度、资本制度。正是由于保险和资本市场的不完善，为分散风险，克服资本约束，农户家庭采取了迁移行动，由于人口迁移，增加的城乡汇款可以分散收入来源以规避家庭风险。第四，关于相对剥夺（relative deprivation，RD）模型。以Stark和Yitzhaki（1988）为代表的新迁移经济学认为，家庭成员迁移不只是为了提高其绝对收入，也为了提高相对于其他家庭的收入，即为了降低参照群体中的相对贫困感，即相对剥夺、相对经济地位变化、相对贫困。给定家庭的初始收入及对迁移的预期收入，相对剥夺感越强的家庭，迁移的动机越强烈，从而降低了与参照群体的相对贫困程度。

2.1.4　蒂布特理论

美国经济学家Tiebout（1956）提出在人口流动不受限制的情况下，通过建立一个地方公共产品供给模型来分析公共产品对人口流动的影响，模型基本假设如下。

（1）假设具有消费者和投票者双重身份的居民能够充分流动，他们将流向那些能够充分满足其对公共产品偏好的地区。

（2）居民对各地公共产品收入–支出模式具有完全信息。

（3）有许多地区可以供居民选择和流动。

（4）不考虑各地对就业机会的限制，所有人都靠股息来维持生活。

（5）各地区的公共产品不存在外部性。

（6）每一种社区服务模式都是由城市管理者根据该社区原有住户的偏好来设定的。

（7）为降低平均成本，没有达到最优规模的社区将会试图吸引新的居民，超过了最优规模的社区则相反，处于最优规模的社区则力图保持其人口数量不变。

根据上述假设，在公共部门存在的条件下，通过市场上的选择行为来实现各地区公共产品的供求均衡，并使得各级政府提供的公共产品达到最佳效益，资源配置达到帕累托最优。居民通过选择居住地这种“用脚投票”的方式表达对地方公共产品的需求，使得各个地方政府之间相互竞争，促使其更有效地向人们提供所需要的公共产品和服务，这就是蒂布特模型的基本内涵。这一理论指出，居民往往会选择迁移到公共产品水平高的地区。在控制经济因素、生活质量和气候变量之后，Sharp（1984）、Barrow（2002）、Cebula（2009）、Cebula和Nair-Reichert（2012）认为住房质量与价格、相对税率、公立学校教育质量等因素对居民的迁移和居住地选择起着相当重要的作用。依照蒂布特选择模型，在一个经济中，当体现联合效率的公共产品和私人产品一起被生产出来时，资源配置应该使得私人产品和公共产品的产出总价值达到最大。

2.2 基本公共服务均等化理论

基本公共服务均等化的理论基础主要源自福利经济学，福利经济学理论涉及庇古的社会福利思想、帕累托最优定理、补偿原则、社会福利函数。英国经济学家庇古（2006）对福利经济学的体系进行了完善，指出社会经济福利一方面随国民收入总量的增加而增加；另一方面，在经济发展过程中提高用于公共服务的财政支出和通过财政转移支付缩小公共服务差距，都会增加社会福利。社会福利函数强调收入分配的合理性，充分考虑个人公共服务需求的相对均等化。此外，Sen（1985）强调个人能力提高的福利经济学观点，指出以个人的发展作为实施公共服务均等化的出发点和归宿，通过公共服务及配置来促进个人的发展。

基本公共服务在社会共识的前提下，以公民的需求为出发点，目的是维护经济和社会的稳定与发展，保障公民的基本生存和发展权利，公共服务一般具有社会性、公共性、公平性和动态性的特征，均等化即需要渐进缩小基本公共服务差距，从而实现社会公平、正义。安体富（2007）指出，基本公共服务均等化的推进以中央和地方政府为主导，以政府的公共财政投入为主，并吸引市场主体和社会主体有序参与。陈海威和田侃（2007）指出基本公共服务应包括四大领域，分别是底线生存服务、公众发展服务、基本环境服务和基本安全服务。陈昌盛（2008）认为，一国公民无论种族、性别、居所、收入和地位，均可公平、普遍地享受公共服务。安体富和任强（2012）进一步指出，公共服务是指通过提供活劳动的形式满足人们某种需要的公共物品；基本公共服务是指与民生密切相关的纯公共服务；均等包括居民享受公共服务的机会均等和结果均等，在数量和质量上都应大体相等，并且结果均等化要比机会均等化更重要。

尹栾玉（2016）指出基本公共服务具有基础性、广泛性、迫切性、可行性等主要特征，包括义务教育、公共卫生与基本医疗、基本社会保障、公共就业服务等内容。刘传明等（2019）认为基本公共服务范围一般包括教育、就业、社会保障、医疗卫生、计划生育、住房保障、文化体育等领域的公共服务，广义上还包括与人们生活环境紧密关联的交通、通信、公用设施、环境保护等领域的公共服务，以及公共安全、消防安全和国防安全等领域的公共服务。《国务院关于印发“十三五”推进基本公共服务均等化规划的通知》指出，“基本公共服务均等化是指全体公民都能公平可及地获得大致均等的基本公共服务，其核心是促进机会均等，重点是保障人民群众得到基本公共服务的机会，而不是简单的平均化”。基本公共教育、基本劳动就业创业、基本社会保险、基本医疗卫生、基本社会服务、基本住房保障、基本公共文化体育、残疾人基本公共服务等八个领域共同构成了基本公共服务清单①。

2.3 整体政府理论

20世纪90年代中后期，由于传统官僚制度下的政府规模大，体制僵硬，运行效率低下，公共服务碎片化困境日益明显，英国、新西兰、加拿大等为代表的西方国家逐渐使用整体政府的治理模式。英国学者Perri等（1999）提出整体性治理理论，主张以公民需求为治理导向，以信息技术为治理手段，以整合、协调和责任为治理机制，跨越组织功能边界，在政策、规章、服务、监督四个方面，有效规避传统官僚体制的弊端。王胜君和丁云龙（2010）指出整体政府主要通过多部门跨部门合作，满足公民需求，提供整合的而非碎片化的服务，整合资源为公民提供了无缝隙的整体性政府公共服务，提高了公共服务的质量和效率。从理论来看，整体政府理论有助于解决新公共管理改革导致机构碎片化的问题，丰富了合作理论。从实践来看，整体政府理论主张利益相关者或组织共同参与、互动、协调与合作，更加关注全局效益和结果导向。

整体政府是指以各种方式运用制度化和跨界合作的方法促进公共价值增值的治理模式。国外学者Ling（2002）在总结西方各国政府改革的实践经验基础上，归纳了“整体政府”和“内、外、上、下”的实践模式。Pollitt（2003）指出，整体政府指的是依托纵横等多维度的协调，促进共同目标任务实现的治理模式；麻宝斌和李辉（2010）认为，整体政府是在公共管理中政府与其他主体的协同行动，建立秩序井然、协同促进的治理结构，以实现治理功能与资源利用最大化。在公共政策与公共服务的过程中，交互的、协作的和一体化的管理方式与技术，促使各种公共管理主体在共同的管理活动中协调一致，达到功能整合、消除排斥的政策目标，从而有效利用稀缺资源，为公民提供无缝隙服务。吴瑞坚（2012）提出智慧城市建设，这不仅是城市公共服务资源和信息的全面感知和互联，更是一种全新的城市形态和管理手段的创新与变革，是现代信息技术基础上的城市形态高级化，是城市治理模式和政府结构性转型的根本性转变。

整体政府依赖于联合、协同合作来实现，林登（2002）提出伙伴关系理论，认为整体政府实质上是通过部门内相互合作，通过建立合作伙伴关系，实现互动协同的跨部门合作机制。Hood（2005）表示，协商合作是在横向部门之间构建整体政府的基本模式，不仅包括组织结构、行政资源的整合，还包括公共服务模式和提供方式的整合。整体政府把服务对象分为消费者、公民、纳税人三大类，以

---

① 《国务院关于印发“十三五”推进基本公共服务均等化规划的通知》，http://www.gov.cn/zhengce/content/2017-03/01/content_5172013.htm[2017-03-01]。

新信息技术为基础，通过整合性方式将公共服务运作分为服务、治理和公民关系三个维度，实现整合性公共服务的目的，整体性运作依赖于对各种推进策略的识别和运用。整体政府战略不仅强调各利益相关者和各类组织的参与、互动、协调与合作，还强调合作结果，以及对社会、公民、组织机构的影响，关注全局效益和结果导向。希克斯断言："21世纪政府改革的新议程变得更加明确，其核心理念和目标就是始终的整体政府。"

2.4 多中心理论

多中心理论凭借严谨的体制评析，以及严密、理性的逻辑论证显示了其独特的魅力，演变成为公共产品供给理论之一。博兰尼（2002）最先引进和解释了多中心的概念，提出单中心和多中心是社会组织的两种不同秩序。单中心秩序意味着权力中心以由上到下发布命令的方式执行控制，有着严格的等级关系，高层制定制度和指令，低层则无条件遵循和实施。多中心秩序中大量互不干扰的主体均为某些规则所限制，彼此作用，最终使得体制井然有序。奥斯特罗姆（2000）在严格的理论和实证分析的基础上建立了多中心理论，指出多中心有各种形式的互不干扰的决策中心，最重要的是政府和决策组织均有权利改变法律规定并具体实施。组织不可能在多中心的政治体系中拥有最终垄断权。王兴伦（2005）指出多个权力中心组织供应公共产品和服务时，应当借助多样化的权力解决供应问题。

多中心理论的主要内容如下：①多中心体制的主体可分为政府、企业、公民、社会、非营利组织、国际组织等。具体来讲，可分为三大类：一是公共产品的集体消费者，如社会自组织、管辖机构等；二是公共产品的生产主体，如市场主体、非营利部门等；三是连接生产者与消费者的中间组织，如政府部门、集体消费者等。②多中心供给结构有混合搭配结构和嵌套结构两种。混合搭配结构中对生产、消费和供给进行混合配置。在特定情境下，社区能够独立选择公共产品供应商或自给自足。嵌套结构明确了各种级别和规模的参与者均能被嵌入更强大的系统中，以补偿节点可能存在的失败。两种结构使得系统供应商能相互学习、自由组合，以供给公共产品。③充分的竞争、合作生产和有效解决矛盾的机制保障了多中心的有效运作。在多中心系统中，每个中心都是独立自主的，并以最大化自己的利益为目标。消费者在竞争性的市场环境中拥有选择的自主权，因此竞争性的市场环境运行效率高于垄断性市场，并有利于产品及服务质量的改善。如有冲突，应由新成立的组织解决，不能解决的，由政府部门调解。

上述内容表明多中心理论使政府有了新的定位，政府供应了公共服务，同时行为被法律制度所约束。多中心理论一方面主张政府给予公民部分的自主权决策；

另一方面，强制政府主动采取政策措施，使公共产品供给有效，从而有效避免了单独依赖政府或市场的缺陷，利用规章制度保证了市场、政府的有效合作，最大限度地抨击了集体行动中的机会主义，推动了公共服务事业的可持续发展。

2.5 协同学理论

协同（Synergy）来源于希腊文，协同学理论是德国科学家哈肯（1987）创建的，为当时的跨学科理论，该理论源自现代物理学和非平衡统计物理学，是一门研究不同学科中存在的共同本质特征的横断科学。哈肯将“协同”定义为“系统的各部分之间互相协作，使整个系统形成微观个体层次所不存在的物质结构和特征”。协同通过分类、类比等方式来描述系统和运动现象中从无序向有序转变的共同规律。协同学理论也可称为非平衡系统的自组织理论。由庞大子系统所构成的多种不同的系统中，协同学研究这些系统内的子系统如何相互合作，从而使系统在时间、空间或者功能结构上产生变化，从这一角度来讲，协同学与耗散结构理论有点类似。协同学主要的概念包括竞争、协同、序参量和伺服。其中，竞争是协同的前提条件，如生态系统中物种之间的竞争，社会环境中各种组织和团体及个人之间的竞争等。竞争使得系统不断演化，由于系统内各个子系统自身的条件存在区别，所有竞争是一直存在的，同时竞争的存在使得系统处于非平衡状态，竞争促使系统结构发展更有序。系统内各个子系统通过合作、协调达到相互联合的效果，竞争和协同均能促使系统演化，竞争使系统远离平衡状态，而协同可使之产生一种“整体之力”，共同支配系统的演化。系统内部大量子系统相互作用就会产生序参量，所谓的伺服程序指序参量和子系统彼此影响的状态，协同思想正在成为政府公共管理改革中的主要治理理念。

户籍制度改革“牵一发动全身”，不仅需要打破旧的管理运行结构，建立新的管理运行结构，而且需要系统自组织运行，这需要应用协同学管理原理和制度经济学进行理论分析和实践应用研究。因此，原有的管理模式由于户籍制度影响条件的改变而变得不稳定，这需要利益相关者建立新的、稳定的管理体系结构。见图2-2。

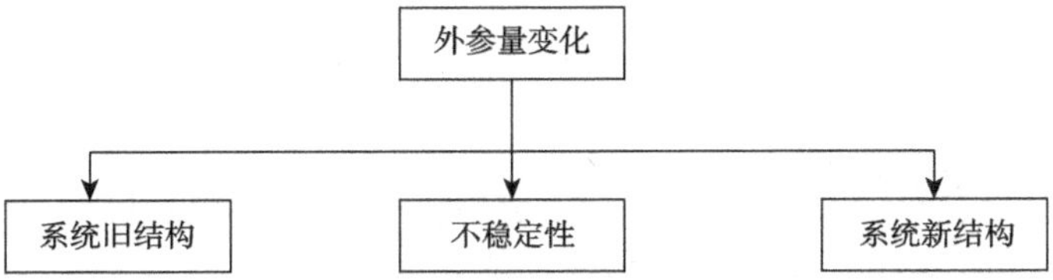

图 2-2 系统新旧结构替代示意图

2.6 系统动力学理论

系统动力学是由美国麻省理工学院Forrester（1971）率先提出的，最初用来处理工业企业的人员和生产平衡问题，后来分析、决策和预测的应用范围不断扩大。系统动力学通过研究系统因果反馈运行结构来发现事物运行规律，并通过建立系统仿真模型来模拟实际状态和预测发展趋势。中国于20世纪70年代引入系统动力学的理论，后由王其藩（1995）、贾仁安（2014）等一大批专家和学者积极倡导。目前系统动力学在可持续发展领域有着深入的应用，并取得大量研究成果。

2.6.1 系统动力学的特点

（1）应用系统动力学研究社会经济系统，能够容纳大量变量，一般可以达到数千个，而这正好符合社会系统研究的需要。

（2）系统动力学模型，既有描述系统各个要素之间因果关系的结构模型，又有以专门形式表现的数学模型，由此进行仿真试验和计算，以掌握系统的未来动态行为。因此，系统动力学是一种定性分析和定量分析相结合的技术。

（3）系统动力学的仿真试验能起到实际实验室的作用。它通过人和计算机的结合，既能发挥人对社会系统的了解、分析、推理、评价、创造等能力的优势，又能利用计算机高速计算和迅速跟踪的功能，以此试验和剖析实际系统，从而获得丰富而深化的信息，为选择最优或者满意的决策提供有力的依据。

（4）系统动力学通过模型进行仿真试验的结果，使用计算机仿真未来一定时期内各种变量随时间而变化的数字和曲线。因此，系统动力学能处理高阶次、非线性、多种反馈的复杂时变社会系统的相关问题。

2.6.2 流位流率系概念

贾仁安（2014）进一步对系统动力学方法进行了创新、推广和应用，在流位流率系概念的基础上提出逐树设撤关联数结构行为规范化建模。

定义2-1 将研究的动态系统中存在的n个积累变量，称为n个流位变量，设为$L_1(t),L_2(t),\cdots,L_n(t)$，$n$个积累变量对应的单位时间变化量称为$n$个流率变量，设为$R_1(t),R_2(t),\cdots,R_n(t)$。则各流位变量$L_i(t)$与对应流率变量$R_i(t)$的二元组的集合为

$$\{[L_1(t),R_1(t)],[L_2(t),R_2(t)],\cdots,[L_n(t),R_n(t)]\}$$

$[L_i(t),R_i(t)]$称为此研究动态系统的流位流率系。

在此系统的流位流率系下进行仿真计算研究，类似于解析几何中建立直角坐标系研究函数的变化关系。

定义2-2 若流位 $\mathrm{LEV}(t)$ 和函数 $R_1(t)$、$R_2(t)$ 满足：

$$\mathrm{LEV}(t)=\mathrm{LEV}(t-\Delta t)+\Delta t\times\left[R_1(t-\Delta t)-R_2(t-\Delta t)\right],\Delta t>0$$

在t的变化范围内有 $R_i(t)\geqslant 0(i=1,2)$，则 $R_1(t)$ 为流位 $\mathrm{LEV}(t)$ 的流入率，$R_2(t)$ 为流位 $\mathrm{LEV}(t)$ 的流出率。

定义2-3 在计算过程中不随时间变化的量称为常量。

定义2-4 从信源到流率之间的变量称为辅助变量。信源可以是流位变量，也可能是其他变量，如外生变量等。

定义2-5 在因果关系中，不连接在反馈环中且不影响任何反馈环中其他变量的变量称为增补变量。

流位变量、流率变量、辅助变量、增补变量及常量统称为内生变量。

定义2-6 制约内生变量，但又不受内生变量制约的变量称为外生变量。

显然，系统环境中的变量一定是外生变量，且往往是TIME 的函数。自然，TIME 可视为特殊的外生变量。

定义2-7 若 $D=(V,X,F)$ 是一个因果关系图，按流线和变量分类概念变换后，得其

$$\begin{aligned}\text{顶点集 }V=&\{L_i:L_i\text{为流位变量，}i=1,2,3,\cdots,m\}\cup\\&\{R_i:R_i\text{为流率变量，}i=1,2,3,\cdots,n\}\cup\\&\{A_i:A_i\text{为辅助变量，}i=1,2,3,\cdots,k\}\cup\\&\{S_i:S_i\text{为增补变量，}i=1,2,3,\cdots,g\}\cup\\&\{E_i:E_i\text{为外生变量，}i=1,2,3,\cdots,f\}\cup\\&\{a_i:a_i\text{为常量，}i=1,2,3,\cdots,q\}\end{aligned}$$

$$\begin{aligned}\text{其因果链集 }X=&\{x_i:x_i\text{为两变量间的物流线},i\in N_1\}\cup\\&\{x_j:x_j\text{为两变量间的信息流线},j\in N_2\}，\end{aligned}$$

则 $D=(V,X,F)$ 称为流图，并记为 $G=(Q,E,F)$。一般流图中的顶点为变量点，包括特殊变量（常量）点 a_i。

2.6.3 树枝向量行列式反馈环计算法创新技术原理

以往系统动力学研究中没有一个有效的反馈环计算方法，贾仁安团队经过长时间反复研究，依据代数图论原理创建了系统动力学树枝向量行列式反馈环计算法，将系统流率基本入树模型的反馈环计算问题转换为代数反馈环计算问题：将系统 n 棵流率基本入树模型的全部 n 阶反馈环计算问题，转化为全部不同入树不同流位流率尾因果链的 n 个流率因果链的链接问题，通过构建对角置1枝向量行列

式，可实现计算2阶，3阶，…，n阶全部反馈环（除1阶以外）。树枝向量行列式反馈环计算法技术步骤如下。

1. 流率基本入树的枝向量定义

定义2-8　已知流率基本入树模型$T_1(t),T_2(t),\cdots,T_n(t)$

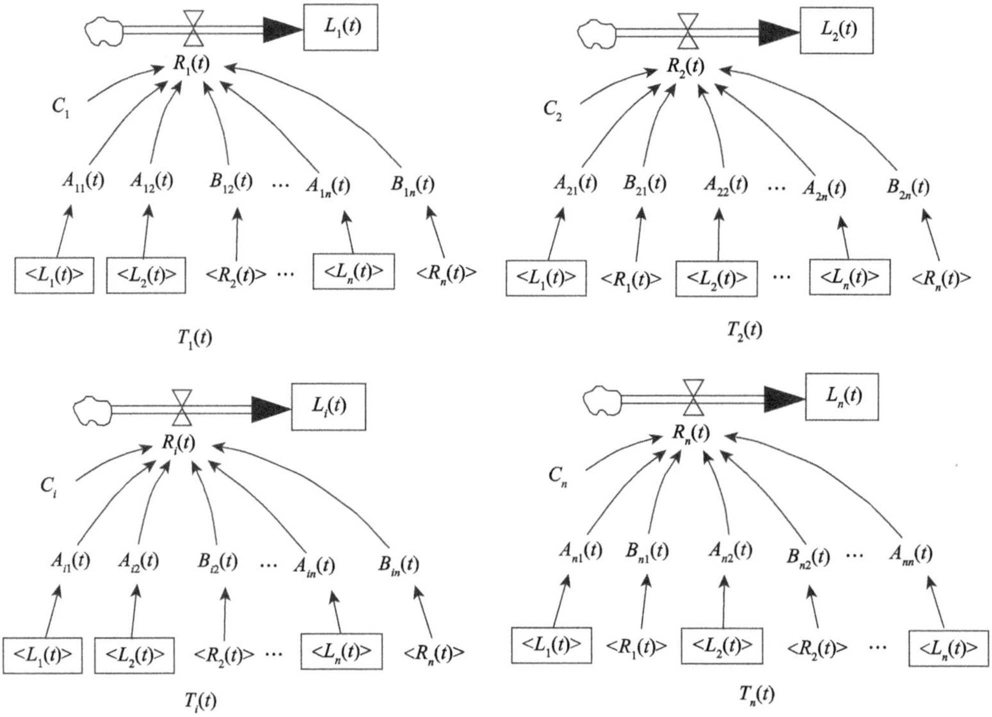

以流率基本入树$T_1(t),T_2(t),\cdots,T_n(t)$的枝中变量为元素，将依次排列构成的向量$\left(R_i(t),\pm,A_{ij}(t),L_j(t)\right)$或$\left(R_i(t),\pm,B_{ij}(t),R_j(t)\right)$称为枝向量，其中“±”表示枝向量极性，为枝向量因果链极性的乘积，取“+”或取“−”。

2. 枝向量乘法定义

定义2-9　枝向量乘法

$$\left(R_i(t),A_{ij}(t),L_j(t)\right)\times\left(R_t(t),B_{tp}(t),L_p(t)\right)$$

$$=\begin{cases}(R_i(t),A_{ij}(t),L_j(t)),(R_t(t),B_{tp}(t),L_p(t)), & R_t(t)\text{是}L_j(t)\text{的流率，}A_{ij}(t)\text{与}B_{tp}(t)\text{中无相同变量}\\(R_t(t),B_{tp}(t),L_p(t)),(R_i(t),A_{ij}(t),L_j(t)), & R_i(t)\text{是}L_p(t)\text{的流率，}A_{ij}(t)\text{与}B_{tp}(t)\text{中无系统变量}\\0, & \text{其他情形}\end{cases}$$

$$\left(R_i(t),A_{ij}(t),R_j(t)\right)\times\left(R_t(t),B_{tp}(t),R_p(t)\right)$$

$$
=\begin{cases}(R_i(t),A_{ij}(t),R_j(t)),(R_t(t),B_{tp}(t),R_p(t)), & R_j(t)=R_t(t),A_{ij}(t)\text{与}B_{tp}(t)\text{中无相同变量}\\(R_t(t),B_{tp}(t),R_p(t)),(R_i(t),A_{ij}(t),R_j(t)), & R_p(t)=R_i(t),A_{ij}(t)\text{与}B_{tp}(t)\text{中无系统变量}\\0,\ \text{其他情形}\end{cases}
$$

$\left(R_i\left(t\right),A_{ij}\left(t\right),L_j\left(t\right)\right)\times\left(R_i\left(t\right),B_{ij}\left(t\right),R_j\left(t\right)\right)$的定义与上等价。

3. 枝向量加法定义

定义2-10 $\left(R_i(t),A_{ij}(t),L_j(t)\right)+\left(R_t(t),B_{tp}(t),R_p(t)\right)$或$\left(R_i(t),A_{ij}(t),R_j(t)\right)+\left(R_p(t),B_{pt}(t),L_t(t)\right)$，仅表示在强简化流率基本入树中存在$\left(R_i\left(t\right),A_{ij}\left(t\right),L_j\left(t\right)\right)$和$\left(R_t\left(t\right),B_{tp}\left(t\right),R_p\left(t\right)\right)$或$\left(R_i\left(t\right),A_{ij}\left(t\right),R_j\left(t\right)\right)$和$\left(R_p\left(t\right),B_{pt}\left(t\right),L_t\left(t\right)\right)$对应的两枝。

4. 入树模型$T_1\left(t\right),T_2\left(t\right),\cdots,T_n\left(t\right)$的树枝向量行列式定义

定义2-11 入树模型$T_1\left(t\right),T_2\left(t\right),\cdots,T_n\left(t\right)$的树枝向量行列式为

$$
\begin{array}{c|cccc|}
 & L_1(t)/R_1(t) & L_2(t)/R_2(t) & \cdots & L_n(t)/R_n(t)\\
T_1(t) & (R_1(t),\pm,A_{11}(t),L_1(t)) & \begin{array}{c}(R_1(t),\pm,A_{12}(t),L_2(t))\\+(R_1(t),\pm,B_{12}(t),R_2(t))\end{array} & \cdots & \begin{array}{c}(R_1(t),\pm,A_{1n}(t),L_n(t))\\+(R_1(t),\pm,B_{1n}(t),R_n(t))\end{array}\\
T_2(t) & \begin{array}{c}(R_2(t),\pm,A_{21}(t),L_1(t))\\+(R_2(t),\pm,B_{21}(t),R_1(t))\end{array} & (R_2(t),\pm,A_{22}(t),L_2(t)) & \cdots & \begin{array}{c}(R_2(t),\pm,A_{2n}(t),L_n(t))\\+(R_2(t),\pm,B_{2n}(t),R_n(t))\end{array}\\
\vdots & \vdots & \vdots & & \vdots\\
T_n(t) & \begin{array}{c}(R_n(t),\pm,A_{n1}(t),L_1(t))\\+(R_n(t),\pm,B_{n1}(t),R_1(t))\end{array} & \begin{array}{c}(R_n(t),\pm,A_{n2}(t),L_2(t))\\+(R_n(t),\pm,B_{n2}(t),R_2(t))\end{array} & \cdots & (R_n(t),\pm,A_{nn}(t),L_n(t))
\end{array}
$$

$$
\begin{aligned}
&=\sum_{j_1j_2\cdots j_n}\left[\left(R_{1j_1}\left(t\right),A_{1j_1}\left(t\right),L_{1j_1}\left(t\right)\right)+\left(R_{1j_1}\left(t\right),B_{1j_1}\left(t\right),R_{j_1}\left(t\right)\right)\right]\\
&\quad\times\left[\left(R_2\left(t\right),\pm,A_{2j_2}\left(t\right),L_{j_2}\left(t\right)\right)+\left(R_2\left(t\right),\pm,B_{2j_2}\left(t\right),R_{j_2}\left(t\right)\right)\right]\\
&\quad\times\cdots\times\left[\left(R_n\left(t\right),\pm,A_{nj_n}\left(t\right),L_{j_n}\left(t\right)\right)\left(R_n\left(t\right),\pm,B_{nj_n}\left(t\right),R_{j_n}\left(t\right)\right)\right]
\end{aligned}
$$

其中，±表示枝向量的极性（取“+”或取“–”）；$\sum\limits_{j_1j_2\cdots j_n}$ 表示对$j_1j_2\cdots j_n$的所有n级排列求和。树枝向量行列式具有交换两行或两列行列式不变的性质，按行列式展开除全部为加号外，皆与代数行列式的性质一样。

5. 全部反馈环计算公式

作$T_1\left(t\right),T_2\left(t\right),\cdots,T_n\left(t\right)$的树枝向量构成的对角置1树枝向量行列式

$$A_n(t)=\begin{vmatrix} 1 & \begin{array}{c}(R_{12}(t),\pm,A_{12}(t),L_2(t))\\+(R_{12}(t),\pm B_{12}(t),R_2(t))\end{array} & \cdots & \begin{array}{c}(R_1(t),\pm,A_{1n}(t),L_n(t))\\+(R_1(t),\pm B_{1n}(t),R_n(t))\end{array} \\ & \cdots & \cdots & \cdots \\ \begin{array}{c}(R_2(t),\pm,A_{21}(t),L_1(t))\\+(R_2(t),\pm,B_{21}(t),R_1(t))\end{array} \quad \cdots & 1 & \cdots & \begin{array}{c}(R_2(t),\pm,A_{2n}(t),L_n(t))\\+(R_2(t),\pm,B_{2n}(t),R_n(t))\end{array} \\ \cdots \quad \cdots & \cdots & \cdots & \cdots \\ \begin{array}{c}(R_n(t),\pm,A_{n1}(t),L_1(t))\\+(R_n(t),\pm,B_{n1}(t),R_1(t))\end{array} \quad \cdots & \begin{array}{c}(R_{nj}(t),\pm,A_{nj}(t),L_j(t))\\+(R_{nj}(t),\pm,B_{nj}(t),R_j(t))\end{array} & \cdots & 1 \end{vmatrix}$$

定理2-1　已知流率基本入树 $T_1(t),T_2(t),\cdots,T_n(t)$ 及嵌运算流图 $G_n(t)=\overrightarrow{\bigcup_{i=1}^{\eta}}T_i(t)$，则流图 $G_n(t)$ 中全部反馈环（1阶以上）与由 $T_1(t),T_2(t),\cdots,T_n(t)$ 构成的对角置1树枝向量行列式 $A_n(t)$ 的值一一对应。由数学归纳可证明定理的正确性。

第 3 章　户籍衍生价值和改革成本测算研究

随着中国城镇化的快速推进，大量农村劳动力向城市转移就业。根据中国人力资源和社会保障事业发展统计公报，2017年全国进城务工人员总量为28 652万人，比上年增加481万人，其中外出进城务工人员17 185万人，进城务工人员成为超过城市工人的第二大劳动力群体，如何让这一庞大的群体在城市安居乐业并享受基本公共服务是各级政府关注的焦点。

3.1　户籍制度变迁沿革

3.1.1　计划经济条件下户籍制度变迁沿革

1949年中华人民共和国成立以后，中国逐步建立起先城市后乡村的户籍制度。1950年公安部颁布的《特种人口管理暂行办法（草案）》是中国户籍制度的起点，此时中国居民迁移和户籍管理有较大的自由度，人口迁徙政策相对宽松。公安部于1951年7月16日颁布实施了《城市户口管理暂行条例》，对人口的出生、死亡、迁入、迁出、社会身份等事项进行管理，强调户籍制度的治安作用。这是中华人民共和国成立后第一部户口管理条例，基本统一了全国城市的户口登记制度。

1955年6月22日《国务院关于建立经常户口登记制度的指示》统一了全国城乡的户口登记工作，规定全国城市、集镇、乡村都要建立户口登记制度，户口登记的统计时间为每年一次。1955年8月，国务院发布《关于市镇粮食定量供应暂行办法》规定，市镇居民迁居的，应凭城镇居民粮食供应证向原发证机关领取粮食供应转移证，凭证至迁入地区办理粮食供应手续，迁出时如有存粮，可以携带或卖给国家粮店，领取地方粮票或全国通用粮票①。

1957年12月18日，《中共中央 国务院关于制止农村人口盲目外流的指示》发布，规定了一系列措施以制止农村人口盲目外流的情况继续发生，包括灾区应当加强对农业生产合作社社员和干部的思想教育，使他们认清只有生产自救才是战

① 《粮店变迁》，http://history.people.com.cn/n1/2017/0227/c372332-29111099.html[2017-02-27]。

胜灾荒的根本办法；对于灾区和非灾区盲目外出的农民、复员军人和乡、社干部，如果他们并无切实可靠的出路，只是羡慕城市生活或者只是听到一些可以找到工作的传闻，就想盲目外出的，应当切实加以劝阻；工厂、矿山、铁路、交通、建筑等单位需用劳动力的时候，应当事先做好劳动计划，通过劳动部门统一调配农村剩余劳动力，不应当私自招收。1958年1月9日全国人大常委会通过并颁布了《中华人民共和国户口登记条例》，该条例主要是为了维持社会秩序，保护公民的权利和利益，服务于社会主义建设，是全国城乡统一户籍制度正式形成的标志。1950年后，计划经济条件下户籍制度形成与历史沿革事件见表3-1。

表 3-1 计划经济条件下户籍制度形成与历史沿革

时间	法规制度	内容
1950 年	《特种人口管理暂行办法（草案）》	特殊人口管理
1951 年	《城市户口管理暂行条例》	城市常住人口的六项调查和登记
1953 年	《全国人口调查登记办法》	常住人口的登记与管理
	《中共中央关于粮食统购统销的决议》	所有收购量和供应量，收购标准和供应标准，收购价格和供应价格等，都必须由中央统一规定或经中央批准
1955 年	《国务院关于建立经常户口登记制度的指示》	乡和未设公安派出所的集镇，乡、镇人民委员会应建立乡、镇户口簿和出生、死亡、迁出、迁入登记册
	《关于市镇粮食定量供应暂行办法》	粮食供应、粮票和粮油转移证管理
1956 年	全国户口工作会议的三个文件	确立户口管理的三项任务
1958 年	《中华人民共和国户口登记条例》	包括常住、暂住、迁出、迁入等七项人口登记事项
1964 年	《公安部关于处理户口迁移的规定（草案）》	户口迁移的两个“严加限制”基本精神
1977 年	国务院批转《公安部关于处理户口迁徙的规定》	强化了对户口迁徙的严格管理，第一次系统提出“农转非”政策加指标的双重控制体系

资料来源：根据陆益龙的《户籍制度——控制与社会差别》，商务印书馆 2004 年第二版，第 122 页及其他历史资料整理得到

1964年9月，《公安部关于处理户口迁移的规定（草案）》出台，规定对从农村迁往城市、集镇的要严加限制；对从集镇迁往城市的要严加限制。这一规定集中体现了该时期户口迁移的两个“严加限制”基本精神。此后，直至1978年期间，在优先发展重工业战略目标的指引下，严格的户籍管理制度在当时历史条件下发挥了重要的社会管理功能，农村人口被牢牢限制在土地上，通过工农业产品的价格“剪刀差”为工业化提供了发展资金，推动了工业生产发展和社会稳定，实现了优先发展重工业的目标。这一阶段户口管理的主要特点是严格控制农村人口盲目流入城市，压缩城市人口，包括精简职工、知识青年上山下乡、干部下放农村，

出现了大量城市人口迁往农村的逆城市化现象。但是，户籍制度的城乡分治功能一直在延续，日益成为城乡二元福利歧视制度的根源。

3.1.2 准市场经济时期下户籍制度变迁沿革

随着20世纪80年代改革开放的深入进行，户籍成为城乡二元经济结构的最主要制度性因素，随着经济发展的需要，严格的城乡分割户籍制度开始松动，从小城镇落户制度开始改革，逐步承认人口流动合法，并赋予流动人口在城镇居留的权利。

1984年10月，《国务院关于农民进入集镇落户问题的通知》颁布实施，“积极支持有经营能力和有技术专长的农民进入集镇经营工商业”“为了保护农民进入集镇兴业安居的合法权益，乡镇人民政府要依照国家法律，保护其正当的经济活动，任何组织和个人不得随意侵占他们的合法利益”[①]。

1985年7月，《公安部关于城镇暂住人口管理的暂行规定》的出台标志着城镇暂住人口管理制度的建立。暂住拟超过三个月的16周岁以上的人，须申领暂住证。对从事建筑、运输、包工等集体暂住时间较长的，由这些单位的负责人登记造册，及时报送公安派出所或户籍办公室，登记为寄住户口，发给寄住证。1986年11月28日公安部发布《中华人民共和国居民身份证条例实施细则》，1999年7月29日经国务院批准第二次修订，1999年10月1日公安部正式发布《中华人民共和国居民身份证条例实施细则》。

1997年6月，《国务院批转公安部小城镇户籍管理制度改革试点方案和关于完善农村户籍管理制度意见的通知》出台，探索建立适应社会主义市场经济体制的新型户籍管理制度，规定已在小城镇就业、居住并符合一定条件的农村人口，可以在小城镇办理城镇常住户口。这有利于引导农村人口向小城镇有序转移，促进小城镇健康发展，加快我国城镇化进程。

2003年6月，全国人大常委会通过了《中华人民共和国居民身份证法》，以法律形式保护公民权益，户籍管理向服务型转变。在户籍制度制约下，我国的进城务工人员已经成为一个庞大的、相对独立的群体，2004年初的中央一号文件《中共中央 国务院关于促进农民增加收入若干政策的意见》，第一次明确认定“进城就业的农民工已经成为产业工人的重要组成部分”[②]。2008年《中共中央关于推进农村改革发展若干重大问题的决定》指出，放宽中小城市落户条件，鼓励各类

① 《国务院关于农民进入集镇落户问题的通知》，http://www.gov.cn/zhengce/content/2016-10/20/content_5122291.htm[1984-10-13]。

② 《中共中央 国务院关于促进农民增加收入若干政策的意见》，http://www.moa.gov.cn/ztzl/jj2020zyyhwj/yhwjhg/201301/t20130129_3209956.htm[2004-02-14]。

人才落户。改革开放以来，准市场经济时期下户籍制度变迁沿革的主要事件如表3-2所示。

表 3-2 改革开放以来户籍制度改革历程

时间	法规制度	内容
1984 年	《国务院关于农民进入集镇落户问题的通知》	凡申请到集镇务工、经商、办服务业的农民和家属，在集镇有固定住所，有经营能力，或在乡镇企事业单位长期务工的，公安部门应准予落常住户口，及时办理入户手续
1985 年	《中华人民共和国居民身份证条例》	人不分城乡均发身份证验证身份，以方便流动人口自主择业
1986 年	《中华人民共和国居民身份证条例实施细则》	保障公民的合法权益，便利公民进行社会活动，维护社会秩序
1989 年	《国务院关于严格控制“农转非”过快增长的通知》	加强对“农转非”的宏观管理，使其增长的速度和规模与国民经济的发展相适应
1993 年	《关于户籍制度改革的决定》	以居住地和职业划分农业和非农业人口，形成以常住户口、暂住户口和寄住户口为主的三种登记管理形式
1994 年	国家取消了户口以商品粮为标准划分为农业户口和非农业户口的“二元结构”	建立以常住户口、暂住户口、寄住户口三种管理形式为基础的登记制度
1995 年	上海、深圳、广州等改革开放的前沿城市开始施行蓝印户口政策	投资购买当地政府规定的房产等，可以给予蓝印户口
2003 年	《中华人民共和国居民身份证法》	从该文件不难看出，以法律形式保护公民权益，户籍管理向服务型转变
2008 年	《中共中央关于推进农村改革发展若干重大问题的决定》	放宽中小城市落户条件，鼓励各类人才落户

3.1.3 新一轮户籍制度改革的价值取向

进入新时期，随着中国城镇化的快速推进，大量农村劳动力向城市转移就业，迁移至城市的农村流动人口在为当地经济社会发展做出巨大贡献的同时，仍难以与当地户籍人口享受同等的公共服务。因而，户籍制度及其衍生公共福利的屏蔽功能饱受诟病，如何有效解决流动人口公共服务的问题成为社会各界关注的焦点。党中央、国务院高度重视上述问题，2012年以来做出了一系列推进户籍制度改革与创新公共服务的重大决策部署。户籍制度改革不仅是为了改变人口的城乡禁锢，实现自由迁移，而且需要全面剥离户籍所黏附的经济利益，使得教育、卫生、社会福利等诸多公共产品与户口脱钩。陆益龙（2008）指出，户籍制度不仅是极具中国特色且饱受争议的制度之一，而且造成了城市户籍人员与非户籍人员在就业、养老、子女教育、医疗、住房等城市福利方面的巨大差异。中国的户籍城市化率远远滞后于常住人口的城市化率，户籍带来的社会福利的城乡差异和区域差异是新时期我国全面深化改革的重要问题之一。建立在户籍壁垒上的城乡二元经济结构，产生了欠城市化的“农村病”和进城务工人员问题。户籍制度改革本身并不复杂，但附加在户籍制度上的相关社会政策及由此形成的多元社会利益格局成为改革瓶颈。2011年2月，《国务院办公厅关于积极稳妥推进户籍管理制度改革的通知》指出，“引导非农产业和农村人口有序向中小城市和建制镇转移，逐步满足符合条件的农村人口落户需求，逐步实现城乡基本公共服务均等化”[①]。2013年11月，《中共中央关于全面深化改革若干重大问题的决定》指出，创新人口管理，加快户籍制度改革，全面放开建制镇和小城市落户限制，有序放开中等城市落户限制，合理确定大城市落户条件[②]。从2014年5月31日起，天津停办蓝印户口。至此，中国所有城市结束蓝印户口政策。

2014年7月，国务院印发《关于进一步推进户籍制度改革的意见》，深入贯彻落实党的十八大、十八届三中全会和中央城镇化工作会议关于进一步推进户籍制度改革的要求，促进有能力在城镇稳定就业和生活的常住人口有序实现市民化，稳步推进城镇基本公共服务常住人口全覆盖[③]。进一步调整户口迁移政策，统一城乡户口登记制度，全面实施居住证制度，加快建设和共享国家人口基础信息库，稳步推进义务教育、就业服务、基本养老、基本医疗卫生、住房保障等城镇基本公共服务覆盖全部常住人口。2020年基本建立与全面建成小康社会相适应，有效支撑社会管理和公共服务，依法保障公民权利，以人为本、科学高效、规范有序的新型户籍制度，努力实现1亿左右农业转移人口和其他常住人口在城镇落户。

2014年中共中央、国务院印发的《国家新型城镇化规划（2014—2020年）》进一步提出，以居住证为载体，建立健全与居住年限等条件相挂钩的基本公共服务提供机制。此轮居住证制度探索更加注重管理与服务的结合，实现居住登记同免费获得服务的项目和水平相挂钩。2016年1月1日，由国务院颁发的《居住证暂行条例》正式实施，规定了申领条件及申领的基本流程，同时规定县级以上人民政府及其有关部门应当为居住证持有人提供义务教育、基本公共就业服务、基本公共卫生服务和计划生育服务、公共文化体育服务、法律援助和其他法律服务及国家规定的其他基本公共服务等六大基本公共服务[④]。这项条例的实施，使得流动人口虽然不具有工作或居住地的当地户籍，但是同样可以逐步享受基本公共服务。

---

① 《国务院办公厅关于积极稳妥推进户籍管理制度改革的通知》，http://www.gov.cn/zwgk/2012-02/23/content_2075082.htm[2011-02-26]。

② 《中共中央关于全面深化改革若干重大问题的决定》，http://www.gov.cn/jrzg/2013-11/15/content_2528364.htm[2013-11-15]。

③ 《国务院印发〈关于进一步推进户籍制度改革的意见〉》，http://www.gov.cn/xinwen/2014-07/30/content_2726848.htm[2014-07-30]。

④ 《居住证暂行条例（国务院令第 663 号）》，http://www.gov.cn/zhengce/2015-12/14/content_5023611.htm[2015-12-12]。

这也意味着，需要进一步广泛、深入地研究新形势下公共服务的运行机制，推进城镇基本公共服务常住人口全覆盖，这对缩小农业户口和非农业户口之间的差距，提高流动人口生活质量具有十分重要的意义。新时期新一轮户籍制度改革的价值取向和主要事件见表3-3。

表 3-3 新时期新一轮户籍制度改革的价值取向和主要事件

时间	法规制度	内容
2013 年	《中共中央关于全面深化改革若干重大问题的决定》	全面放开建制镇和小城市落户限制，有序放开中等城市落户限制，合理确定大城市落户条件
2014 年	《关于进一步推进户籍制度改革的意见》	促进有能力在城镇稳定就业和生活的常住人口有序实现市民化，稳步推进城镇基本公共服务常住人口全覆盖
2014 年	《国家新型城镇化规划（2014—2020 年）》	全面推行流动人口居住证制度，以居住证为载体，建立健全与居住年限等条件相挂钩的基本公共服务提供机制
2016 年	《居住证暂行条例》	县级以上人民政府及其有关部门应当为居住证持有人提供下列基本公共服务：（一）义务教育；（二）基本公共就业服务；（三）基本公共卫生服务和计划生育服务；（四）公共文化体育服务；（五）法律援助和其他法律服务；（六）国家规定的其他基本公共服务

深化户籍制度改革的本质在于赋予转户农民平等权利价值，这有利于维护进城务工人员合法权益、缩小城乡收入差距、促进城市人口集聚、推动进城务工人员市民化和城乡一体化发展。这意味着，稳步推进城镇基本公共服务常住人口全覆盖，把进城落户农民完全纳入城镇住房和社会保障体系，在农村参加的养老保险和医疗保险规范接入城镇社保体系。然而，当前城乡之间基本公共服务供给不均等，户籍分割导致常住城镇化率远远高于户籍城镇化率，进城务工人员享有的基本公共服务水平远低于城市居民。推进户籍制度改革存在公共财政福利支出和公共服务水平的现实制约因素，这需要对传统的公共政策变革，注重政策改革的协同性、整体性和系统性，以基本公共服务均等化为中心环节，以提高公共服务资源供给能力为核心，进一步建立财政转移支付同农业转移人口市民化相挂钩的机制，建立公共服务各供给主体之间的协同模式，实现公共服务的可持续性投入。因此，对户籍制度改革涉及的改革成本进行细致测算，为推动城镇化质量的提升奠定基础。

3.2 户籍衍生价值和改革公共成本测算

由于地方公共财政支出具有城市偏好性，主要依据为城市居住地的常住户籍人口，财政投入并不是主要从增加一位市民而考虑相应的成本支出，在计算户籍制度改革的公共成本时主要采用平均成本这一算法，而不是用边际成本的技术方法。户籍制度改革的关键在于使进城务工人员享有与城镇户籍人口均等的公共服务待遇。为简单、直观地反映户籍制度改革的成本，本书采用分类加总法进行测算，从进城务工人员随迁子女教育、城乡卫生费用差异、基本养老保险成本、失业保险、工伤保险和城乡最低生活保障六个方面计算户籍制度改革的总成本。2011年《中华人民共和国社会保险法》实施以来，社会保险的扩面征缴行动不断推进，进城务工人员参与社会保险的比率逐渐提高，约有20%的进城务工人员已经参加了各类保险，见表3-4。

表 3-4　2013~2016 年进城务工人员参与社会保险水平

项目指标		2013 年	2014 年	2015 年	2016 年
参加城镇基本养老保险的进城务工人员	人数/万人	4 895	5 472	5 585	5 940
	占当年进城务工人员的比重	18.2%	19.97%	20.13%	21.09%
参加城镇基本医疗保险的进城务工人员	人数/万人	5 018	5 229	5 166	4 825
	占当年进城务工人员的比重	18.66%	19.09%	18.62%	17.13%
参加失业保险的进城务工人员	人数/万人	3 740	4 071	4 219	4 659
	占当年进城务工人员的比重	13.91%	14.86%	15.21%	16.54%
参加工伤保险的进城务工人员	人数/万人	7 263	7 362	7 489	7 510
	占当年进城务工人员的比重	27.01%	26.87%	26.99%	26.66%
进城务工人员总数/万人		26 894	27 395	27 747	28 171

资料来源：根据《人力资源和社会保障事业发展统计公报》（2013~2016 年）数据整理计算得到

3.2.1　子女基础教育成本

流动人口子女教育正在经历从“集体限制”到“差别对待”，再到“一视同仁”的演进过程。公共教育是社会公共服务产品，政府对流动人口子女政策应逐步打破现有的户籍管理制度，弱化和消除户口被赋予的教育附加功能，体现以人为本的宗旨。表3-5为2016年中国城乡生均学前教育和基础教育经费投入情况。在学前教育阶段，生均公共财政预算支出的城乡差异达到1431.91元；小学义务教育阶段，生均公共财政预算支出的城乡差异达到338.11元；初中义务教育阶段，生均公共财政预算支出的城乡差异达到997.37元。

表 3-5 2016 年中国城乡生均学前教育和基础教育经费投入情况（单位：元）

<table>
<tr><th>项目</th><th>生均教育经费投入</th><th>生均公共财政预算教育经费支出</th><th>生均公共财政预算支出的城乡差异</th></tr>
<tr><td>城市幼儿园</td><td>8 595.97</td><td>5 663.11</td><td rowspan="2">1 431.91</td></tr>
<tr><td>农村幼儿园</td><td>6 070.76</td><td>4 231.2</td></tr>
<tr><td>城市小学</td><td>11 397.25</td><td>9 686.16</td><td rowspan="2">338.11</td></tr>
<tr><td>农村小学</td><td>10 766.04</td><td>9 348.05</td></tr>
<tr><td>城市初中</td><td>16 007.22</td><td>13 641.95</td><td rowspan="2">997.37</td></tr>
<tr><td>农村初中</td><td>14 391.64</td><td>12 644.58</td></tr>
<tr><td>城乡教育平均差异合计</td><td colspan="3">922.46</td></tr>
</table>

资料来源：《中国教育经费统计年鉴 2017》

近年来，随着“两为主”义务教育政策的实施，即“以流入地区政府管理为主、以全日制公办中小学为主”，依法保障流动人口子女接受义务教育权利的国家政策在各个地方得到贯彻实施，进城务工人员子女随迁入学比例上升，其子女的“入学难”问题在很大程度上得到了解决。根据表3-6可知，2016年城市幼儿园中进城务工人员随迁子女为1 826 155人，城市小学中进城务工人员随迁子女为10 367 103人，城市初中的进城务工人员随迁子女为3 580 615人，进城务工人员随迁子女合计约为1577万人。

表 3-6 2016 年进城务工人员随迁子女数量情况（单位：人）

项目	进城务工人员随迁子女数量
城市幼儿园	1 826 155
城市小学	10 367 103
城市初中	3 580 615
进城务工人员随迁子女总数	15 773 873

资料来源：《中国统计年鉴 2017》

但是，根据民政部、教育部、公安部三部门披露的数据，2016年全国共排查出902万名不满16周岁的农村留守儿童，其中由（外）祖父母监护的有805万名，占89.2%；无人监护的为36万名，占总数的4%。因此，当前仍有相当一部分进城务工人员子女成了留守儿童。在我国广大农村地区，留守儿童受隔代教育、教学条件差的影响，依然难以接受完整的学校和家庭教育。进城务工人员随迁子女城乡教育差异成本即为各阶段生均公共财政预算支出的城乡差异值，人均基础教育城乡差异为922.46元，即户籍制度改革中进城务工人员子女基础教育人均成本支出为

$$V_1(t)=922.46\text{元}$$

3.2.2　城乡卫生支出差异

近年来，中国城乡的公共卫生支出均有所增加，但是卫生支出分布依然呈现重城轻农的特征，且城乡差距呈现不断拉大趋势。与城市相比，农村公共卫生支出水平仍较低，农村地区医生数量少，医院、病床数量不足，医疗设施相对落后。2013年城市每千人卫生机构床位数为7.36万张，农村每千人卫生机构床位数为3.35万张，城乡差异为4.01万张；2016年城市每千人卫生机构床位数为8.41万张，农村每千人卫生机构床位数为3.91万张，城乡差异扩大为4.5万张，见图3-1。

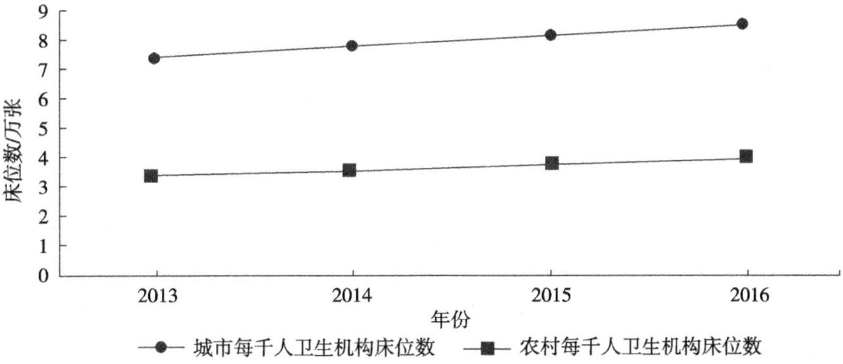

图 3-1　城乡每千人卫生机构床位数对比

2013年城市每千人口卫生技术人员数为9.18万人，农村每千人口卫生技术人员数为3.64万人，城乡差异为5.54万人；2016年城市每千人口卫生技术人员数为10.42万人，农村每千人口卫生技术人员数为4.08万人，城乡每千人口卫生技术人员数差异扩大为6.34万人。见图3-2。

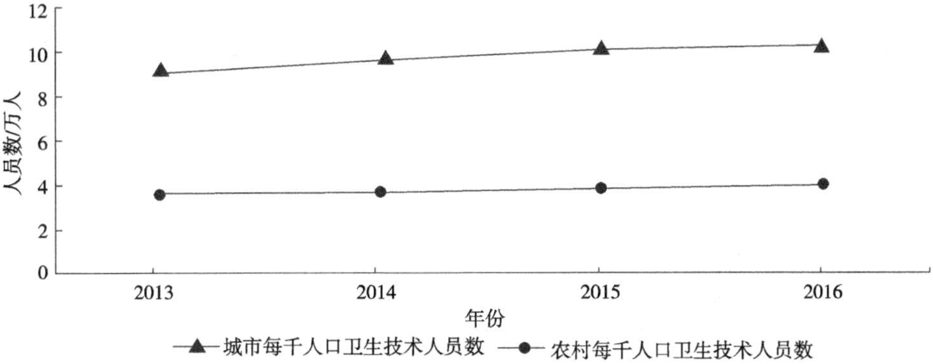

图 3-2　城乡每千人口卫生技术人员数对比

城乡居民人均医疗保健支出增长幅度差异明显，且呈上升和扩大趋势。2013年城乡居民人均医疗保健支出差异为11 002.4元，2016年城乡居民人均医疗保健支出差异为12 949.1元，农村居民健康消费总体水平仍很低。见图3-3。

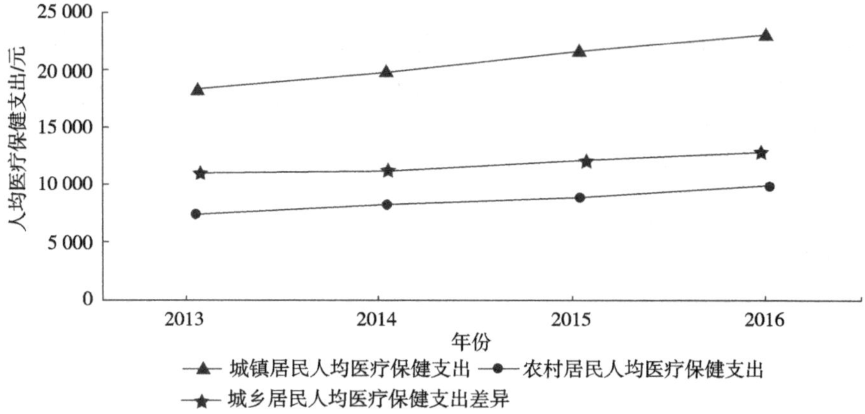

图 3-3　城乡居民人均医疗保健支出差异

从表3-7可以看出，城镇居民与农村居民用于医疗保健支出的绝对值存在较大的差异，城乡医疗卫生资源投入水平均等化状况不容乐观，2013年城镇居民人均医疗保健支出是农村居民人均医疗保健支出的2.47倍，2016年城镇居民人均医疗保健支出是农村居民人均医疗保健支出的2.28倍。

表 3-7　2013~2016 年中国城乡卫生投入和支出差异情况

项目	2013 年	2014 年	2015 年	2016 年
城市每千人卫生机构床位数/万张	7.36	7.84	8.27	8.41
农村每千人卫生机构床位数/万张	3.35	3.54	3.71	3.91
城市每千人口卫生技术人员数/万人	9.18	9.7	10.21	10.42
农村每千人口卫生技术人员数/万人	3.64	3.77	3.9	4.08
城镇居民人均医疗保健支出/元	18 487.5	19 968.1	21 392.4	23 078.9
农村居民人均医疗保健支出/元	7 485.1	8 382.6	9 222.6	10 129.8
城乡居民人均医疗保健支出差异/元	11 002.4	11 585.5	12 169.8	12 949.1

资料来源：《中国农村统计年鉴 2017》《中国卫生和计划生育统计年鉴 2017》

鉴于《中国卫生和计划生育统计年鉴》在2015年和2016年后不再列出城乡卫生费用差异值，故本书用2016年城乡居民人均医疗保健支出差异作为城乡卫生支出差异值，为简化计算起见，统一城乡户籍制度改革人均医疗卫生福利差异值大致为12 949.1元。

$$V_2(t)=12\,949.1\text{元}$$

3.2.3　基本养老保险成本

新型城镇化的核心是人的城镇化，是大量的农民变为市民，最核心的支出就是社会保障，其目的是使现代养老保险制度代替传统的土地保障，解除进城务工人员的后顾之忧。从国际经验看，医疗和社会保障支出是城市化后的最大支出。2016年全国参加城镇职工基本养老保险的人数为40 293万人，基本养老保险基金的支出为34 004.3亿元；参加城乡居民社会养老保险的人数为50 847.1万人，城乡居民社会养老保险基金支出为2150.5亿元；绝大部分进城务工人员的养老保险已归入农村新型养老保险的范畴，因此大致估算人均城乡基本养老保险基金支出的城乡差距为每年8016.32元。见表3-8。

表 3-8　2016 年城乡基本养老保险的基金支出

城镇职工基本养老保险	全国参加城镇职工基本养老保险的人数/万人	40 293
	基本养老保险基金的支出/亿元	34 004.3
	城市人均养老基金支出/（元/年）	8 439.26
进城务工人员参与城乡居民社会保险的支出	城乡居民社会养老保险人数/万人	50 847.1
	城乡居民社会养老保险基金支出/亿元	2 150.5
	农村人均养老基金支出/（元/年）	422.94
城乡人均差距/（元/年）	8 016.32	

资料来源：《中国统计年鉴 2017》

2014年后，新型农村社会养老保险和城镇居民社会养老保险合并，建立了全国统一的城乡居民基本养老保险制度，统一城乡养老保险福利的差异值为8016.32元。2016年中国进城务工人员总量为28 171万人，根据《2016年度人力资源和社会保障事业发展统计公报》，已经参加城镇基本养老保险的进城务工人员占比为21.09%，则统一城乡户籍制度改革的人均基本养老保险支出成本为

$$V_3(t)=8016.32\text{元}$$

3.2.4　失业保险成本

2016年全国参加失业保险的人数为18 088.8万人，领取失业保险金的人数为230.4万人，失业保险收入为1228.9亿元，失业保险金支出为976.1亿元，其中失业保险金标准提高至最低工资标准的90%。失业保险基金支出不仅包括失业保险金，而且包括医疗保险、丧葬补助金和抚恤金及培训补贴、促进就业支出金等，因此以失业保险的参保人数18 088.8万人作为基数，计算人均失业保险金支出，为539.61元。失业保险金支出情况如表3-9所示。

表 3-9 失业保险支出成本

年份	失业保险参保人数/万人	领取失业保险金人数/万人	失业保险金支出/亿元	失业保险金领取率	人均失业保险金支出/元
2016	18 088.8	230.4	976.1	1.3%	539.61

资料来源：《中国统计年鉴 2017》

根据《2016年度人力资源和社会保障事业发展统计公报》，2016年中国进城务工人员总量为28 171万人，其中已经参加失业保险的进城务工人员占比为16.54%，则统一城乡户籍制度改革的人均失业保险金支出成本为

$$V_4(t)=539.61\text{元}$$

3.2.5 工伤保险成本

2016年全国参加工伤保险的人数为21 889.3万人，享有工伤待遇的人数为196.3万人，工伤保险收入为736.9亿元，工伤保险支出为610.3亿元。以工伤保险参保人数21 889.3万人作为基数，计算人均工伤保险金支出，为278.81元。工伤保险金支出情况如表3-10所示。

表 3-10 工伤保险金支出情况

年份	工伤保险参保人数/万人	享有工伤待遇人数/万人	工伤保险支出/亿元	人均工伤保险金支出/元
2016	21 889.3	196.3	610.3	278.81

资料来源：《中国统计年鉴 2017》

根据《2016年度人力资源和社会保障事业发展统计公报》，2016年中国进城务工人员总量为28 171万人，其中已经参加工伤保险的进城务工人员占比为26.66%，则统一城乡户籍制度改革的人均工伤保险金支出为

$$V_5(t)=278.81\text{元}$$

3.2.6 城乡最低生活保障平均差异成本

在最低生活保障方面，虽然近几年的农村最低生活保障平均标准和水平有较快提高，但是城乡差距仍然较大。《社会服务发展统计公报》数据显示，2016年城市低保标准为494.6元/（人·月），农村低保标准为312元/（人·月），这意味着城乡低保差异$V_6(t)$为2191.2元/（人·年）。2013~2016年我国城乡最低生活保障平均标准和平均支出水平如表3-11所示。

表 3-11　2013~2016 年我国城乡最低生活保障平均标准和平均支出水平

项目		2013 年	2014 年	2015 年	2016 年
最低生活保障平均标准	城市低保标准/（元/人・月）	373.3	411	451.1	494.6
	农村低保标准/（元/人・月）	188.7	231.4	264.8	312
	城乡低保差异/（元/人・年）	2215.2	2155.2	2235.6	2191.2

资料来源：根据民政部《民政事业发展统计公报》《社会服务发展统计公报》（2013~2016 年）数据整理

2016年城市最低生活保障人数为1480.2万人，农村最低生活保障人数为5143.6万人，同期全国总人口为138 271万人，领取低保人数比例为4.79%。按城乡4.79%的低保领取比例进行估算，若统一城乡户籍制度改革后进城务工人员全部市民化，则户籍制度改革后进城务工人员领取最低生活保障支出的人均城乡差异值为

$$V_6(t) = 2191.2\text{元}$$

3.3　户籍制度改革总成本和年均成本测算

3.3.1　户籍制度改革总成本计算公式

城乡二元的户籍制度长期以来被视作推进公共服务均等化的最大障碍，使得进城务工人员“流而不迁”和“循环流动”。户籍制度改革的关键和本质在于剥离附加在户籍上的公共服务，或者增加进城务工人员的公共福利。以户籍为依托，城镇居民可以享有一系列养老、医疗和失业保险等社会福利待遇，而进城务工人员却不能完整享有相应的社会福利待遇，尽管部分进城务工人员已经能够参加社会保险进而享有相应的福利待遇，但是这部分进城务工人员所占比重仍然比较小，参加城镇基本养老保险的进城务工人员占21.09%，参加城镇基本医疗保险的进城务工人员占17.13%，参加失业保险的进城务工人员占16.54%，参加工伤保险的进城务工人员占26.66%，大部分进城务工人员依然不能享有与户籍相关联的社会福利。导致这一状况的主要原因是目前的财税分配制度和转移支付制度存在城乡差别，城乡基本公共服务分配不均，政府财政转移支付对城市流动人口缺乏考虑，财税支出仍然不以城市常住人口作为分配依据。见表3-12。

表 3-12　2016 年户籍制度改革中进城务工人员的人均公共成本支出（单位：元）

类型	随迁子女教育成本 $V_1(t)$	卫生支出成本 $V_2(t)$	基本养老保险成本 $V_3(t)$	失业保险成本 $V_4(t)$	工伤保险成本 $V_5(t)$	城乡最低生活保障成本 $V_6(t)$
项目总成本	922.46	12 949.1	8 016.32	539.61	278.81	2 191.2

设每年进城务工人员转户为市民的人数为 Z ，则每年转户进城务工人员的成本为

$$C_i(t)=V_1(t)Za+V_2(t)Z+V_3(t)Z+V_4(t)Z+V_5(t)Z+V_6(t)Zb$$

其中，$V_1(t)$ 、$V_2(t)$ 、$V_3(t)$ 、$V_4(t)$ 、$V_5(t)$ 、$V_6(t)$ 分别为进城务工人员随迁子女教育成本、卫生支出成本、基本养老保险成本、失业保险成本、工伤保险成本、城乡最低生活保障成本，a 为进城务工人员子女随迁城市比率，b 为城乡人口最低生活保障领取率。根据历史数据计算分析得到，进城务工人员子女随迁城市比率 $a=5.6\%$ ，城乡人口最低生活保障领取比率 $b=4.79\%$ 。

3.3.2 每年转户进城务工人员数量的确定

尽管2016年中国常住人口城镇化率达到了57.35%，但与发达国家80%的平均水平相比，我国的城镇化水平还有较大的提升空间。按照常住人口计算，2016年我国常住人口城镇化率已达到57.35%，城镇常住人口达到7.9亿人。但是，这7.9亿人口中包括2.8亿以进城务工人员为主体的外来常住人口，他们在城镇还不能完全平等地享受教育、社会保障、医疗卫生等方面的公共服务，也带来了复杂的经济社会问题。户籍制度改革成本由人均户籍衍生价值和户籍人口城镇化动态推进速度决定。设户籍衍生价值为 $V_i(t)$ ，城市常住人口为 $P_{1i}(t)$ ，城市户籍人口为 $P_{2i}(t)$ ，年城镇化增长速度为 $S_i(t)$ 。2013~2016年中国常住人口城镇化率与户籍人口城镇化率见图3-4。

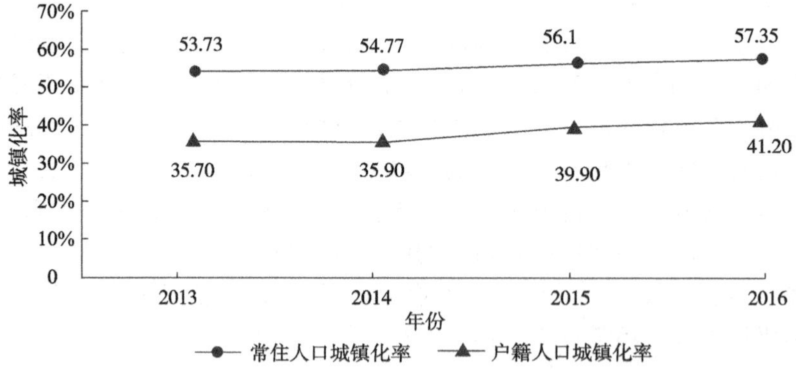

图 3-4 2013~2016 年中国常住人口城镇化率和户籍人口城镇化率

国家卫生健康委员会流动人口服务中心指出，2030年常住人口城镇化率将达到70%，户籍人口城镇化率将达到60%左右，流动人口约为1.6亿人。以进城务工人员为主体的常住人口，从某种意义上说他们正处于一种半城市化状态。假定总人口不发生大的变动，全国总人口为138 271万人，按2016年户籍人口城镇化率

41.2%计算，则年均需提高1.34个百分点，则共需转户25 096万人，到2030年期间年均需转户1793万人。

3.3.3　户籍制度改革年均成本

2016~2030年，预计每年进城务工人员转户为市民的人数Z为1793万人，2030年可实现常住人口城镇化率70%、户籍人口城镇化率将达到60%左右的目标。户籍人口城镇化率能够直接反映城镇化的健康程度。依据前述户籍制度改革成本计算公式：

$$C_i(t)=V_1(t)Za+V_2(t)Z+V_3(t)Z+V_4(t)Z+V_5(t)Z+V_6(t)Zb$$

又根据进城务工人员子女随迁城市比率$a=5.6\%$和城乡人口最低生活保障领取比率$b=4.79\%$，计算可得到户籍制度改革总成本$C_i(t)$，$C_{2016}(t)$年均户籍制度改革成本为3933.89亿元，而2016年同期政府一般公共预算支出为187 755.21亿元，则户籍制度改革成本相当于一般公共预算支出的2.1%。

从政策实施来看，以基本公共服务和福利均等化为导向的户籍制度改革和城镇化推进在财政上具有可行性，改革的关键在于良好的成本分摊机制，中央政府应承担更大的责任，全国整体推进，打破行政区域分割，兼顾地区差异但不能简单地以城市规模或区域格局为划分标准。因此，从财政支出角度来看，深化户籍制度改革的本质在于加快户籍城镇化速度，促进城市常住人口基本公共服务均等化，赋予外来流动人口平等的公共服务权利价值，这有助于缩小城乡收入差距，实现进城务工人员市民化和城乡经济社会一体化发展。

第 4 章　深化户籍制度改革中城市公共服务创新的协同模式研究

协同治理是近年来被广泛热议的新概念，“协同”一词来源于哈肯（1987）在物理学中提出的协同学理论。哈肯指出，当今整个世界就是个协同系统，协同系统的子系统在外参量驱动下相互作用，以自组织的方式形成功能有序结构的条件、特点及其演化规律。公共服务可以根据其内容和形式分为基本公共服务、经济公共服务、公共安全服务、社会公共服务。其中，基本公共服务是指那些通过国家权力介入或公共资源投入，为公民及其组织提供从事生产、生活、发展和娱乐等活动所需要的基础性服务，如提供水、电、气，交通与通信基础设施，邮电与气象服务等，它是根据一国经济社会发展阶段和总体水平，维持经济社会稳定、社会正义和凝聚力，保护个人最基本的生存权和发展权，为实现人的全面发展所需要的基本社会条件。

系统论认为，开放性、自组织性、复杂性、整体性、关联性、结构性、动态平衡性、时序性等，是所有系统共同的基本特征。基本公共服务和经济发展是一个动态、开放、复杂的系统。它是由基本公共服务子系统和经济发展子系统组合在一起的系统，其中基本公共服务子系统和经济发展子系统之间相互联系和作用。基本公共服务子系统为经济发展子系统提供资源和发展环境，经济发展子系统为基本公共服务子系统提供资金支持和物质条件。当前，中国正处于跨越中等收入陷阱、实现包容性增长的重要历史时期，必须正确处理好经济发展与改善民生的关系。从本质上来说，改善民生与经济发展可相互促进，经济发展是解决民生问题的物质基础；若民生问题解决得不好，落后的公共服务水平又会反过来制约经济发展。因此，必须深入研究户籍制度改革中城市公共服务创新的协同模式，提升公共服务供给水平，提升人民群众的获得感和幸福感。

目前国内学者主要集中使用计量经济分析工具中的格兰杰因果检验去检验公共服务和经济发展之间的因果关系，也有部分学者引入耦合协调模型测算系统之间的耦合协调度，但利用耦合协调模型测度公共服务和经济发展的耦合协调度的研究仍处于缺乏的状态，因此本书首先以全国31个省区市的基本公共服务和经济发展为研究对象，探究两者之间的时空耦合关系。本书首先对公共服务和经济发展相关的国内外文献进行综合梳理，总结文献得出相关规律，在理论分析的基础上对全国31个省区市基本公共服务和经济发展的耦合协调度的时空分布进行评价，深入研究基本公共服务和经济发展之间的关系与发展状况。

4.1 建立中国基本公共服务与经济系统的协调度模型

基本公共服务是21世纪公共行政和政府改革的核心理念，是由政府主导、保障全体公民生存和发展基本需要、与经济社会发展水平相适应的公共服务。2017年《国务院关于印发“十三五”推进基本公共服务均等化规划的通知》明确指出，我国已初步构建起覆盖全民的国家基本公共服务制度体系，各级各类基本公共服务设施不断改善，国家基本公共服务项目和标准得到全面落实，保障能力和群众满意度进一步提升。但是，我国基本公共服务还存在规模不足、质量不高、发展不平衡等短板，突出表现在：城乡区域间资源配置不均衡，硬件、软件不协调，服务水平差异较大；基层设施不足和利用率不高；人才短缺现象严重；一些服务项目存在覆盖盲区，尚未有效惠及全部流动人口和困难群体；体制机制创新滞后，社会力量参与不足。党的十九大报告指出，“必须多谋民生之利、多解民生之忧，在发展中补齐民生短板、促进社会公平正义，在幼有所育、学有所教、劳有所得、病有所医、老有所养、住有所居、弱有所扶上不断取得新进展”[①]。深化户籍制度改革的关键在于基本公共服务体制创新，满足人民群众的公共服务需求，实现基本公共服务均等化和经济均衡发展。公共服务的持续改善也会为经济发展创造更多有效需求，两者之间相互关联、交织、作用、协同和渗透，实现共促发展。

系统协调发展定量评价方法的核心是协调度模型，现应用较为广泛的协调度模型主要包括柯健和李超（2005）的DEA协调度模型、汤铃等（2010）的距离协调度模型、刘睿劼和张智慧（2011）提出的两阶段降维协调度模型、杨剩富等（2014）的变异系数最小化协调度模型、黄新焕等（2015）基于靶心距的系统协调度模型、姜玲等（2017）的耦合协调度模型等，以协调度模型为基础，一些学者，如Tang（2015）、Song等（2018）系统地讨论了低碳与城镇化、旅游与环境系统等问题，其中耦合协调度模型比较成熟，得到了较为广泛的应用。李瑛珊（2016）认为，33年来广东的经济和环境系统协调度逐步脱离失调，逐渐向高度协调发展，另外广东省早期的经济增长与环境质量经常处于不同步状态，他认为

① 《习近平：决胜全面建成小康社会 夺取新时代中国特色社会主义伟大胜利——在中国共产党第十九次全国代表大会上的报告》，http://www.gov.cn/zhuanti/2017-10/27/content_5234876.htm[2015-10-27]。

主要原因是地区经济和环境系统在空间上很难形成良性互动，政府可以采取相应的政策对经济和环境进行宏观调控，以实现地区经济的可持续发展。杜宾等（2016）指出，长江经济带经济与环境综合协调发展度呈“U”形特征，其综合协调发展水平呈由东向西递减的趋势，东部的上海、浙江和江苏的协调度最高，中部次之，西部的云南和贵州协调度最低，协调度的空间差异在缩小。宋宇辰等（2016）发现，2006~2015年呼包银榆经济区经济、能源和环境系统耦合协调最好的地区是包头市。刘登娟和吕一清（2017）则认为，成渝城市群因环保滞后于经济发展引起了环境与经济协调程度不断降低并趋近于初级协调，其中四川环境质量、经济质量、协调度和协调发展度均优于重庆。

基本公共服务与经济发展之间的关系一直是国内外理论界研究的重点，其实质是处理好经济发展与改善民生之间的关系。关于基本公共服务与经济发展之间关系的研究最早可追溯到19世纪末，凯恩斯的宏观经济模型（Keynes，1936）首次将公共财政支出列为影响国民经济增长的重要因素，认为政府的财政支出对国民经济增长有直接的正向作用。后有学者Tamai（2009）用资本积累扩展了之前的内生增长模型，认为公共投资通过刺激中间产品的需求，从而促进经济增长。也有学者Sasmal和Sasmal（2016）采用面板数据模型，检验公共支出对经济增长和缓解贫困的积极作用，该检验得到论证。其中，对两者之间关系的测度方法主要分为三种：一是学者李敏纳（2009）、杨颖和穆荣平（2012）通过格兰杰因果检验基本公共服务与经济增长之间的关系，认为基本公共服务的提供对经济增长有促进作用，但经济增长并不必然提高公共服务水平；二是学者方茜（2014）运用静态结构分析技术构建了“基本公共服务作用区域经济发展”解释结构模型，认为公共服务作用区域经济发展的过程是非线性的，受时间延滞的影响，中国的经济发展策略与基本公共服务均等化具有较好的相容性；三是学者林光祥等（2017）利用协调发展函数对广西地区的公共服务与经济发展之间的协调度进行研究，发现广西基本公共服务与区域经济协调发展水平整体偏低且时间变化稳定，具有经济滞后性特征。纵观各类研究，已有文献中对基本公共服务与经济发展之间协调关系的研究比较缺乏，且缺乏对基本公共服务与经济空间差异和演进机理的深入分析。为了对基本公共服务和经济发展之间的协调关系进行深入研究，本书通过构建基本公共服务与经济系统的评价指标体系，采用耦合协调度模型，结合空间计量经济分析模型对2007~2016年基本公共服务和经济系统协调水平的地理空间分布和耦合演进机制进行分析。

4.1.1　耦合协调度模型

“耦合”一词最初被应用在物理学领域，意指子系统之间相互依存、相互耦合、相互促进、和谐共生、共同提升。系统协调是指两个系统能够相互依存、相互耦合、相互促进、和谐共生、共同提升。系统耦合协调度可以从多个方面体现，可以是发展速度的协调、发展规模的协调、发展结构的协调，也可以是系统要素的协调、系统过程的协调和系统的综合协调。本书的研究对象为基本公共服务和经济发展，其耦合协调度模型的构建步骤如下。

1. 计算子系统综合得分

依据熵值法确定各子系统的权重，对各样本的指标进行加权求和，算出各子系统的综合得分，即子系统的发展度 $f(X_i)$ 、 $g(Y_i)$ 等。

2. 计算耦合系数

借鉴物理学中容量的耦合系数模型，可以得到系统之间耦合系数的计算公式为

$$C_i = \left\{ \frac{f(X_i)g(Y_i)}{\left(\frac{f(X_i)+g(Y_i)}{2} \right)^2} \right\}^2 \tag{4-1}$$

3. 计算子系统综合得分的加权平均值

$$T_i = \alpha f(X_i) + \beta g(Y_i) \tag{4-2}$$

在式（4-2）中取 $\alpha = \beta = 0.5$，表示基本公共服务子系统与经济发展子系统同等重要。

4. 计算系统的耦合协调度

$$D_i = \sqrt{C_i T_i} \tag{4-3}$$

此模型可以度量系统在发展过程中的耦合协调度，即耦合协调度随发展过程而变，是一种动态的耦合协调度。根据经济合作与发展组织的划分标准，可以将耦合协调度划分为7个类别进行讨论，如表4-1所示。

表 4-1　耦合协调度区间界定

协调度	0.800~1.000	0.700~0.799	0.600~0.699	0.500~0.599	0.400~0.499	0.300~0.399	0.000~0.299
类型	优质协调	良好协调	中度协调	勉强协调	低度失调	中度失调	严重失调

4.1.2　空间相关性检验

为了进一步分析基本公共服务与经济发展耦合协调度的地理空间分布特征及差异，本书将在空间统计的视角下，考察中国地区间基本公共服务与经济发展的耦合协调度变动是否存在空间相关性，目前空间自相关的测度有多种，包括

Moran I、G系数、连接数分析、Ripley's K函数等，其中实际应用研究中常使用的是Moran I，因为它是对称变换下的一个参数，既包括了原始数据向量的信息，又包括了空间权重矩阵的信息。Moran I的计算步骤主要分为三步。

（1）数据标准化，得到标准化值z

$$z=\frac{x-\mu}{\sigma}=\frac{y}{\sigma} \tag{4-4}$$

其中，x为观测值；μ为均值；y为观测值与均值之差。

（2）构建$n\times n$空间权重矩阵，表示n个样本点的区位或者所属区域的邻近关系，权重矩阵满足三个条件，$w_{ij}=w_{ji}$、$w_{ii}=0$和$\sum_{i=1}^{n}\sum_{j=1}^{n}{w_{ij}}^2=1$，其基本形式如下：

$$W=\begin{bmatrix} w_{11} & w_{12} & \cdots & w_{1n} \\ w_{21} & w_{22} & \cdots & w_{2n} \\ \vdots & \vdots & & \vdots \\ w_{n1} & w_{n2} & \cdots & w_{nn} \end{bmatrix} \tag{4-5}$$

其中，W为邻近性矩阵，w_{ij}用于比较区域i和j相邻程度，它可以根据局域性邻接、准局域性或者准长程标准来度量，其目的是定义空间对象的相互邻接关系，可以方便结合地理信息系统数据库中的有关属性，从而将研究对象放到地理空间上进行对比。一般的二进制邻接标准的w_{ij}为

$$w_{ij}=\begin{cases} 1, & \text{当区域}\,i\,\text{和区域}\,j\,\text{相邻} \\ 0, & \text{当区域}\,i\,\text{和区域}\,j\,\text{不相邻} \end{cases} \tag{4-6}$$

（3）计算Moran I

$$\text{Moran I}=\frac{\sum_{i=1}^{n}\sum_{j=1}^{n}W_{ij}(z_i-\overline{z})(z_j-\overline{z})}{S^2\sum_{i=1}^{n}\sum_{j=1}^{n}W_{ij}} \tag{4-7}$$

其中，$i=1,2,3,\cdots,n$；$j=1,2,3,\cdots,m$，$m=n$或$m\neq n$；$S^2=\frac{1}{n}\sum_{i=1}^{n}(z_i-\overline{z})$；$\overline{z}=\frac{1}{n}\sum_{i=1}^{n}z_i$，$z_i$为标准化之后的第$i$个地区的观测值；$n$为地区总数（此处$n$=31）。

Moran I可看作各地区观测值的乘积和，其取值范围在−1到1，若各地区间耦合协调度为空间正相关，其数值应当较大，负相关则较小。在空间相关问题上，当目标地区数据在空间区位上既相似，又具有相类似的属性值时，空间模式总体上就表示为正的空间自相关性；而当在空间上邻近的目标地区数据显现出异常的属性值时，就表示为负的空间自相关性；当属性值在地区上的分布相互独立时，

表示零空间自相关性。

依据Moran I的测算结果，可进一步检验地区之间是否存在空间自相关关系。

（4）Moran I的标准化形式

$$Z(d)=\frac{\text{Moran I}-E(I)}{\sqrt{\text{VAR}(I)}} \tag{4-8}$$

（5）计算正态分布Moran I的期望值及方差

$$E_n(I)=-\frac{1}{n-1}$$

$$\text{VAR}_n(I)=\frac{n^2 w_1+nw_2+3w_0^{\,2}}{w_0^{\,2}(n^2-1)}-E_n^{\,2}(I) \tag{4-9}$$

其中，$w_0=\sum_{i=1}^{n}\sum_{j=1}^{n}w_{ij}$，$w_1=\frac{1}{2}\sum_{i=1}^{n}\sum_{j=1}^{n}\left(w_{ij}+w_{ji}\right)^2$，$w_2=\sum_{i=1}^{n}\left(w_i+w_j\right)$。$w_i$ 和 w_j 分别为空间权重矩阵中 i 行和 j 列之和。

结合Moran I的计算结果，如果Moran I正态统计量的 Z 值大于正态分布函数在0.05显著性水平下的临界值1.96，表明在空间分布上具有明显的正向相关关系，正的空间相关代表邻近地区的相似特征值出现集群特征。

4.1.3　变量选取说明

基本公共服务和经济系统之间的协调发展不仅是基本公共服务和经济系统之间的简单线性组合，而且是各个子系统之间相互作用的动态过程。本书以“十三五”时期基本公共服务领域主要发展指标为参考，拟选取社会保障、医疗卫生、基础教育、基础设施和生态环境5个部分指标衡量基本公共服务水平；结合经济新常态下的增长速度、产业结构和增长动力的调整方向，选取经济规模、经济增长和经济结构三个方面的经济指标。基础设施投资这个指标在统计年鉴中无法直接找到，且不同地区统计口径和变量差异大，因此不予考虑。为了消除人口规模对指标的影响，将社保和劳动保障财政支出、医疗财政支出、教育财政支出、环境保护财政支出、地区生产总值和财政收入等相关指标都进行了人均处理，最终构建的指标体系如表4-2所示。

表 4-2　基本公共服务子系统与经济子系统的指标体系

一级指标	二级指标	三级指标
基本公共服务子系统	社会保障	人均社保和劳动保障财政支出 X_1 /（元/人）
		参加基本养老保险人数占人口总数比重 X_2
		参加失业保险人数占人口总数比重 X_3
		参加医疗保险人数占人口总数比重 X_4

续表

一级指标	二级指标	三级指标
基本公共服务子系统	医疗卫生	人均医疗财政支出 X_5/（元/人）
		每万人拥有医疗卫生机构数 X_6
		每万人拥有医疗卫生机构床位数 X_7/（张/万人）
		每万人拥有医疗卫生技术人员数 X_8/（个/万人）
	基础教育	人均教育财政支出 X_9/（元/人）
		小学生师比 X_{10}
		初中生师比 X_{11}
	生态环境	人均环境保护财政支出 X_{12}/（元/人）
		城市污水日处理能力 X_{13}/（万米^3/日）
		人均生活垃圾清运量 X_{14}/（吨/人）
		每万人拥有绿地面积 X_{15}/（米^2/万人）
经济子系统	经济规模	人均地区生产总值 Y_1/（元/人）
		全社会固定资产投资总额 Y_2/亿元
		人均财政收入 Y_3/（元/人）
	经济增长	人均地区生产总值增长率 Y_4
		人均财政收入增长率 Y_5
	经济结构	第二产业占地区生产总值比重 Y_6
		第三产业占地区生产总值比重 Y_7
		财政收入占地区生产总值比重 Y_8

4.1.4 数据来源及处理

本书选取了2008~2017年《中国统计年鉴》和《中国城市年鉴》中的31个省区市基本公共服务和经济系统的各项指标数据。对于部分需进行计算得到的指标数据，进行如下处理：每万人拥有绿地面积X_{15}等于城市绿地面积数除以该年度的人口数再乘以10 000；根据前后两年数据测算人均地区生产总值增长率Y_4和人均财政收入增长率Y_5；第二产业占地区生产总值比重Y_6、第三产业占地区生产总值比重Y_7和财政收入占地区生产总值比重Y_8，分别用第二、第三产业产值和财政收入除以该年度的地区生产总值。本书采用熵值法进行指标的客观赋权处理。熵值法是根据各项指标值的变异程度来确定指标权重的，可以避免人为因素带来的偏差。计算步骤如下。

1. 数据标准化处理

由于各项指标的计量单位并不统一，在用它们计算综合指标前，需要先对它们进行标准化处理，即把指标的绝对值转化为相对值，从而解决各项不同质指标值的同质化问题。而且，由于正向指标和负向指标数值代表的含义不同（正向指标数值越高越好，负向指标数值越低越好），对于高低指标我们用不同的算法进行数据标准化处理。其具体方法如下：

$$X'_{ij}=\frac{X_{ij}-\min\{X_{ij}\}}{\max\{X_{ij}\}-\min\{X_{ij}\}}\times 0.95+0.05\left(\text{正向指标}\right)$$
$$X'_{ij}=\frac{\max\{X_{ij}\}-X_{ij}}{\max\{X_{ij}\}-\min\{X_{ij}\}}\times 0.95+0.05\left(\text{负向指标}\right) \quad (4\text{-}10)$$

2. 计算第 i 年第 j 项指标值的比重

$$p_{ij}=\frac{X'_{ij}}{\sum_{i=1}^{n}X'_{ij}},\quad j=1,2,3,\cdots,n \quad (4\text{-}11)$$

3. 计算指标信息熵

$$e_j=-k\sum_{i=1}^{n}p_{ij}\ln(p_{ij}),\quad k=\frac{1}{\ln(n)} \quad (4\text{-}12)$$

4. 计算信息熵冗余度

$$d_j=1|e_j \quad (4\text{-}13)$$

5. 计算指标权重

$$W_i=d_j/\sum_{j=1}^{n}d_j \quad (4\text{-}14)$$

6. 计算单指标评价得分

$$s_i=\sum_{j=1}^{m}W_jp_{ij},\quad i=1,2,3,\cdots,n;\ m\text{为样本数} \quad (4\text{-}15)$$

为消除量纲及数据性质的影响，使各省（自治区、直辖市）的协调度具有可比性，因此对数据进行如式（4-8）标准化处理。对标准化后的数据利用信息熵工具，计算出各个指标的权重，如表4-3所示。

表 4-3　基本公共服务子系统与经济子系统的指标权重

子系统	变量	2007 年	2008 年	2009 年	2010 年	2011 年	2012 年	2013 年	2014 年	2015 年	2016 年
基本公共服务子系统	X_1	0.069	0.076	0.066	0.086	0.088	0.088	0.081	0.076	0.090	0.084
	X_2	0.045	0.046	0.049	0.051	0.036	0.043	0.034	0.037	0.037	0.045
	X_3	0.054	0.058	0.066	0.064	0.067	0.073	0.072	0.077	0.072	0.092
	X_4	0.088	0.090	0.050	0.050	0.054	0.074	0.075	0.081	0.082	0.077

续表

子系统	变量	2007年	2008年	2009年	2010年	2011年	2012年	2013年	2014年	2015年	2016年
基本公共服务子系统	X_5	0.101	0.093	0.077	0.089	0.090	0.109	0.100	0.095	0.067	0.070
	X_6	0.053	0.057	0.035	0.034	0.038	0.040	0.038	0.039	0.038	0.037
	X_7	0.071	0.063	0.064	0.066	0.068	0.023	0.043	0.046	0.045	0.051
	X_8	0.047	0.060	0.062	0.057	0.060	0.032	0.079	0.044	0.045	0.041
	X_9	0.088	0.090	0.097	0.085	0.090	0.106	0.089	0.096	0.090	0.084
	X_{10}	0.034	0.037	0.037	0.043	0.039	0.035	0.056	0.054	0.054	0.052
	X_{11}	0.042	0.044	0.044	0.033	0.029	0.029	0.021	0.027	0.030	0.031
	X_{12}	0.072	0.060	0.085	0.079	0.086	0.099	0.076	0.096	0.128	0.106
	X_{13}	0.068	0.075	0.086	0.082	0.081	0.074	0.069	0.070	0.067	0.070
	X_{14}	0.074	0.073	0.075	0.074	0.072	0.070	0.075	0.072	0.070	0.075
	X_{15}	0.092	0.079	0.108	0.107	0.101	0.105	0.091	0.090	0.084	0.084
经济子系统	Y_1	0.138	0.169	0.167	0.165	0.154	0.165	0.178	0.192	0.166	0.173
	Y_2	0.115	0.138	0.131	0.136	0.127	0.128	0.128	0.127	0.123	0.138
	Y_3	0.233	0.280	0.274	0.261	0.258	0.237	0.237	0.233	0.245	0.270
	Y_4	0.233	0.063	0.068	0.070	0.049	0.055	0.066	0.044	0.092	0.021
	Y_5	0.024	0.064	0.095	0.074	0.115	0.107	0.041	0.043	0.025	0.058
	Y_6	0.041	0.046	0.045	0.045	0.041	0.042	0.044	0.043	0.042	0.047
	Y_7	0.083	0.096	0.089	0.109	0.135	0.147	0.174	0.172	0.182	0.154
	Y_8	0.133	0.143	0.131	0.140	0.121	0.120	0.133	0.147	0.126	0.139

4.2　中国基本公共服务与经济系统协调度的测算及分析

4.2.1　基本公共服务与地区经济协调度计算和测度结果

在对原始数据进行无量纲化处理的基础上，测算出31个省区市2007~2016年的基本公共服务和经济综合指数，并计算得到两个子系统的发展度，再运用前文所述的耦合协调度函数中的式（4-1）、式（4-2）和式（4-3），计算得到基本公共服务与经济系统之间的动态协调度，其中东、中、西部地区按照全国三大经济带划分。结果如表4-4所示。

表 4-4　2007~2016 年中国各省（自治区、直辖市）基本公共服务与经济协调度

地区		2007 年	2008 年	2009 年	2010 年	2011 年	2012 年	2013 年	2014 年	2015 年	2016 年	10 年协调度均值
东部地区	北京	0.899	0.875	0.858	0.848	0.863	0.869	0.873	0.880	0.880	0.870	0.871
	天津	0.689	0.702	0.695	0.700	0.706	0.716	0.692	0.685	0.657	0.632	0.687
	河北	0.469	0.494	0.517	0.496	0.485	0.496	0.457	0.456	0.456	0.503	0.483
	辽宁	0.622	0.654	0.667	0.645	0.648	0.667	0.655	0.630	0.552	0.535	0.628
	上海	0.865	0.843	0.840	0.822	0.816	0.815	0.804	0.792	0.778	0.810	0.819
	江苏	0.614	0.630	0.662	0.644	0.658	0.629	0.653	0.660	0.650	0.647	0.645
	浙江	0.593	0.603	0.601	0.595	0.597	0.590	0.622	0.637	0.642	0.648	0.613
	福建	0.461	0.484	0.517	0.514	0.512	0.468	0.534	0.534	0.523	0.518	0.506
	山东	0.528	0.541	0.563	0.543	0.555	0.540	0.569	0.567	0.600	0.601	0.561
	广东	0.580	0.600	0.617	0.634	0.630	0.579	0.646	0.658	0.655	0.661	0.626
	海南	0.450	0.519	0.564	0.598	0.571	0.540	0.568	0.574	0.564	0.538	0.549
中部地区	山西	0.511	0.551	0.535	0.533	0.527	0.541	0.537	0.535	0.517	0.504	0.529
	吉林	0.476	0.563	0.578	0.551	0.577	0.562	0.543	0.524	0.513	0.527	0.541
	黑龙江	0.450	0.542	0.523	0.537	0.543	0.536	0.509	0.488	0.474	0.474	0.508
	安徽	0.392	0.402	0.445	0.423	0.462	0.402	0.476	0.467	0.459	0.440	0.437
	江西	0.395	0.421	0.440	0.408	0.426	0.422	0.435	0.438	0.427	0.432	0.424
	河南	0.415	0.410	0.447	0.414	0.420	0.425	0.448	0.455	0.457	0.458	0.435
	湖北	0.444	0.480	0.515	0.491	0.516	0.490	0.520	0.538	0.547	0.534	0.508
	湖南	0.434	0.467	0.504	0.463	0.475	0.477	0.472	0.479	0.484	0.485	0.474
西部地区	内蒙古	0.560	0.614	0.658	0.621	0.622	0.605	0.616	0.625	0.594	0.587	0.610
	广西	0.390	0.423	0.476	0.463	0.428	0.418	0.413	0.420	0.414	0.412	0.426
	重庆	0.468	0.489	0.510	0.528	0.580	0.486	0.590	0.615	0.620	0.597	0.548
	四川	0.430	0.450	0.479	0.459	0.468	0.444	0.502	0.506	0.506	0.519	0.476
	贵州	0.340	0.353	0.388	0.355	0.375	0.327	0.440	0.474	0.474	0.474	0.400
	云南	0.412	0.431	0.446	0.431	0.445	0.423	0.462	0.452	0.446	0.443	0.439
	西藏	0.390	0.446	0.517	0.456	0.564	0.581	0.560	0.596	0.591	0.565	0.527
	陕西	0.475	0.517	0.554	0.539	0.575	0.510	0.560	0.559	0.547	0.517	0.535
	甘肃	0.410	0.495	0.458	0.468	0.477	0.459	0.485	0.468	0.459	0.476	0.465
	青海	0.439	0.526	0.545	0.548	0.557	0.523	0.549	0.527	0.526	0.464	0.520
	宁夏	0.478	0.526	0.547	0.563	0.592	0.540	0.573	0.565	0.567	0.551	0.550
	新疆	0.481	0.535	0.486	0.564	0.583	0.571	0.593	0.584	0.536	0.529	0.546

4.2.2 公共服务与地区经济发展协调度变化趋势

从表4-4最后一列2007~2016年的协调度平均值来看，中国31个省区市基本公共服务与经济发展协调度的均值分布如表4-5所示。中国各地区的基本公共服务与经济发展协调度整体较好，大部分地区在勉强协调及以上轨道运行，北京、上海处于优质协调状况；天津、江苏、辽宁、广东、浙江、内蒙古处于中度协调状况；山东、宁夏、海南、重庆、新疆、吉林、陕西、山西、西藏、青海、黑龙江、湖北、福建处于勉强协调状况；河北、四川、湖南、甘肃、云南、安徽、河南、广西、江西、贵州等10个省区处于低度失调的状况，中度失调和严重失调的没有。因此，中国各地区的协调度呈正态分布。各地区在未来的基本公共服务和经济发展中，需从供给侧角度进一步加大基本公共服务治理力度，促进公共服务与经济的协调耦合发展。

表 4-5 2007~2016 年中国各省（自治区、直辖市）基本公共服务与经济发展协调度均值区间分布

协调度	地区
优质协调	北京 上海
良好协调	
中度协调	天津 江苏 辽宁 广东 浙江 内蒙古
勉强协调	山东 宁夏 海南 重庆 新疆 吉林 陕西 山西 西藏 青海 黑龙江 湖北 福建
低度失调	河北 四川 湖南 甘肃 云南 安徽 河南 广西 江西 贵州
中度失调	
严重失调	

（1）从整体协调度来看，东部地区普遍优于中西部地区。东部11个地区中，协调度区间为0.4~0.9，北京、天津、辽宁、上海、江苏、浙江、广东7个地区协调度在0.6以上，处于中度协调状态及以上；协调度最高的是北京，2007~2016年的协调度均在0.8以上，处于优质协调状态，上海也处于优质协调状态；河北、福建、山东、海南4个地区的协调度在0.5分界线上下浮动，处于低度失调状态及以上。协调度最差的是河北，2007~2016年协调度均值为0.483，处于低度失调状态。相比之下，中部地区整体协调度区间为0.4~0.6，处于低度失调和勉强协调状态；西部地区的协调度区间为0.3~0.7，大部分地区处于低度失调和勉强协调状态。因此，从整体来看，东部地区基本公共服务与经济系统的协调度普遍高于中部和西部地区。

（2）从变化幅度来看，中部地区协调度变化相对平稳。中部地区整体协调度区间为0.4~0.6，处于低度失调和勉强协调状态。其中，吉林、山西、黑龙江、湖北4个地区处于勉强协调状态，安徽、江西、河南、湖南4个地区处于低度失调状态。协调度最高的是吉林，2007~2016年协调度均值为0.541；协调度最差的是江西，2007~2016年协调度均值为0.424。整体来看，中部地区基本公共服务与经济系统的协调度普遍低于东部地区，高于西部地区，变化幅度相对平稳。

（3）西部地区耦合协调度不够稳定，但逐步趋向良好。从变化幅度来看，西部地区的协调度变化幅度与中东部地区相比较大，协调度区间为0.3~0.7，只有内蒙古的协调度均值在0.6以上。重庆协调度的均值接近中度协调水平，2007~2011年协调度从0.468上升至0.580，至2012年下降至0.486，至2015年上升至0.620，后又下降至0.597，其变化弧度横跨了低度失调、勉强协调、中度协调三个协调度区间，后又变为勉强协调；西藏2007~2016年协调度最高为0.596，最低为0.390，协调度跨度为中度失调、低度失调和勉强协调，变化幅度较大，广西、重庆、四川、贵州、云南、西藏、陕西、甘肃、青海、宁夏、新疆等西部地区的协调度处于0.6以下，处于低度失调和勉强协调状态。协调状态最差的为贵州，贵州在2007~2012年的协调度都处于中度失调状态，2013~2016年处于低度失调状态。说明西部地区基本公共服务与经济的耦合不稳定，但都呈逐渐变好的趋势。

（4）从整体的变化趋势看，2007~2016年东部地区和中部地区的协调度变化波动不大，变化都比较平稳，大多数地区的协调度并没有发生很明显的转变。西部地区的基本公共服务与经济系统之间的协调度呈现一种上升趋势，其中2012年是一个分界点，在2012年之前，西部部分地区出现了上下波动的情况，在2012年之后，各地区的协调度与时间呈现一种线性关系，变化趋于平稳。从变化趋势来看，东部地区除辽宁和河北外，其他省市的协调度在2014年后的变动都趋于平稳，而在2014年前呈现随机波动状态，但波动范围不大，这说明东部绝大部分地区的基本公共服务和经济发展的步调是基本一致的；中西部地区的协调度变动也不大，各地区在2014年后的协调度并没有发生明显的变化。

2007~2016年31个省区市的基本公共服务和经济发展的综合评价指数都随着时间的推移不断变大，即基本公共服务和经济发展水平是不断提高的，两者的系统耦合协调度也随时间呈现正增长，整体上正在脱离低度失调往勉强协调及以上状态发展，说明我国正在积极实现基本公共服务和经济发展的协同发展。一方面，基本公共服务发展较好的地区主要集中在我国的东部地区，经济发展较好的地区也主要集中在东部，西部个别地区的经济发展较好。北京和上海的基本公共服务和经济发展始终保持遥遥领先地位，处于优质协调状态，天津、江苏、辽宁、广东和浙江及内蒙古地区处于中度协调状态，其他24个地区在2007~2016年分别处于勉强协调和低度失调状态，即大部分地区的基本公共服务与经济发展仍处于低水平的耦合阶段。另一方面，在局部上，各地区基本公共服务与经济发展协调度大小及变动都表现出较大的差异，其中东部地区基本公共服务与经济发展的协调度普遍高于中部和西部地区，且东部大部分地区的协调度都呈上升趋势，协调度最大值和最小值的比值下降，地区间的耦合差距大于中部地区、小于西部地区；中部地区的协调度均处于低度失调和勉强协调状态，协调度最大值和最小值的比值下降，地区间的耦合差距和变化幅度最小；西部地区的耦合协调度分布差异明显，耦合情况最差的地区曾处于中度失调，耦合情况较好的地区曾上升至中度协调状态，且协调度最大值和最小值的比值下降幅度较大，地区间的耦合差距缩小最多。

整体来看，全国31个省区市的基本公共服务与经济发展耦合协调情况差异十分明显，耦合协调度的类型涵盖了低度失调、勉强协调、中度协调和优质协调，协调发展比较好的地区主要分布在东部，西部也有部分地区的耦合情况较好，且基本公共服务发展滞后、不均衡是影响地区协调发展的关键因素。

4.2.3 中国基本公共服务与经济协调水平的时空分布特征

东、中、西部地区的协调度不一，且该差异在东、中、西的空间分布上似乎存在关联，为了更加明确地找出这种关联，本书通过空间计量分析方法探讨各地区之间的协调度关联程度。本书选用在给定空间单元的K值最邻近空间矩阵，创建空间距离权值矩阵，应用前述空间相关性检验的算法公式，即式（4-5）、式（4-6）和式（4-7），对协调度进行空间自相关检验，计算结果见表4-6。由表4-6可知，2007~2016年中国基本公共服务和经济协调水平的空间自相关检验Moran I都为正数，且全部通过10%的显著性检验，大部分通过5%的显著性检验，都是显著的，表明中国省区市之间基本公共服务与经济系统协调水平在空间上的分布不是相互独立的，而是具有明显的正自相关关系（空间溢出效应），即基本公共服务与经济系统协调水平的空间自相关性统计意义成立。

表4-6 2007~2016年中国基本公共服务与经济协调水平的空间自相关检验Moran I

指标	2007年	2008年	2009年	2010年	2011年	2012年	2013年	2014年	2015年	2016年	10年协调度均值
Moran I	0.252	0.235	0.197	0.201	0.178	0.225	0.133	0.112	0.107	0.138	0.179
$Z(d)$	2.775	2.685	2.339	2.357	2.037	2.516	1.702	1.445	1.483	1.752	2.131
p值	0.008	0.005	0.009	0.012	0.026	0.009	0.052	0.067	0.060	0.036	0.015

由于空间自相关性反映的是中国各地区基本公共服务与经济系统协调水平空间的整体情况，这可能掩盖了地区内部的空间集群特征。因此，本书列出Moran散点图直观地刻画地区内部基本公共服务和经济系统协调水平与其空间溢出的关

系。图4-1中横轴是协调度水平，纵轴是邻近值的加权值，其4个象限将各省域基本公共服务与经济系统协调水平的空间关联分为4种集群模式：第一象限（*HH*）表示协调度高的地区被邻近的其他协调度高的地区包围；第二象限（*LH*）表示协调度低的地区被邻近的其他协调度高的地区包围；第三象限（*LL*）表示协调度低的地区被邻近的其他协调度低的地区包围；第四象限（*HL*）表示协调度高的地区被邻近的其他协调度低的地区包围。*HH*、*LL*象限表示正的空间相关关系，*LH*、*HL*象限表示负的空间相关关系，正的相关关系表明存在区域空间集聚，负的相关关系表明存在区域的异质性。若观测值均匀地分布在4个象限，则表明地区间不存在空间相关性。

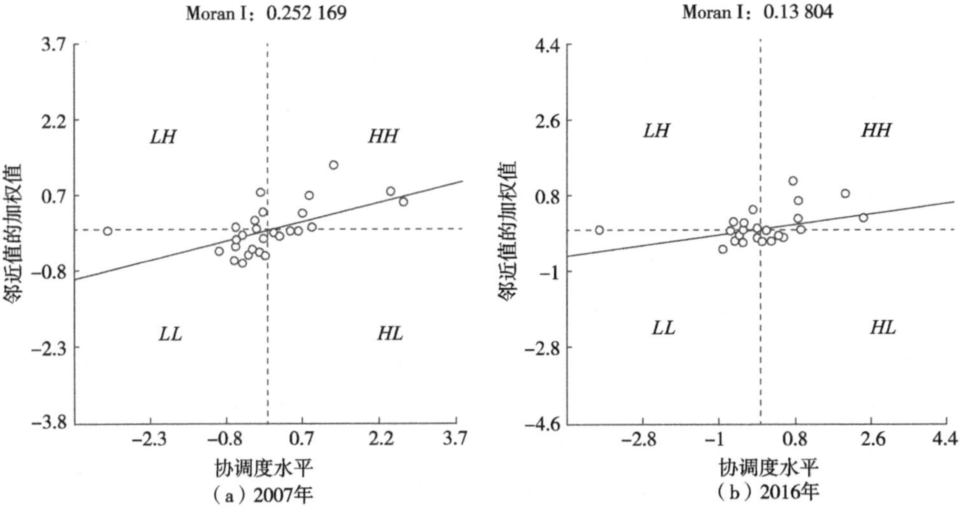

图 4-1　2007 年和 2016 年基本公共服务与经济系统协调水平的 Moran 散点图

根据计算结果可知，2007年基本公共服务与经济系统协调水平的Moran散点位于*LH*、*HL*象限的有黑龙江、安徽、福建、吉林、河北、山东、山西7个地区；2016年基本公共服务与经济系统协调水平的Moran散点位于*LH*、*HL*象限的地区个数在2007年的基础上增加了5个，但是地区发生了变化，且变化全部发生在*HL*象限，除了山东继续保留外，内蒙古、宁夏、西藏、湖北、重庆分别从其他区域跃迁进入*HL*象限。2007年和2016年协调水平的Moran散点位于*HH*、*LL*象限的地区占样本总量的比重分别为70.87%和58.06%，可以看出中国各地区基本公共服务与经济系统协调水平空间正相关的比重总体上明显高于空间负相关的比重，这进一步证明基本公共服务与经济系统协调水平存在显著的空间依赖性，大部分地区与其邻近区域表现出相似的集群特征，基本公共服务与经济系统协调水平高的地区在空间上相互邻近，而基本公共服务与经济系统协调水平低的地区也趋于集中。

本书进一步通过空间联系的局部指标集群图及显著性检验发现，2007年河北和天津两个地区的空间相关性较为显著，分别处于*LH*和*HH*象限，这意味着以河北为中心形成了基本公共服务与经济系统协调水平较低地区被相邻协调水平较高地区包围的局面，同时以天津为中心形成了公共服务与经济系统协调水平较高地区被相邻协调水平较高地区包围的局面。2016年天津和江苏两个地区的空间相关性较为显著，且都处于*HH*象限，这意味着以天津和江苏为中心形成了基本公共服务与经济系统协调水平较高地区被相邻协调水平较高地区包围的现象。从2007~2016年地区集聚区的流动性变化可以看出，天津与其邻近地区的集聚局面没有改变，河北则脱离被高协调水平地区包围的状态。

因此，中国区域基本公共服务与经济系统协调水平在空间分布上形成了两个稳定的集聚区。首先，第一个是以天津为中心，与邻近的北京、山东、河北共同组成的基本公共服务与经济系统协调水平高值集聚区，北京作为全国基本公共服务与经济系统协调水平最高的地区，充分发挥了集聚区中基本公共服务和经济协调水平高值区域的空间溢出效应，通过与周边地区的交流和合作，带动了周边地区基本公共服务和经济协调水平的提高；山东作为东部沿海经济大省，依靠自身的地理优势，不断优化区域发展空间格局，加上特色突出的城镇化和公共服务协同发展的优势，其基本公共服务和经济呈现协调发展的态势；河北由于与周边地区互促发展的空间溢出效应，其基本公共服务和经济的协调水平不断提高。其次，第二个是以江苏为中心，与浙江、山东、安徽等区域共同组成协调度高水平的集聚区，江苏与周边区域突破了原先协调度水平空间分布不均的现象。在以高新技术产业为动力的新一轮产业升级背景下，这些地区依靠地域环境优势，加大基础教育投入，制定更加积极的就业政策，并构建完善的人力资源服务体系，完善全民医保，提升医疗保障质量，提高基本公共服务水平，促进经济发展与社会建设相协调。综上所述，从地理位置上的扩散来看，基本公共服务与经济协调水平高集聚区正在由北向南扩展，沿海城市的扩散效应大于非沿海区域，全局的基本公共服务与经济系统协调性水平整体呈现良好的态势。

本书在对2007~2016年中国31个省区市基本公共服务和经济系统协调度进行科学测算的基础上，对各省（自治区、直辖市）的动态协调度进行了对比研究，并利用空间计量方法分析了中国基本公共服务与经济系统协调度的地理空间分布特征和差异。根据测度结果可得到如下结论：第一，从全国平均状况来看，北京、上海、天津、江苏、辽宁、广东、浙江、内蒙古等8个地区处于优质协调和中度协调状态，其他23个地区在2007~2016年都处于勉强协调和低度失调状态。整体来看，东部地区基本公共服务与经济系统的协调度普遍高于中部和西部地区。第二，中部地区基本公共服务与经济系统的协调度高于西部地区，协调度变化幅度相对平稳、内部差异最小。从长期来看，西部地区耦合协调度不够稳定，但呈逐步变好趋势。第三，空间计量分析表明，基本公共服务与经济系统协调水平的地区分布具有较为显著的空间依赖性，形成了以天津和江苏为中心的两个协调度高水平的集聚区，且集聚区保持一定的空间稳定性，并有由北向南扩展的趋势。

当前，中国正处于跨越中等收入陷阱、实现包容性增长的重要历史时期，必须正确处理好经济发展与改善民生的关系。从本质上来说，改善民生与经济发展可相互促进，经济发展是解决民生问题的物质基础。若民生问题解决得不好，落后的公共服务水平又会反过来制约经济发展。地区发展的不平衡性，基本公共服务供给体制建设落后，资源环境存在异质性约束，影响了基本公共服务与经济发展、区域功能和人口分布之间的协调性。因此，第一，在经济发展的新常态下，为实现向高质量发展的转变，各级政府需着力解决发展过程中基本公共服务和经济发展之间的不协调问题，夯实公共服务建设的经济基础，加大公共服务投入，优化市场机制，缩小地区之间的发展差异。第二，东部地区重点由经济建设转向提升公共服务水平，需大力做好深化基本公共服务供给侧结构性改革，继续提高公共服务供给的质量和水平，既要注重经济发展的速度和方式，更要注重发展的质量和效益，实现经济、社会、人口、环境之间的协调发展，满足人民群众对公共服务质量提升的迫切需求。第三，中西部应以经济高质量发展为基础，加大基础设施投入，注重产业结构的转变和升级，重点解决经济建设问题，同时在保障和改善民生上不断取得新突破，营造医疗卫生、基础教育、社会保障和生态环境全面发展的环境，提升民众公共服务获得感。

4.3　户籍制度改革中城市公共服务创新的协同模式

基本公共服务与经济发展是两个密切相关、相互依赖的系统，同时在公共服务发展过程中可以积极引导市场化资本和社会资本的介入。“十三五”时期，受国际经济复苏乏力、中美贸易战及经济结构转型带来的影响，国内经济下行压力较大，消费升级增长乏力，实体经济萎靡不振，公共服务财政资金来源压力加剧，出现了公共服务供给乏力、公共服务供需矛盾凸显等问题。政府受制度环境、经济实力和信息不对称等因素的影响，难以对公共服务资源进行优质的均衡配置。因此，由政府为单一供给主体的供给模式向以“政府引导+社会组织”共同参与的多元化合作供给模式的转变是必然趋势，社会多元合作主体包括企业、非政府组织、社区等部门，通过多中心供给和协同治理，提高公共服务共建能力和共享水平。按照一般基本公共服务概念及维度的基本界定，流动人口的基本公共服务均等化应包含保障基本民生需求的公共教育、就业培训、社会保障、医疗卫生、计划生育、住房保障、文化体育等领域的公共服务供给。必须探究以居住证为载体，进一步进行公共服务供给侧改革，建立和完善与居住、就业年限等条件相挂钩的基本公共服务提供机制，从解决人民最关心、最直接、最现实的利益问题入手，努力解决流动人口基本公共服务保障问题，以满足流动人口日益增长的多元化公共服务需求。

4.3.1 基本公共服务供给的四种主要模式

一般而言，公共服务的基本参与者包括提供者、生产者、消费者，均是基本公共服务体系的利益相关者（萨瓦斯，2002）。基本公共服务体系涉及诸多利益相关者，协同治理能够容纳多元主体的参与。当前，中国流动人口的规模在不断增加，其公共服务需求快速增长与公共服务供应不足之间的矛盾加剧，对流动人口的教育、医疗卫生、就业等公共服务的供给总量不足和供给分布不均等问题由来已久，如何从公共服务领域供给侧改革角度进行有效治理是社会关注的焦点。

增加流动人口的公共服务产品供给，推进流动人口这一群体的城市基本公共服务均等化，既是建设服务型政府的重要抓手，也有利于提升城市化水平和质量，是推进中国经济实现中高速增长的“双引擎”之一。公共服务各个子系统内部相互作用就会产生序参量，经济发展和公共产品供给作为序参量对公共服务子系统产生了重要影响，协同会产生一种“整体之力”，共同支配系统的演化。基本公共服务供给主要有以下四种模式。

1. 政府直接供给模式

政府直接供给模式是指以政府作为单一且强大的供给主体，从公共服务供给资金来源到公共服务提供的各个阶段，政府始终处于核心地位，依靠行政计划分配的方式提供公共服务。长期以来，在公共服务供给上，政府几乎提供我国城市居民所需要的一切公共服务或公共产品。传统公共服务供给理论认为，由于公共服务的准公共产品特性，表现为有限的非排他性或有限的非竞争性，从公共服务供给内容、范围、标准到公共服务经营、制度和监管，政府既是公共服务的唯一供给者和生产者，又是公共服务政策的制定者和监督者。该模式体现出“政企高度合一”的特点，供给主体单一，将市场力量和社会组织排斥在外，政府提供的公共产品贯穿到生产、分配、交换、最终消费的各个环节。

随着市场化改革的深入进行，这种单一供给模式的弊端日益凸显。首先，生产经营活动由政府统一安排，形成供给主体单一或缺位的状况，公共服务资金来源过度依赖于国家财政，不利于公共服务供给主体多元化发展。其次，政企不分不仅导致供给缺位与错位现象严重，造成人力、物力和财力浪费，而且公共服务供给效率不高，效率相对低下。最后，政府垂直垄断经营公共服务产品，贯穿公共服务的生产、经营、监管等全部环节，缺乏竞争，不利于公共服务机构自身的能力提升和供给效率提升。

2. 政府公共服务外包模式

政府公共服务外包是指政府组织作为发包方，通过择优承包的方式，与社会组织签订包括公共服务数量、质量、效率等内容的合同，政府则根据合同约定向其支付费用，从而为各类市场主体或社会组织提供公共服务的模式。这是因为准公共产品具有拥挤性特征，即当消费者数量达到一定规模后，消费行为会出现拥挤竞争性，即边际成本为正的现象。在新公共管理理论的推动下，20世纪80年代后，美国、英国、日本等发达国家纷纷推行政府购买公共服务的方式，公私合作模式即社会力量参与模式正在成为趋势。2013年9月26日《国务院办公厅关于政府向社会力量购买服务的指导意见》指出，"推行政府向社会力量购买服务是创新公共服务提供方式、加快服务业发展、引导有效需求的重要途径，对于深化社会领域改革，推动政府职能转变，整合利用社会资源，增强公众参与意识，激发经济社会活力，增加公共服务供给，提高公共服务水平和效率，都具有重要意义"①。

政府公共服务外包模式能有效利用社会资源，在机构、人员、编制和经费不扩大的基础上，可以较好地改善公共服务质量。这种模式的优势在于，首先，在公共服务领域引入市场化的竞争机制，提高服务质量，降低服务成本和价格。其次，促进政府职能转变，使政府由原先的公共服务生产者、提供者和监督者向提供者和监督者转变，实现从"全能型政府"向"有限型政府"转变，节省政府的人力和设施成本。最后，政府可以发挥监督作用，激励社会组织提供优质服务，在服务创新、提高服务质量和竞争力等方面下功夫，并根据环境和客户需求的变化做出快速反应。当然，这种模式也存在监督缺失、寻租腐败等问题。

3. 商业化运作模式

商业型公共服务供给模式是以营利性组织、私营企业为主体，采用市场运行机制，以实现企业盈利为目的而提供公共服务的供给模式。古典经济学家斯密发展了"有限政府"理论，被认为是商业型公共服务供给模式的理论基石。他认为，政府扮演了"守夜人"的角色，政府应该仅供给诸如国家安全、公众安全、建设并维护纯公共事业及公共设施类型的纯公共服务，其他的准公共服务应当让渡出来由市场提供。政府作为公共服务供给的监管者，负责有效甄别、选择供应商；企业和社会组织作为公共服务的承接主体，即具体的投资者和生产者，以营业收入和获利为目的，明确自己的服务内容和定位，采用商业化的操作模式，更有效地对接公共服务需求，释放出社会组织和企业的成长活力；公众作为公共服务的实际需求者，根据自身利益和喜好择优选择，将感受到更为高效、便捷的高品质公共服务，有利于提高服务购买的效率与效益。

---

① 《国务院办公厅关于政府向社会力量购买服务的指导意见》，http://www.gov.cn/zwgk/2013-09/30/content_2498186.htm[2013-09-30]。

公共服务的一个重要特征就是难以定价营利，一旦公共服务定价和收费变得可行，就打通了公共服务转化为商品的渠道，使得公共服务具备了营利性。商业化运作模式的优势在于引入竞争机制，使政府部门从公共服务供给的生产者角色中解脱出来，缓解了财政压力，降低了公共服务供给成本。但是这种模式也存在一个重要缺陷：企业往往不愿意提供风险高、投资大、资金回收期长的公共服务，因此，在追求利益最大化的动机下，往往忽视公共服务供给质量和公平性。

4. 社会志愿公共服务供给模式

社会志愿公共服务供给模式是以非营利组织或公民为主体，以慈善帮助方式自愿地、不计报酬地提供公共服务的供给模式，主要有志愿服务、无偿捐赠和非营利性收费等方式。由于长期以来政府的工作重心在于发展经济，对公共服务投入过少，提供的公共服务存在缺位现象，如对贫困群体的保护等，这部分人群的利益最需要关注，而私有企业又不愿意介入。社会志愿公共服务供给模式在美国、欧洲等国家和地区得到了广泛应用，但在中国，志愿型公共服务仍处于发展的初级阶段，各方面还不成熟，也缺乏社会的有力支持，需要更多的非营利性社会组织或个人等志愿组织积极投入到公共服务的市场化进程中。

综上分析，创新公共服务协同供给模式需要实现多元化供给，能由政府购买服务提供的，政府不再直接承办；广泛吸引社会资本参与，建立由政府和社会资本合作、职责清晰、分工合理的多元化、社会化的公共服务供给体系。由于权威政府的行政化公共服务供给机制形成的传统路径依赖，政府公共服务和公众需求之间的匹配度并没有很大的提高。因此，必须通过为市场和社会主体创造平等竞争环境和提供更好的服务，利用市场和社会机制完善资源配置，形成政府购买、市场和社会提供的公共服务产品供给机制，提高公共服务的数量和质量，扩大公共服务受益范围，使公共服务与经济增长协调发展，促使公共服务供给侧改革的顺利实现。

4.3.2 公共服务协同治理的主要困难与问题

1. 自上而下的供给方式，供给主体单一性问题

长期以来，政府一直垄断着公共服务的供给，不仅扮演公共服务供给者、生产者的角色，同时扮演着监督者的角色。但是，随着经济迅速发展和市场环境的日益复杂，城市流动人口对公共服务提出与老一代流动人口迥异的要求，需求的层次、质量和类型在不断发生变化，整体性公共服务资源短缺成为流动人口融入城市的强制约束条件，单一的政府供给主体暴露出城市公共服务供给总量不足、供需失衡、效率低下的弊端，全能政府的传统定位对市场主体和社会组织公共服务供给产生了挤出效应。

2. 供给主体结构不平衡，社会组织能力不足

当前在公共服务实践治理过程中，由于长期以来形成的对政府公共产品的依赖性，企业和社会组织的发展相对滞后，发育缓慢且不健全，能力不足，供给主体结构出现失衡，跨部门协调困难；社会组织的社会化程度较低并且存在自我约束力弱，对政府部门的依附性强，在公共服务治理中存在缺乏自我约束、自我管理机制；同时存在人员配置、资金使用不合理的现象，缺乏像企业一样完善的治理结构，在筹措资金、项目运作、资金分配及社会回应等机制方面能力严重不足，社会组织效率低下。

3. 公共服务环节弱化，监管环节缺失

长期以来政府提供的公共服务重管理、轻服务，不仅服务意识水平较低，而且将服务过程形式化、抽象化，公众参与率低，执行过程中往往忽视社会公众的满意度和认可度。此外，政府公共服务缺乏标准的监管体系，对公共服务治理的规则重在服务项目的运行环节，对公共服务治理中的问责和监管机制尚不健全，特别是对于后期的监管非常不足，从而使得公共服务的外部性问题，以及信息不对称、垄断等问题难以纠正。事实上，监管职能的分离，不仅标志着全能政府向有限政府的转型，而且监管作为政府重要的治理工具，有利于形成公正、公平、公开的监管框架，有利于形成公平竞争的市场环境，确保公共利益目标的实现。

4.3.3　户籍制度改革中城市公共服务创新的协同治理模式

德国科学家哈肯（1987）从物理学的角度创立协同学，他将“协同”定义为“系统的各部分之间互相协作，使整个系统形成微观个体层次所不存在的物质结构和特征”，复杂、开放系统经过自组织有序化程度不断增加的努力，整个系统在趋向于正熵（无序度）增大的正过程中与趋向于负熵（有序度）增大的逆过程动态平衡的无限循环中，向趋于熵减小的方向不断推移，从而使系统从无序状态发展到有序状态。协同思想正在成为政府公共管理改革中的主要治理理念，政府对基本公共服务的供给并不意味着政府直接生产，在户籍制度改革中创新城市公共服务的协同模式，有利于推动公私合作程度与政府网络治理能力的双重提高。协同治理提供了一种多元主体参与共治的路径与机制，符合基本公共服务体系对回应需求与有效供给的功能预期（马雪松，2013）。

近年来，在公共教育服务领域中出现的择校费、异地高考和学区房等热点问题，在公共卫生服务领域中出现的看病难、看病贵问题，在公共就业服务领域出现的招工难和就业难等问题，说明在公共教育、公共卫生和公共就业服务的供给上，出现了政府失灵现象，导致公共服务供给总量不足和供给结构失衡。破解这一困境意味着必须变革政府的单一公共服务供给机制，同时建立以政府主导，市

场、社会等多元主体参与的供给机制，避免企业失灵和志愿失灵。鉴于此，本书借鉴协同学理论、整体政府理论和多中心理论，从多元化治理结构、协同治理路径和协同合作模式出发，探讨构建城市户籍人口与流动人口的基本公共服务均等化实现机制和创新中国基本公共服务的供给模式。

1. 多元化治理结构

整体政府理论指出，政府应与其他主体协同行动，建立协同促进的治理结构，以实现治理功能与资源利用最大化。流动人口更多关注的是公共培训、就业质量、子女教育、家庭住房、医疗卫生等民生性基本公共服务，因此必须针对新生代进城务工人员、流动育龄妇女等群体的不同需求，广泛、深入开展居住证制度和公共服务供给创新改革，进一步推进流动人口基本公共服务均等化。流动人口与城市户籍人口一样拥有生命健康权、社会保障权，但是由于流动人口数量多、公共服务需求差异大，外来人口与城镇户籍人口在享受基本公共服务上存在较大的现实差距，在城市内部形成了新二元结构，这对城市基本公共服务建设和发展带来了巨大挑战，因此必须积极引入企业和社会组织参与基本公共服务建设，通过多元化主体协作促使公共服务水平大幅度提升。

在多元化协同治理机制内部，自上而下的单一中心统治不复存在，多元化主体之间的协同强调职责清晰、相互包容和利益均衡，合理划分层级间职责分工，但由于政府在资源调配、人员配置和公共政策制度保障上具有优势，政府仍然是协同治理的主导角色和关键环节。新时期需要充分发挥政府的特长，构建以政府为主导，企业、志愿组织、社区等各种社会组织共同参与的公共服务供给结构，充分实现政府在基本公共服务中的“掌舵”职能，即制定政策、监督管理等，把“划桨”职能，即提供服务的生产职能，交由企业和社会组织来完成，为流动人口提供公平和高效的基本公共服务。

2. 协同治理路径

通过引入互动机制，将政府、流动人口、市场化组织、社会志愿组织之间持续的协商互动，包括建立利益需求表达机制、筹资机制、生产机制、决策机制和利益调节机制都统一纳入整体性治理的框架中。流动人口通过一定的渠道和方式表达对公共服务的内容偏好，主要有“流动人口—社区—政府”“流动人口—市场组织—政府”“流动人口—社会志愿组织—政府”“流动人口—政府”4条途径。加强上下级政府职能的弹性协同，通过充分的竞争、合作生产和有效的矛盾解决机制，保障多中心的有效运作，通过各个主体之间积极互动来实现共同的治理目标。

通过引入竞争机制，将原本由政府单一开展的公共服务通过合同、契约等形式交给市场、企业或社会组织分担，通过有效和可行的分工与竞争机制，实现各个供给主体之间资源共享和优势互补，竞争机制存在于政府与企业主体、社会组织之间及其内部。在纵向上协调不同层级政府之间的公共供给责任，在横向上理顺政府与市场、社会组织之间的关系。

通过引入激励机制，建立包括公共教育、医疗卫生、公共福利、流动人口公共服务满意度、民生指标和生态环境在内的绩效考核指标体系，加大公共服务领域的奖励和激励力度，积极开展信息共享、资源共用、优势互补、分工协作、执行决策等方面的工作，促进经济增长与公共服务供给协调发展，提升社会和民生服务建设水平，最终维护和提高公共利益。

3. 协同合作模式

公共服务协同合作模式的运行逻辑为：以流动人口公共服务需求为导向，从整体性治理出发，以各层级政府、私营企业和社会组织为多元化供给主体，以公共福利、流动人口公共服务满意度、民生指标、环境质量等作为控制序参量，识别协同机会，各主体通过分工合作、互动协商、互惠共享和绩效激励等方式及手段，在维持整个系统序参量运行的基础上，有效改善碎片化、分散化的供给状况，构建动态调控机制，共同治理社会公共事务，使治理政策在纵向上和横向上并行不悖、互相促进，最终建立多元化公共服务产品的沟通、共享、信任、协调等纵向和横向的协作性网络结构，形成网络化的公共服务供给方式，促使政府、自治组织、私人部门和第三部门等治理主体的公共服务供给体系形成。

在协同治理的供给模式下，必须以社区和街道为重要载体，社区是表达流动人口公共服务需求的主要途径，进一步完善公众参与机制和发现机制，在合作和竞争中增进信任和理解，充分发挥多元化主体的竞争优势，优化服务网络治理结构，协调行动、共担责任，防止越权、越位、缺位和推诿现象的发生，使整体功能大于部分功能之和。例如，在公共就业服务领域，社区组织作为政府和流动人口之间的桥梁和纽带，应整合社会多方资源，提供种类繁多、功能各异的就业信息和培训服务项目，实现公共就业服务灵活、高效地供给。因此，通过构建开放、包容的公共服务系统，调整系统所处的环境和结构，提供专业化、个性化、有序化、多样化、可持续运作的服务，促使公共部门与私人部门之间形成良好的互动与合作，实现公共服务的价值理性和工具理性统一，实现社会资源的最佳配置。

第5章　公共产品供给对中国人口城镇化发展的影响分析

5.1　民生性公共产品供给水平测度

新型城镇化的核心是人的城镇化，是城市内所有非户籍人口和户籍人口享有基本公共服务的均等化,因此实现基本公共服务均等化是新型城镇化成败的关键。段成荣等（2008）、扈新强和赵玉峰（2017）指出，中国人口迁移由最初的个体迁移正转向以家庭迁移为主的模式，流动人口家庭化呈现规模扩大化、结构核心化和转化多元化的特征。因而流动人口对地方政府的基础教育、医疗卫生、社会保障等公共产品的需求在不断提升，建设服务型政府意味着政府要提供更优质、高效的公共产品和更高的公共服务水平。当公共服务具有规模效应和质量效应时，良好的公共产品供给会使房地产价格上涨，形成公共产品资本化效应，从而促进城市规模的有效扩张，这不仅对于区域人口要素流动具有积极的现实意义，而且有利于保障和改善民生、扩大内需和提升居民消费水平。国家统计局发布的数据显示，2017年中国城镇常住人口已经达到81 347万人，城镇化率已经达到58.52%。邹文杰和蔡鹏鸿（2015）指出，城镇化过程在形式上表现为农村居民和生产要素向城镇聚集，实质上是统筹城乡发展，促进城镇与农村公共服务水平提高的过程。当前，中国公共服务有效供给的水平还不高，公共服务资源配置相对分散，缺乏有效整合，并且政府长期以来形成了重经济性服务、轻社会性服务的路径依赖，导致在与民生息息相关的教育、医疗卫生和社会保障方面投入不足，难以有效满足多层次的公共服务需求。

在人口流动不受限制的情况下，公共产品对人口流动影响的分析来自蒂布特选择理论。Tiebout（1956）指出，居民会选择迁移到公共产品水平高的地区。城镇化质量是指城镇化各组成要素的发展质量和协调程度。方大春和杨义武（2013）、张士杰和李勇刚（2016）指出，资源禀赋、产业结构、经济总量的不同，使得城镇化质量存在差异，进而导致各地区公共品提供水平存在地区差异，市场力是促进中部地区城镇化质量提升的真实动力，地方财政支出差异对省际人口迁移的影响显著。王琴梅和张佩佩（2015）认为进城务工人员迁移对新型城镇化具有重要作用，并且分析了进城务工人员迁移对城镇化的驱动效应及阶段性差异。刘广平等（2016）认为，在城乡收入差距较大时，城镇化水平的提高是因为人们追求更多的财富而涌入城市，新进市民对房屋的需求量增加，推动房价的高涨。惠云和秦立建（2016）发现，人口城镇化发展存在显著的空间相关性，公共服务中医疗保险模式对进城务工人员迁移区域的选择影响显著。初帅（2016）指出，高校扩招一方面促进了人口城镇化；另一方面，对人口城镇化增长率的贡献呈边际效应递减的趋势。当前，各地区公共产品供给水平及不同公共产品类型对城镇化究竟产生了什么样的实质性影响?就目前的研究来看，主要集中在对城镇化水平、影响因素及发展阶段高低的研判上，缺乏公共产品供给及不同类型公共产品对城镇化影响效应的研究。因此，分析公共产品供给水平及不同类型公共产品供给对城镇化的影响就显得尤为重要。

为进一步明晰民生性公共产品供给水平对城镇化的影响，本书首先进行公共产品对人口迁移的理论分析；其次，从人的基本生存权、基本健康权和基本发展权出发，构建民生性公共产品的评价指标体系，选取医疗卫生、公共设施、社会保障与就业、公共教育、环境保护、公共安全六个维度，最终确定18个指标，并依据中国省际面板数据，运用熵值赋权法度量中国各省（自治区、直辖市）的公共产品供给水平；最后，运用动态面板模型的广义矩估计（generalized method of moments，GMM）法研究民生性公共产品对人口城镇化的效应及东、中、西部的区域异质性，并提出新型城镇化进程中公共产品水平提升的路径及对策建议。

5.1.1　蒂布特理论分析

依照蒂布特选择模型，在一个经济中，当体现联合效率的公共产品和私人产品一起被生产出来时，资源配置应该使得私人产品和公共产品的产出总价值达到最大。人口在城市之间迁移时，通常在收益和成本方面都产生了财政上的外部性。任何迁移都会给所有那些留在原来共享团体中的人带来外部不经济，给迁移进入的人群带来外部经济。在不考虑迁徙成本、生活成本、固有观念等因素的情况下，人口往往向地方公共物品性价比最高的地区流动。对居民而言，其最终产品的生产函数为

$$G = g(Q, X, N, E) \tag{5-1}$$

其中，g为公共产品产出到最终产品的转换函数；Q为地方公共产品产出；X为个人直接购买的私人物品；N为接受公共服务的人口；E为环境特征，如社区和人口特征等。假设公共产品的生产具有规模报酬不变的属性，迁移是无成本的，不存

在辖区间的外部性，并且居民拥有税收和公共服务组合的完全信息，则帕累托最优的必要条件是：对于每个人i和每对相互替代的定居位置X和Y，有

$$\mathrm{MVP}_x^i + \mathrm{MVG}_x^i = \mathrm{MVP}_y^i + \mathrm{MVG}_y^i \tag{5-2}$$

其中，MVP_s为边际私人产品价值；MVG_s为社区中生产的边际公共产品价值。设一个地方社区的人数为N，某居民从该社区中可获得的公共产品和服务的总收益为B，该居民支付的税收总额为T，那么MVG项可以被进一步细分为

$$\begin{aligned}&\mathrm{MVP}_x^i+（B_X^i - T_X^i)+\left[\frac{\partial\left(\sum B^j\right)}{\partial N_X}-\frac{\partial\left(\sum T^j\right)}{\partial N_X}\right]\\&= \mathrm{MVP}_y^i + (B_Y^i - T_Y^i) + \left[\frac{\partial\left(\sum B^j\right)}{\partial N_Y}-\frac{\partial\left(\sum T^j\right)}{\partial N_Y}\right]\end{aligned} \tag{5-3}$$

公共产品供给对城镇化的内在作用机制表现在：每个居民都可以通过“用脚投票”的方式选择到公共产品和税收最优组合偏好的地方，当一个居民从一个城市或社区移入另一个城市或社区时，只要打算改变居住位置，他就会知道自己将要分担的收益和税负。正如MVP包括了可以通过市场交易获得的消费者剩余一样，$\left(B^j - T^j\right)$测量了个人在辖区中获得的财政剩余。人口流入增加有助于降低公共品的供给成本，产生规模效应，即产生引力，吸引优质人口流入；随着流入人口增多，地区的公共支出压力会增大，产生拥挤效应，即产生推力，区域内部分人口流出该地区。在居民公共需求的约束下，通过“用脚投票”的方式，每个居民从效用最大化出发，只有当居民迁移的边际成本与边际收益相一致时，才会停止寻找最佳地方而定居下来，地区人口达到均衡水平，这有助于资源的优化配置和实现帕累托效率。

《中国流动人口发展报告2017》指出，当前流动人口已进入家庭化迁移阶段，家庭户平均规模保持在2.5人以上，2人及以上的流动人口家庭户占81.8%以上，这意味着流动人口在流入地就医、上学、养老的比例不断上升，对公共服务和社会保障的需求也随之持续增加。因此，在选择流动目的地时，出于对家庭子女教育发展和公共产品资本化的考虑，流动人口会将地方政府在教育、医疗卫生、社会保障、文化环境等地方性公共品的供给水平考虑在内。因此，地方公共产品供给和配置在长期内对人口流动方向与规模产生了重要影响。整体而言，中国城乡之间、地区之间公共产品供求的不均衡和等级差异是导致人口城乡流动和城际流动的一个重要因素，也是不断推进中国城镇化进程的力量。因此，分析公共产品供给及不同类型公共产品供给对城镇化的影响就显得尤为重要。

5.1.2　民生性公共产品测度指标体系

本书以人的基本生存权、基本健康权、基本发展权为出发点，把民生性公共产品归纳为医疗卫生、公共设施、社会保障与就业、公共教育、环境保护、公共安全六个方面，并选取18个变量对中国30个省区市2007~2016年的公共服务产品进行评价和测度，台湾、香港、澳门、西藏因部分数据缺失予以剔除，以下数据均来源于历年《中国统计年鉴》。民生性公共产品供给水平测度指标体系及相应权重，如表5-1所示。

表 5-1　民生性公共产品供给水平测度指标体系及相应权重

二级变量	三级变量	影响方向	指标权重
医疗卫生	每千人医疗卫生床位	+	0.034
	每万人卫生人员	+	0.034
	人均地方财政医疗卫生支出	+	0.077
公共设施	用水普及率	+	0.011
	人均城市道路面积	+	0.040
	每万人拥有公共厕所数量	+	0.066
社会保障与就业	基本养老保险覆盖率	+	0.051
	城镇职工医疗保险覆盖率	+	0.102
	城镇单位就业人员平均工资	+	0.071
	城镇登记失业率	−	0.021
	人均地方财政社会保障与就业支出	+	0.065
公共教育	每万人普通高等教育教职工数	+	0.090
	人均课本出版册	+	0.090
	人均地方财政教育支出	+	0.122
环境保护	生活垃圾无害化处理率	+	0.025
	人均公园绿地面积	+	0.046
公共安全	人均公共安全支出	+	0.042
	人均交通事故直接财产损失	−	0.013

5.1.3　指标权重计算的熵值法

为减少主观评价带来的影响，本书使用客观赋权的熵值赋权法。在系统论中，熵越小表明系统越有序，携带的信息量越大，对应的权重越大。通过计算熵值，客观地确定指标权重大小，再计算出综合评价值。设有 r 个省区市，n 个年份，m 个指标，则 x_{ijk} 表示第 i 个省（自治区、直辖市）第 j 个年份的 k 个指标。改进的熵值法求权重的具体过程如下。

1. 数据标准化处理

对指标数据进行归一化处理，在归一化的基础上为避免出现零，进行系数调整。正向指标和负向指标数值代表的含义不同（正向指标数值越高越好，负向指标数值越低越好），因此，对于高低指标用不同的算法进行数据标准化处理。其具体方法如下：

$$X'_{ij}=\frac{X_{ij}-\min\{X_{ij}\}}{\max\{X_{ij}\}-\min\{X_{ij}\}}\times 0.95+0.05\left(\text{正向指标}\right)$$
$$X'_{ij}=\frac{\max\{X_{ij}\}-X_{ij}}{\max\{X_{ij}\}-\min\{X_{ij}\}}\times 0.95+0.05\left(\text{负向指标}\right) \tag{5-4}$$

2. 计算第 i 个年份第 j 项指标值的比重

$$p_{ij}=\frac{X'_{ij}}{\sum_{i=1}^{n}X'_{ij}},\quad j=1,2,3,\cdots,n \tag{5-5}$$

3. 计算指标信息熵

$$e_j=-k\sum_{i=1}^{n}p_{ij}\ln(p_{ij}),\quad k=\frac{1}{\ln(n)} \tag{5-6}$$

4. 计算信息熵冗余度

$$d_j=1|e_j \tag{5-7}$$

5. 计算指标权重

$$W_i=d_j/\sum_{j=1}^{n}d_j \tag{5-8}$$

6. 计算单指标评价得分

$$s_i=\sum_{j=1}^{m}W_jp_{ij},\quad i=1,2,3,\cdots,n;\ m\text{为样本数} \tag{5-9}$$

5.1.4 各省（自治区、直辖市）民生性公共产品供给水平综合评价

首先用极差变换法分别对正向指标和逆向指标进行归一化处理，利用熵值赋权方法得到公共服务指标权重，得到各省（自治区、直辖市）2007~2016年的公共产品供给水平综合评价值。由于篇幅所限，本书仅列出2012~2016年各省（自治区、直辖市）的民生性公共产品供给水平综合评价值，见表5-2。

表 5-2　2012~2016 年各省（自治区、直辖市）民生性公共产品供给水平综合评价值

省（自治区、直辖市）	2012 年	2013 年	2014 年	2015 年	2016 年	省（自治区、直辖市）	2012 年	2013 年	2014 年	2015 年	2016 年
北京	0.519	0.532	0.562	0.572	0.596	河南	0.263	0.270	0.279	0.269	0.303
天津	0.380	0.383	0.374	0.381	0.392	湖北	0.317	0.326	0.328	0.311	0.334
河北	0.319	0.322	0.326	0.316	0.335	湖南	0.281	0.285	0.295	0.280	0.317
山西	0.299	0.311	0.315	0.306	0.328	广东	0.336	0.340	0.356	0.367	0.391
内蒙古	0.357	0.372	0.390	0.388	0.419	广西	0.266	0.272	0.274	0.264	0.293
辽宁	0.365	0.370	0.376	0.368	0.390	海南	0.295	0.307	0.313	0.311	0.333
吉林	0.317	0.333	0.334	0.334	0.359	重庆	0.347	0.356	0.366	0.363	0.389
黑龙江	0.347	0.351	0.362	0.356	0.366	四川	0.299	0.312	0.315	0.308	0.346
上海	0.443	0.453	0.490	0.504	0.526	贵州	0.250	0.269	0.291	0.285	0.317
江苏	0.378	0.390	0.396	0.392	0.418	云南	0.267	0.280	0.288	0.270	0.313
浙江	0.358	0.368	0.383	0.378	0.398	陕西	0.332	0.344	0.360	0.354	0.374
安徽	0.286	0.298	0.305	0.297	0.322	甘肃	0.242	0.264	0.279	0.270	0.310
福建	0.316	0.326	0.331	0.328	0.348	青海	0.306	0.309	0.326	0.322	0.354
江西	0.300	0.304	0.312	0.301	0.327	宁夏	0.328	0.356	0.373	0.371	0.395
山东	0.341	0.348	0.355	0.346	0.374	新疆	0.306	0.313	0.327	0.307	0.347

表5-2显示，北京、上海在2012~2016这5年间民生性公共产品供给水平综合评价值均超过0.44，稳居前两名，除福建外，东部其他地区的民生性公共产品供给水平综合评价值均大于全国平均水平（图5-1）。

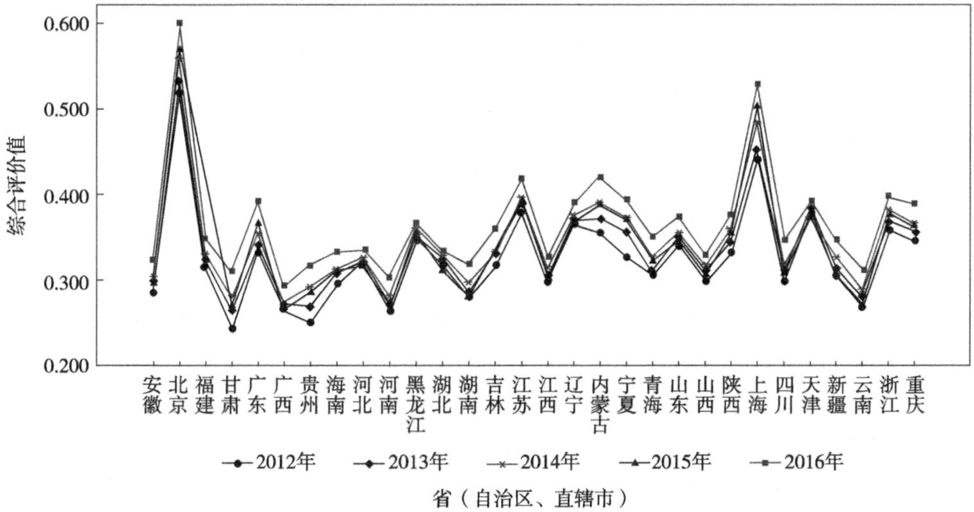

图 5-1　2012~2016 年各省（自治区、直辖市）民生性公共产品供给水平综合评价值趋势图

5.2 基于动态面板模型的民生性公共产品对人口城镇化的影响

5.2.1 动态面板模型构建

由于城镇化水平受到经济发展、城乡收入差距、公共产品供给水平和迁移成本等诸多因素的影响，本书首先选取第二、第三产业人均地区生产总值、城镇平均劳动报酬、城镇居民消费水平作为控制变量纳入静态面板模型中。

$$Y_{it} = \alpha + \lambda g_{it} + \phi X_{it} + \eta_i + \rho_t + u_{it} \tag{5-10}$$

其中，i为30个省区市截面数据，$i = 1,2,\cdots,30$；t为时间；Y_{it}为第i个省（自治区、直辖市）第t年的城镇化率；g_{it}为第i个省（自治区、直辖市）第t年的公共服务水平；X_{it}为一组控制变量，包括第二、第三产业人均地区生产总值、城镇平均劳动报酬、城镇居民消费水平；η_i和ρ_i分别为地区非观测效应和时间非观测效应；u_{it}为残差项。但是实际中，迁移地的选择中同一地区的人具有很多相似性，75.8%的省内迁移者、82.4%的跨省迁移者的就业信息是通过住在城里或在城里找到工作的亲戚、老乡、朋友告知的（Cai，1999），这说明以同乡为主的流动人口集聚具有自我强化效应，意味着城镇化具有滞后项特征，即本期人口城镇化率可能会受到上一期人口城镇化率的影响。因此，根据城镇化滞后项特征，将滞后一期的人口城镇化率作为解释变量引入模型中，建立如下动态面板模型：

$$Y_{it} = \alpha + \beta Y_{i,t-1} + \lambda g_{it} + \phi X_{it} + \eta_i + u_{it} \tag{5-11}$$

新增加$Y_{i,t-1}$变量为第i个省（自治区、直辖市）第$t-1$年人口城镇化率，其他变量含义与上述相同。为消除η_i的影响，对式（5-11）进行一阶差分处理。

$$\Delta Y_{it} = \beta \Delta Y_{i,t-1} + \lambda \Delta g_{it} + \phi \Delta X_{it} + \Delta u_{it} \tag{5-12}$$

式（5-12）中人口城镇化率滞后一期的一阶差分项ΔY_{it}与差分残差项Δu_{it}相关（即解释变量具有内生性），为克服动态面板数据出现的上述问题，Arellano和Bond（1991）、Arellano和Bover（1995）建议采用GMM法，以滞后项$Y_{i,t-2}$或差分滞后项$\Delta Y_{i,t-2}$为工具变量，如果$Y_{i,t-2}$是有效的工具变量，那么更多期的滞后项也是有效的。

加入的人口城镇化率滞后一期变量作为解释变量$Y_{i,t-1}$，一方面，公共服务与城镇化水平之间存在内生性问题；另一方面，已纳入模型中的变量之间有可能存在多重共线性，一般静态模型很难解决固有内生性问题。为解决模型中可能存在的内生性问题，本书采用GMM法进行回归，GMM法允许随机误差项存在异方差和序列相关，不需要知道随机误差项的准确分布，通过工具变量对参数进行估计，可以有效解决一般内生性和固有内生性的问题。

5.2.2　基于动态面板模型GMM法的民生性公共产品对城镇化的影响

1. 民生性公共产品整体供给水平对城镇化的影响

为研究公共产品供给水平对城镇化的效应，本书以公共产品供给水平为主要解释变量进行实证分析。由于静态模型存在较大的误差，即使控制个体和时间效应，也会导致估计结果有偏非一致。本书将混合最小二乘估计和固定效应估计的值作为动态面板实际参数估计值的参考，用以检验模型的稳健性。差分GMM法容易受到弱工具变量的影响，而系统GMM法是将水平回归方程和差分回归方程联立起来进行估计，因而更具有稳定性，所以本书主要采用系统GMM法进行估计。

运用Stata 12.0软件，得到混合最小二乘估计、固定效应估计和系统GMM法的估计结果，见表5-3。可以看出，系统GMM法的二阶序列相关AR（2）检验和Sargan过度识别检验的p值均大于0.05，说明存在一阶自相关，不存在二阶自相关，拒绝水平方程中误差项存在序列相关假设，接受工具变量有效性的假设。系统GMM法估计因变量滞后项的估计值为0.930（$p<0.001$），这说明人口城镇化确实存在路径依赖和自我强化，公共产品总体水平与城镇化率正相关关系显著，说明城市的公共服务水平是城镇化发展的重要影响因素。

表5-3　模型1静态与动态面板回归估计结果

变量与指标	混合最小二乘估计	固定效应估计	系统GMM法
滞后项			0.930（0.006）***
公共服务水平	0.747（0.102）***	0.123（0.054）*	0.017（0.005）***
第二产业产值	0.249（0.040）***	0.320（0.046）***	0.018（0.008）**
第三产业产值	0.431（0.061）***	0.462（0.068）***	0.011（0.013）
城镇平均劳动报酬	−0.008（0.064）	0.189（0.035）***	0.018（0.004）***
城镇居民消费水平	0.167（0.067）*	0.012（0.036）	−0.015（0.003）*
地区虚拟变量	有	无	有
样本数	300	300	270
R^2	0.856	0.782	
AR（1）			0.802
AR（2）			0.854
Sargan			27.255（0.977）

注：滞后项之后的6行括号内数据为标准差；AR（1）和AR（2）分别表示差分残差项一阶和二阶序列相关的p值；末尾行为Sargan过度识别检验值

*、**、***分别表示在5%、1%和0.1%的显著性水平

在系统GMM法估计中，第二产业产值和城镇平均劳动报酬控制变量与城镇化率呈显著的正相关关系，影响系数均为0.018。说明第二产业增加值占比越大，城镇平均工资报酬水平越高，这二者对城镇化率提升越明显。城镇居民消费水平则对城镇化起到抑制作用，影响系数为–0.015（ $p<0.05$ ）。地区虚拟变量在进行系统GMM法估计时是显著的，说明中国城镇化过程中存在显著的区域差异（表5-3）。

为了进一步检验城市公共产品水平对人口城镇化率的影响是否存在区域差异，运用系统GMM法分别对中国东部、中西部的样本进行估计，检验结果见表5-4。由表5-4可以看到，二阶序列相关检验AR（2）检验和Sargan过度识别检验的 p 值均大于0.05，拒绝水平方程中误差项存在序列相关假设，接受工具变量有效性的假设，即工具变量选择有效。其中，东部、中西部地区的滞后项都通过显著性检验，说明前一期的人口城镇化率对当期的人口城镇化率的确有显著影响，进一步验证了人口城镇化率在时间上是相依的。见表5-4。

表 5-4　东部和中西部地区动态面板估计结果

变量与指标	系统 GMM 法	
	东部地区	中西部地区
滞后项	0.857（0.050）***	0.730（0.049）***
公共服务水平	0.086（0.132）	0.021（0.011）*
第二产业产值	0.015（0.161）	–0.042（0.012）***
第三产业产值	0.036（0.071）	–0.088（0.020）***
城镇平均劳动报酬	0.007（0.050）	0.075（0.022）**
城镇居民消费水平	0.011（0.192）	0.031（0.018）
AR（1）	0.941	0.592
AR（2）	0.944	0.898
Sargan	7.989（1.00）	26.749 06（0.531 9）

注：滞后项之后的 6 行括号内数据为标准差；AR（1）和 AR（2）分别表示差分残差项一阶和二阶序列相关的 p 值；末尾行为 Sargan 过度识别检验值

*、**、***分别表示在 5%、1%和 0.1%的显著性水平

表5-4进一步反映了东部地区公共服务水平对人口城镇化率的影响系数为0.086（ $p>0.05$ ），并不显著，可能的原因是东部地区的经济总量、工资水平、发展空间依然是吸引人口迁移的关键因素，即工资收入效应仍起主导作用。中西部地区公共服务水平对人口城镇化率有显著的正向效应，系数为0.021（ $p<0.05$ ），说明中西部地区在经济总量偏低的情况下，地区公共服务水平成为吸引人口迁移的重要因素，东部地区和中西部地区的公共服务水平对人口城镇化率的影响具有明显的区域异质性。

2. 不同公共产品对人口城镇化的效应分析

不同公共产品的外溢性不同，从而对人口城镇化影响不同。为考察不同公共产品对人口城镇化影响的具体作用，本书进一步计算医疗卫生、公共设施、社会保障与就业、公共教育、环境保护、公共安全等六类公共产品的评价指标，并将其作为主要解释变量，纳入动态面板回归模型中，以静态模型的回归值作为参考，回归结果见表5-5。

表 5-5　不同公共产品对人口城镇化影响的静态和动态面板模型回归结果

变量与指标	混合最小二乘估计	固定效应估计	系统 GMM 法
滞后项			0.915（0.011）***
医疗卫生	−0.004（0.051）	0.116（0.021）*	0.017（0.002）**
公共设施	0.050（0.024）*	0.090（0.021）**	0.078（0.008）
社会保障与就业	0.712（0.049）***	−0.161（0.053）	0.209（0.011）*
公共教育	0.119（0.024）**	−0.047（0.014）**	0.089（0.021）*
环境保护	0.221（0.025）***	0.060（0.015）*	0.112（0.007）***
公共安全	−0.156（0.017）	−0.035（0.011）	−0.076（0.023）
第二产业产值	0.131（0.027）***	0.091（0.038）**	0.110（0.014）*
第三产业产值	0.202（0.047）***	0.179（0.054）**	0.154（0.067）
城镇平均劳动报酬	−0.232（0.064）***	0.033（0.032）	0.017（0.005）***
城镇居民消费水平	0.112（.051）*	0.042（0.028）**	0.017（0.015）
常数项	0.161（0.034）***	0.377（0.046）**	−0.010（0.015）**
地区虚拟变量	有	有	有
样本数	300	300	270
R^2	0.914	0.884	
AR（1）			0.746
AR（2）			0.956
Sargan			23.672（0.995）

注：滞后项后面的 12 行括号内数据为残差标准差；AR（1）和 AR（2）分别表示差分残差项一阶和二阶序列相关的 p 值；末尾行为 Sargan 过度识别检验值

*、**、***分别表示在 5%、1%和 0.1%的显著性水平

由表5-5可以看出，系统GMM法估计出的医疗卫生、社会保障与就业、公共教育和环境保护对人口城镇化的效应均显著为正，其中社会保障和就业的影响系数最大，达到0.209（$p<0.05$）。公共教育、医疗卫生、社会保障与就业、环境保护等民生性公共产品具有较强的外溢性特征，因此地方公共产品供给差异可引起人口在城乡和城际之间的流动。

医疗卫生对人口城镇化的效应系数为0.017（$p<0.01$），医疗卫生公共产品对

人口城镇化具有显著的正向促进作用，政府不断增加公共卫生支出满足居民及其家庭不断增加的医疗卫生服务需求，可延长其人均预期寿命，卫生人才、床位、设备等医疗资源在城市的集中可促进城镇化率的提高。

社会保障与就业对人口城镇化的效应系数为0.209（$p<0.05$），若城市具有较高就业的水平、质量和社会保障水平，则在吸引人口流入方面具有较强竞争力。更高质量的社会保障与就业机会促使居民迁移行为更为理性，特别是较高的地区养老金支出水平，使得人们愿意向发达地区迁入，从而提高该地区的城镇化水平。

公共教育对人口城镇化的效应系数为0.089（$p<0.05$），各地区财政收入差异导致对地方财政教育的支出存在较大差异，加上义务教育基本公共服务覆盖城镇常住人口的推进，城镇优质的教育资源使得流动人口特别是家庭式迁移的流动人口，更愿意向具有高水平教育资源的城镇迁移。

环境保护对人口城镇化的效用系数为0.112（$p<0.001$），环境保护的外溢性特征显著，即对人口流动利益的影响显著。大部分城市中噪声污染和雾霾等现象频频出现，环境往往不尽如人意，更重要的是，人们在物质条件有保障的基础上，越来越注重健康和养生，因此，出于宜居环境和健康的考虑，流动人口更愿意向环境保护良好、生态宜居的地区迁移。

公共设施对人口城镇化的效应系数为0.078（$p>0.05$），但是不显著，可能的解释是，完善、有序的公共设施，使在城市中生活、出行更便捷，然而随着全国范围内各地区公共设施落后的现象明显改善，地区公共设施水平逐步提升，地区差异明显缩小，公共设施并没有成为推动流动人口向城市迁移的动力因素。

公共安全对人口城镇化的效用系数同样不显著，可能的解释是，公共安全的外溢性特征并不突出，虽然各地区的治安环境并不完全等同，但整体来看，各城市治安条件普遍趋向良好，这对于人口迁移来说并不是首要的考量因素，人口向城镇迁移的现实行为选择主要基于城镇所能带来的经济收入、教育回报和发展效益，所以公共安全对提高城镇化水平的促进作用不显著。

5.3　主要研究结论及政策建议

新型城镇化的核心在于建立和健全以人为本、均等化的公共服务体系，从而实现包容性发展。本书有别于过去依据静态面板数据进行的模型研究，从动态演进角度分析不同公共产品对人口城镇化的影响效应，发现公共产品差异对人口城镇化具有显著影响，基本验证了蒂布特关于人口通过迁移选择最优公共产品供给的理论。主要结论有：第一，中国公共产品供给水平存在较为明显的区域异质性特征。东部地区公共产品水平普遍超过全国平均水平，中部地区和西部地区公共产品水平普遍低于全国平均水平。第二，动态面板模型估计结果显示，人口城镇化确实存在路径依赖和自我强化；公共产品整体水平对人口城镇化的正向效应显著，但是在东部和中西部地区表现出地区差异：东部地区的正向效应不显著，而中西部地区公共产品水平对人口城镇化的影响是正向的，即中西部地区在经济总量偏低的情况下，公共产品水平成为吸引人口迁移的重要因素。第三，医疗卫生、社会保障与就业、公共教育、环境保护对人口城镇化的效应均显著为正，公共设施和公共安全对人口城镇化水平的影响不显著。

在推进新型城镇化过程中转变政府职能、提升公共产品供给能力，不仅有利于切实保障和改善民生，而且有利于扩大内需并促进经济发展。对此，本书提出以下促进城镇化发展的对策建议：第一，努力缩小地区公共产品水平差异，建立普惠型公共服务体系，促进城镇化均衡发展。中西部地区经济发展相对落后，需从制度入手增加中央财政投入，缩小公共服务的地区和城乡差异。第二，改善当前城乡分割的二元公共服务体制，拆除城乡二元壁垒和地区限制，建立健全与居住证制度相挂钩的基本公共产品提供机制，深层次治理公共产品供给，促使新型城镇化全面协调发展。第三，调整公共产品的供给结构和提高供给水平，积极引入社会资本，提高医疗卫生、社会保障与就业、公共教育和环境保护的供给水平。第四，继续加大进城务工人员的职业教育培训力度，有效提高进城务工人员的社会保险参保比例；以促进流动人口多渠道转移就业为重点，在积极落实流动人口子女“两为主”教育政策的机会公平基础上，更要注重保障的过程公平和结果公平，并建立和落实惠及流动人口的社会保障制度。

第6章　深化户籍制度改革中城市公共服务创新的运行机制研究

流动人口的规模结构、区位分布和需求定位是公共资源配置有效性、前瞻性的基础。本节通过在试点地区发放转移人口抽样调查问卷，首先，重点研究流动人口居住证制度的实施情况及公共服务资源配置对进城务工人员流动的“蒂布特选择”作用机制；其次，建立结构方程模型，应用验证性因子分析和路径分析模型，系统研究其公共服务项目的需求特性，并借鉴和拓展服务质量管理的评估模型，从终端使用者角度对流动人口公共服务满意度、服务质量和服务绩效的评价进行研究；最后，研究流动人口公共产品和公共服务偏好的需求表达机制和信息沟通机制。

6.1　流动人口居住证制度与公共服务供给现状分析

2016年9月30日，《国务院办公厅关于印发推动1亿非户籍人口在城市落户方案的通知》[①]指出，在我国流动人口中，既有农业转移人口，也有城镇户籍人口。此次国务院发文重点部署1亿非户籍人口在城市落户，有利于切实提高城镇化质量，让更多人共享新型城镇化的发展成果，并明确提到，要将进城落户农民完全纳入城镇住房保障体系；落实进城落户农民参加城镇基本医疗保险政策；落实进城落户农民参加城镇养老保险等政策；保障进城落户农民子女平等享有受教育权利。加大对农业转移人口市民化的财政支持力度并建立动态调整机制；建立财政性建设资金对吸纳农业转移人口较多城市基础设施投资的补助机制。2017年3月《国务院关于印发“十三五”推进基本公共服务均等化规划的通知》，确定了公共教育、劳动就业创业、社会保险、医疗卫生、社会服务、住房保障、公共文化体育、残疾人服务等八大领域的基本公共服务清单，并明确了服务对象、服务指导

① 《国务院办公厅关于印发推动1亿非户籍人口在城市落户方案的通知》，http://www.gov.cn/zhengce/content/2016-10/11/content_5117442.htm[2016-10-11]。

标准、支出责任、牵头负责单位等。

《中国流动人口发展报告2018》数据显示，2017年中国流动人口规模达2.44亿人，占总人数的18%，约相当于每6个人中有一个是流动人口，新生代流动人口（1980年以后出生的人）所占比重为65.1%，新生代流动人口中近一半为跨省流动。流动人口数量的增长给城市公共服务供给带来了巨大的挑战，因为中国的公共服务长期以来一直都是以当地户籍人口作为服务对象的，政府作为流动人口公共服务供给的主体，其供给行为受到自身财政激励的约束和引导。一个具有里程碑意义的事件是，自2016年1月1日起施行的《居住证暂行条例》规定了居住证的申领条件及申领的基本流程，同时规定县级以上人民政府及有关部门应当为居住证持有人提供六大基本公共服务，其中包括义务教育、基本公共就业服务、基本公共卫生服务和计划生育服务、公共文化体育服务、法律援助和其他法律服务、国家规定的其他基本公共服务，而且规定还包括补领、换领身份证等七大公共服务便利。

6.2　实施居住证制度的比较分析——以北京市、江西省、江苏省三地为例

城镇基本公共服务以户籍管理制度为基础，公共服务规划和相关政策决定的服务资源配置以户籍人口为基准，使得外来流动人口与户籍人口在享受公共服务上存在差别。尽管我国已经明确了城镇户籍管理制度改革的总体思路，但是不同规模和等级的城市在改革力度上显著不同，规模越大、等级越高的城市，改革力度越小。为此，推行居住证制度就成为一项重要的政策措施，以促使地方政府承担外来流动人口平等享有当地公共服务的责任。本书选取了北京、江西省、江苏省三个省市，从居住证制度的三个制度要件出发，即申领条件、凭证享受服务和权益保障，对三地当前的政策规定进行了简要梳理。见表6-1。

表6-1　北京、江西和江苏三省市居住证制度的现行政策文件

地区	制度规定的文件	出台时间
北京市	《北京市实施〈居住证暂行条例〉办法》	2016年
	《北京市办理暂住登记和居住证实施细则（试行）》	2016年
江西省	《江西省居住证制度实施细则》	2016年
	《江西省流动人口服务和管理办法》	2011年
	《江西省流动人口居住登记和居住证办理工作规范》	2012年
江苏省	《关于进一步推进户籍制度改革的意见》	2014年
	《江苏省流动人口居住管理办法（试行）》	2013年

资料来源：根据三省市居住证制度的现行政策规定整理得到

6.2.1 居住证的申领条件

根据《北京市实施〈居住证暂行条例〉办法》，在京居住6个月以上的来京人员，符合在京有合法稳定就业、合法稳定住所、连续就读条件之一，可以到居住地公安派出所或者公安机关委托的来京人员社区登记服务机构申领《北京市居住证》。实施办法中所说的“稳定就业”，是指未来可能在本市就业6个月以上；“稳定住所”，是指拥有未来可以在本市居住6个月以上的住所；“连续就读”，是指在本市中、小学取得学籍的就读以及在本市中等职业学校、普通高等学校和具有研究生培养资格的科研机构取得学籍并接受全日制学历教育的就读[①]。

离开常住户口所在地，到其他城市居住半年以上，符合有合法稳定就业、合法稳定住所、连续就读条件之一的，可以申领居住证。居住半年以上，是指在居住地居住，并按照《江西省流动人口服务和管理办法》（以下简称《办法》）办理居住登记满半年。按照《办法》规定，由学校、民办高等教育机构负责登记的连续就读人员，可凭学生证、就读学校出具的其他能够证明连续就读的材料证明其已居住半年以上。合法稳定就业，是指被国家机关、社会团体、事业单位录用（聘用），或者被国家机关、社会团体、企事业单位招收并依法签订劳动合同，或者在城镇从事第二、第三产业并持有工商营业执照等。合法稳定住所，是指公民在居住地实际居住具有合法所有权的房屋、保障性住房、租赁房屋、用人单位或就读学校提供的宿舍等。连续就读，是指在全日制小学、中学、中高等职业学校或普通高等学校取得学籍并就读[②]。

根据申领者需要在江西居住的时间长短，居住证有效期为6个月至3年，其中根据2012年江西省修改后的《江西省流动人口居住登记和居住证办理工作规范》，有效期为6个月的居住证可以直接登记申领，证件到期可以直接延期，办理时间也缩短至3个工作日，而且办理居住证不需要任何费用。修改后的《江西省流动人口居住登记和居住证办理工作规范》提出了登记式申领的概念，办理有效期为6个月的居住证，只需要满足十六周岁、拟在居住地居住30日以上的条件即可。这类人群只须去公安机关登记，就可以办理居住证，这称之为登记式申领。

2012年苏州率先启动居住证制度试点，2013年江苏省全面推行居住证制度，江苏省居住证政策在全省13个市全部落地，江苏省积分落户新政走在了全国前列。2013年《江苏省流动人口居住管理办法（试行）》正式下发并实施。该文件规定，“年满16周岁，因务工、经商等拟在居住地居住6个月以上的流动

---

① 市政府法制办解读《北京市实施〈居住证暂行条例〉办法》 申领居住证前应先申报暂住登记，http://www.beijing.gov.cn/zhengce/zcjd/201905/t20190523_77566.html[2016-08-11]。

② 《江西省人民政府办公厅关于印发〈江西省居住证制度实施细则〉的通知》，http://www.jiangxi.gov.cn/art/2016/4/26/art_4642_209633.html[2016-04-26]。

人口，应当在申报居住登记的同时申领登记证”[①]。截至2015年12月，江苏省已发放居住证1800多万张。北京、江西、江苏三省市居住证申请条件如表6-2所示。

表 6-2　北京市、江西省和江苏省对居住证申领条件的政策规定

地区	居住证的申领条件
北京市	有效期为 1 年 在京居住 6 个月以上且符合在京有合法稳定就业、合法稳定住所、连续就读条件之一的外地户籍来京人员
江西省	居住证的有效期限为 6 个月至 3 年 居住半年以上；有合法稳定就业、合法稳定住所、连续就读（三者满足其一）
江苏省	年满 16 周岁，因务工、经商等拟在居住地居住 6 个月以上的流动人口

资料来源：根据三省市居住证制度的现行政策规定整理得到

6.2.2　享受的公共服务和权益保障

居住证持有人可以在居住地依法享受劳动就业，参加社会保险，缴存、提取和使用住房公积金的权利，同时可以享受包括义务教育、基本公共就业服务等在内的六项基本公共服务，以及包括按照国家有关规定办理出入境证件、按照国家有关规定换领补领居民身份证等在内的七项便利。居住证对于流动人口最重要的作用是，持有此证能享受部分与居住地户籍居民同等的公共服务福利。居住证赋予流动人口一定的公共权益，而并非要凭借户口来获得，这是居住证制度的主要意义。

北京市、江西省和江苏省对居住证持有人员享受服务和权益的政策规定大致相同，持证人均可享受相应的权利、基本公共服务与便利。居住证持有人在居住地依法享受劳动就业、参加社会保险、基本公共教育、基本公共就业服务、基本医疗卫生服务、计划生育服务等其他服务；机动车登记、申领机动车驾驶证、参加职业资格考试、办理生育服务登记、办理出入境证件、换领补领居民身份证等便利。北京市、江苏省和江西省明确规定居住证持有人如果符合落户条件或积分落户政策，就可以申请常住户口登记。三省市具体政策规定如表6-3所示。

① 《省政府办公厅关于印发江苏省流动人口居住管理办法（试行）的通知》，http://www.jiangsu.gov.cn/art/2013/11/19/art_65017_346550.html[2013-11-19]。

表 6-3 北京市、江西省和江苏省对居住证持有人员享受服务和权益的政策规定

地区	居住证持有人员享受的公共服务和权益保障
北京市	（1）三权利：居住证持有人依法享有劳动就业、参加社会保险，以及缴存、提取和使用住房公积金的权利。非京籍常住人口在领取居住证后，符合本市积分落户政策的，可参与积分落户 （2）六服务：基本公共教育、基本公共就业服务、基本医疗卫生服务、计划生育服务、公共文化体育服务、法律援助等六项公共服务 （3）七便利：机动车登记、申领机动车驾驶证、参加职业资格考试和申请授予职业资格、办理生育服务和办理出入境业务、换领补领居民身份证等七项便利
江西省	（1）享受权利：劳动就业；参加社会保险、享受相应社会保险待遇；缴存、提取和使用住房公积金；参加民主选举、公共决策、社会事务管理；申请公共租赁住房；乘坐城市公共交通工具享受同等优惠 （2）公共服务：按照“两为主”的原则，统筹安排随迁子女义务教育免试就近入学；享受就业服务免费咨询、职业指导、职业介绍等服务；免费享受基本计生服务，享受传染病防治、儿童预防接种、妇幼保健、老年人健康管理等公共卫生服务；享受公共图书馆、博物馆、文化馆免费开放等公共文化体育服务 （3）享有便利：按规定办理出入境证件；换领补领居民身份证；办理机动车登记、驾驶证；报名参加职业资格考试、申请授予职业资格；办理生育服务登记；子女可按规定在居住地接受义务教育后参加中考和高考；南昌市居住证满 2 年并按规定参加社会保险的人员，本人及配偶、子女、父母可申请常住户口；凡有合法稳定住所（含租赁）的人员，本人及配偶、子女、父母可在当地申请登记常住户口
江苏省	（1）权利：依法参加社会保险并享受相关待遇，申领机动车驾驶证、办理机动车注册登记，享有计划生育、优生优育、生殖健康、预防接种、孕产妇保健等基本公共卫生服务 （2）教育：参加职业技能培训，子女在本市入学接受义务教育，并参加居住地升学考试 （3）落户：符合户籍准入政策条件的，可以申请登记为户籍人口，满足一定条件就可“转正”

资料来源：根据北京市、江西省和江苏省居住证制度的现行政策规定整理得到

6.2.3 居住证人员申办常住户口条件

将居住证的持有状况与申请转入常住户口关联，建立“居转常”的制度通道，这是居住证制度的一个亮点。《北京市实施〈居住证暂行条例〉办法》中明确提出，北京市将根据城市综合承载能力和经济社会发展需要，以具有合法稳定就业和合法稳定住所、参加城镇社会保险年限、连续居住年限等为主要指标，建立积分落户制度[①]；居住证则是通过积分申请登记常住户口的证明。2016年9月苏州实施积分落户政策，2017年2月南京正式实施积分落户政策。外地人落户调整为两个大类：一是国家政策规定落户方式；二是积分落户方式。《江西省贯彻落实国务院办公厅推动1亿非户籍人口在城市落户实施方案》对落户程序进行了标准简化，明确十种情况可在当地申请登记常住户口，南昌市规定只要年满16周岁就可登记申领居住证，领取居住证满2年并按规定缴纳社会保险的，可将常住户口迁入。北京市、江

① 市政府法制办解读《北京市实施〈居住证暂行条例〉办法》 申领居住证前应先申报暂住登记，http://www.beijing.gov.cn/zhengce/zcjd/201905/t20190523_77566.html[2016-08-11]。

西省和江苏省对居住证持有人员申办常住户口条件的政策规定见表6-4。

表 6-4　北京市、江西省和江苏省对居住证持有人员申办常住户口条件的政策规定

地区	居住证持有人员申办常住户口的条件
北京市	根据《北京市积分落户管理办法（试行）》，主要包括申请北京积分落户政策的“4+2+7”框架，即4个资格条件、2项基础指标和7项导向指标。4个资格条件包含持有北京市居住证、法定退休年龄以下、连续缴纳社会保险7年及无刑事犯罪记录；2项基础指标是合法稳定就业、合法稳定住所；7项导向指标是教育背景、居住区域、创新创业、纳税、年龄、荣誉表彰、守法记录指标
江西省	南昌市只要年满16周岁就可登记申领居住证，领取居住证满2年并按规定缴纳社会保险的，可将常住户口迁入。凡有合法稳定住所（含租赁）和合法稳定就业的人员，本人及共同居住生活的配偶、子女、父母，可在当地申请登记常住户口
江苏省	居住证持有人符合居住地政府规定的落户条件，可将常住户口由原户口所在地迁入居住地 建制镇和城区人口50万人以下小城市的落户条件：在城市有合法住所即可 城区人口50万至100万人的中等城市的落户条件：有合法稳定就业、合法住所、参加社保达到一定年限 城区人口100万至500万人的大城市落户条件：有合法稳定就业年限并有合法稳定住所、参加社保达到一定年限（此年限的要求不得超过5年） 城区人口500万人以上的特大城市和超大城市：应当根据城市综合承载能力和经济社会发展需要以具有合法稳定就业和合法稳定住所、参加城镇社会保险年限等为主要指标建立完善的积分落户制度

资料来源：根据三省市居住证制度的现行政策规定整理得到

6.2.4　对居住证制度实施现状的评价

实施居住证制度既是户籍制度改革的过渡措施，又是渐进推动户籍制度改革的重要举措。居住证新政使持证人可以享受与常住人口同样的基本公共服务，这无疑在很大程度上保障了流动人口在居住地的公共服务权益，但也给流入地城市政府造成了较大的公共服务供给压力，使政府的公共财力面临严峻的考验。居住证新政实施过程中出现了以下问题。

第一，居住证新政忽视了低收入群体，服务效率偏低。居住证制度作为长期的阶段性措施，以流动人口广泛登记、申领为预期目标，但是目前一些城市的居住证制度侧重于学历高、正常缴纳社保的收入稳定群体，部分低收入、不符合申领条件的流动人口难以办理，同时宣传不到位，不注重简化办证程序，导致服务效率偏低，这与预期要达到的政策效果有一定程度的违背。

第二，公共服务配套措施推进较为缓慢。居住证制度实施是以含金量为基准的，办理居住证后使得外来人口享有实质性的公共服务。然而，居住证上附带的各种公共就业服务、社会保障、子女教育等公共服务权益没有得到充分实现，这需要进行教育、医疗卫生、就业培训相关制度的配套改革，不断完善和提升公共服务水平和质量，向更高、更深层次的权益扩展。例如，公共教育、廉租房或公租房的申领、统一就业服务和培训、异地结算医疗保险等，这些都要求有坚实的财政基础和信息化手段来支撑。

第三，跨部门信息沟通和协调困难。新的政策实施以后，居住证申办受理机构往往统一为社区事务受理服务中心，隶属于公安部门，而积分管理服务机构为区县人才服务中心，隶属于人力资源社会保障部门。由于现有信息系统不能联网，还难以审核、比对积分申请材料，居住证信息不能在提供服务管理的部门之间共享，很难成为持有者享受公共服务和权益保障的有效凭证，缺乏电子信息存储，不利于持有者的长期使用。

6.3 居住证下基于顾客满意度的流动人口公共服务产品的需求机制研究

现阶段城镇化进程加快推进，大量劳动力涌入城市，出现了数以亿计的流动人口。本书提到的流动人口不再是原本意义上的进城务工人员，而是既包括“城—乡”迁移的人口，也包括“城—城”迁移的人口。在宏观上表现为城市人口的净增加，简而言之，流动人口是指在城市中居住但是户籍非本地的人口。由于历史原因，现存的城乡二元分割的户籍管理制度导致了城乡之间割裂的公共服务模式。由于人口流动性急剧增加，社会矛盾凸显，公共服务分配不均的矛盾逐渐成为制约经济进一步发展的不利因素。政府对于流动人口群体的公共服务也高度关注，2016年国务院实施有利于保障流动人口公共服务权利的《居住证暂行条例》，对流动人口教育、就业、公共卫生等基本公共服务做出规定，还包括补领换领身份证等七大便利。现有研究对流动人口公共服务的关注，相当一部分是从制度、政策等客观层面切入，而忽视了流动人口自我评价、亲身感受等主观方面的探讨。本书在居住证制度改革背景下，侧重于对流动人口享受公共服务主观满意度的分析，从实际出发，运用实证分析将影响流动人口公共服务满意度的相关因素进行更深层次探讨。

6.3.1 研究对象的选择

本书借鉴顾客满意度模型，从用户感知视角对公共服务的供给进行研究。顾客满意度是指已经发生的某一事项满足顾客自身需求和期望的程度，最开始被用于判定顾客对商品的满意度。由于公共服务质量的评价与顾客满意的评价具有很大的相似性，政府和公共部门为了对公共服务实施效果进行评价，所以引用顾客满意度模型。对于民生性公共服务供给的绩效评价，首先必须考虑到流动人口这一特殊群体。

流动人口虽然为流入地的经济做出了不可忽视的贡献，却往往没有享受到与户籍人口对等的公共服务，在获得公共服务方面受到了一定程度的歧视。自《居住证暂行条例》实施以后，流动人口的民生性公共服务有没有得到改善值得进一步深入研究。所以，流动人口能够体验并感知到的政府提供的民生性公共服务是关键，只有流动人口对公共服务的感知水平与质量较高时，才能真正吸引更多的流动人口，才能促进城镇化质量的提升。因此，本书以流动人口民生性公共服务满意度为研究对象，从民生满意度视角来研究流动人口民生性公共服务质量。

6.3.2　问卷的设计和发放

为了研究《居住证暂行条例》实施之后流动人口公共服务的供给情况，使用调查问卷的形式对江西省内流动人口采用随机抽样的原则进行了调查。问卷采用利克特5级量表的方式进行设计，在公共服务满意度题目中，非常不满意、不满意、一般、满意、非常满意分别赋值为1分、2分、3分、4分、5分。根据构建的潜变量的观测变量指标体系及相关文献的分析建立了公共服务满意度的初步问卷，该问卷主要由两部分构成，一部分是被调查者的基本信息，另一部分是公共服务满意度的调查。在正式调查之前，要先进行小范围的预调查。经过小规模调查后，进行量表修订。根据预调查和访谈的结果对调查的问卷多次修改后，形成正式的调查问卷。问卷调查采用随机抽样方法通过网上填写与纸质填写相结合的方式进行收集，共发放问卷500份，经过筛选删除无效及不符合要求的问卷，共得到有效问卷388份，有效率77.6%。

6.3.3　样本的描述性统计分析

对有效样本的统计分析反映了被调查者的基本信息情况，包括被调查者的性别、年龄、婚姻、户口、学历、职业等相关结构。

1. 性别结构

对有效样本的性别结构进行统计分析，男性有246人，占有效样本的63.40%；女性有142人，占有效样本的36.60%（图6-1）。从总体性别构成来看，男性稍多于女性，女性进城务工人数不断增加。在访谈调查中很多女性跟随丈夫进城务工，也有很多人谈到夫妻俩都在外地打工，年幼的子女交给奶奶照顾，他们很想念子女也非常希望子女可以到务工地城市接受更好的教育，但是由于工作而担心不能很好地照顾子女。

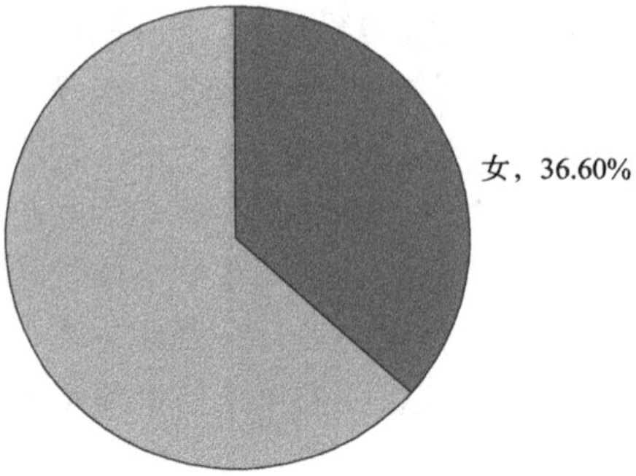

图 6-1　性别结构

2. 年龄结构

调查发现本次有效样本中流动人口主要分布在21~30岁，占总体的68.80%，年轻人外出打工的比例逐渐增加，流动人口以年轻人为主。有效样本中，20岁及以下的有6人，占总体的1.50%；31~40岁的有73人，占总体的18.80%；41~50岁的有39人，占总体的10.10%；50岁以上的有3人，占总体的0.80%（图6-2）。年轻人更愿意在外打拼以谋求更好的发展，希望去大城市发展并定居在大城市，有的则希望年轻时在大城市挣点钱、“镀层金”，然后再回到家乡发展。

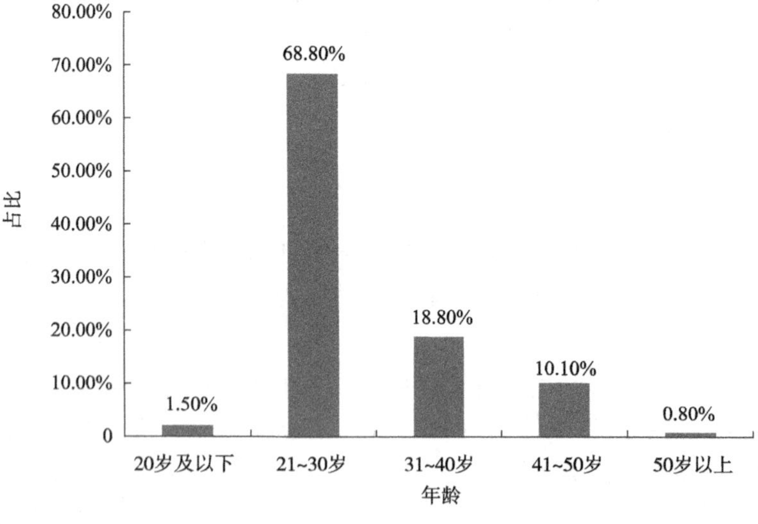

图 6-2　年龄结构

3. 婚姻结构

调查发现本次有效样本中未婚的流动人口占51%，初婚的占45.1%，其余占3.9%（图6-3）。流动人口家庭化迁移态势明显，从而对流入地公共服务的需求呈上升态势。

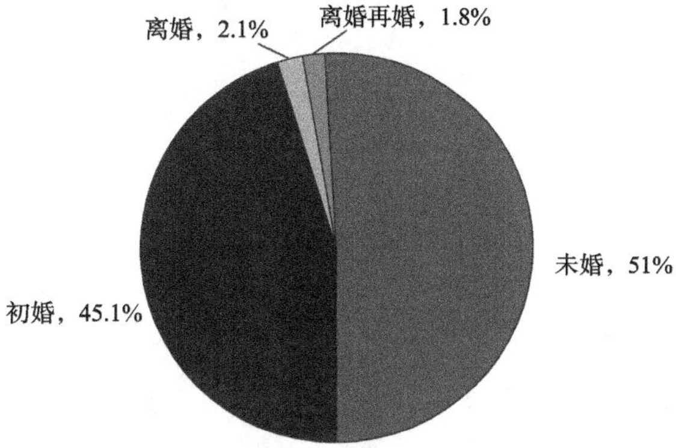

图 6-3　婚姻结构

4. 户口结构

从图6-4中发现，流动人口有效样本中农业户口所占比例达到了60.30%，非农户口占38.40%。随着城镇化程度的不断深入，越来越多的农村人口进入城市，妥善处置好这一大批为城市建设做贡献的流动人口，是每一个为政者都应该考虑的问题，需要破除壁垒，建立居住证与公共服务衔接的制度。

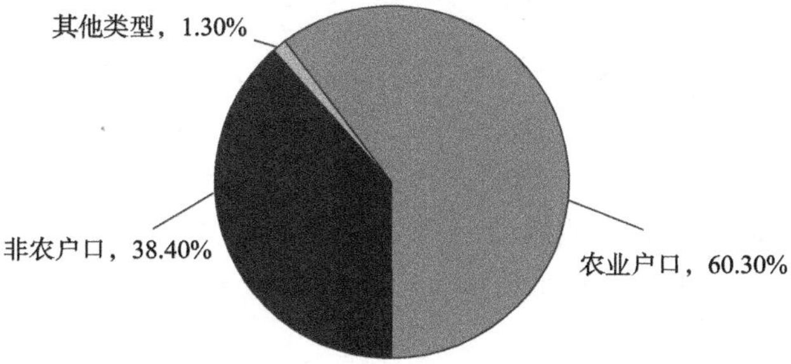

图 6-4　户口结构

5. 学历结构

调查样本数据显示，大专文化程度及以上的流动人口占60.10%，其中本科及以上文化程度的占41.0%，大专文化程度的占19.10%；高中文化程度的占6.70%，职高、中专、技校文化程度的占8.20%，见图6-5。进城务工人员的受教育程度明显提高，从侧面反映出我国居民受教育水平整体上在逐步提高，并且许多年轻的进城务工人员接受了良好的教育，有一定的知识和技术，不再是为生活所迫，而是为了追求自身更好的发展。

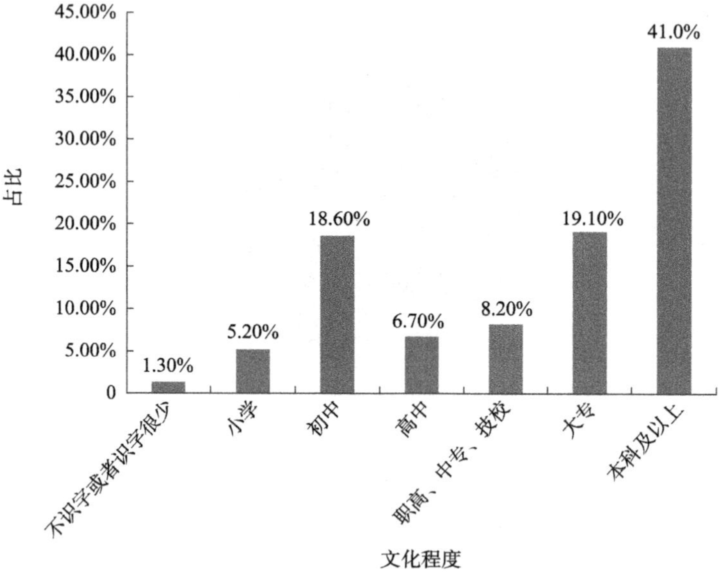

图 6-5 学历结构

6. 职业类型

有效样本中专业技术人员所占比例最高，为23.50%；其次为产业工人，占比为22.40%；商业服务业员工占比18.0%，位列第三，而国家和社会管理者、经理人员、私营企业主、农业劳动者所占比例较少，均不足5%，见图6-6。近些年，商业服务业发展迅猛，员工数量急剧增加。此外，服务业的进入门槛较低，对于一般的进城务工人员来讲，服务业是一个较为容易进入的行业。

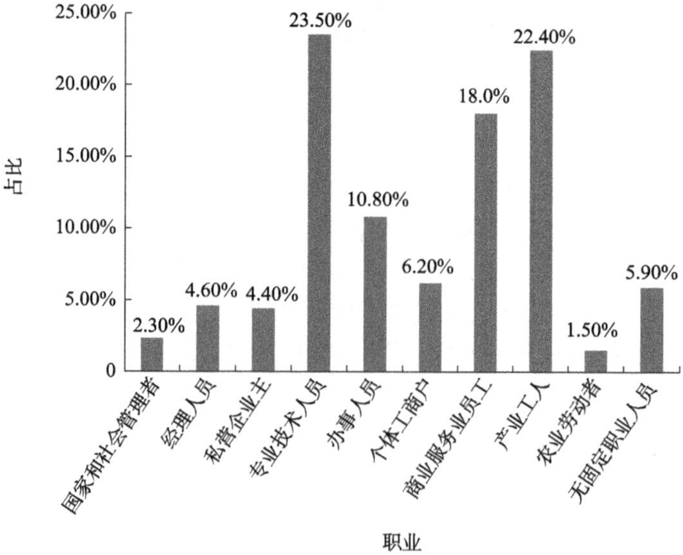

图 6-6 职业类型

7. 收入结构

对有效样本的收入结构进行统计分析，月收入在2000元及以下的所占比例为5.50%；月收入在2001~4000元的占比为33.90%；月收入在4001~6000元的占比为38.60%；月收入在6001~8000元的占比为11.90%；月收入在8000元以上的占比为10.10%，见图6-7。

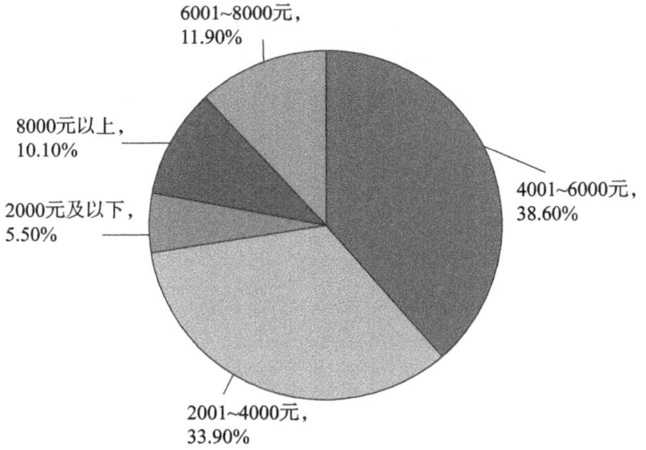

图 6-7　收入结构

6.3.4　模型构建与模型假设

Fornell（1992）建立了美国顾客满意度指数模型，包括顾客期望、质量感知、价值感知、顾客满意、顾客忠诚、顾客抱怨六个因素，其中顾客期望、质量感知和价值感知是对满意度产生作用的原因变量，顾客抱怨和顾客忠诚是顾客满意推出的结果变量。美国顾客满意度模型变量之间的关系如图6-8所示。

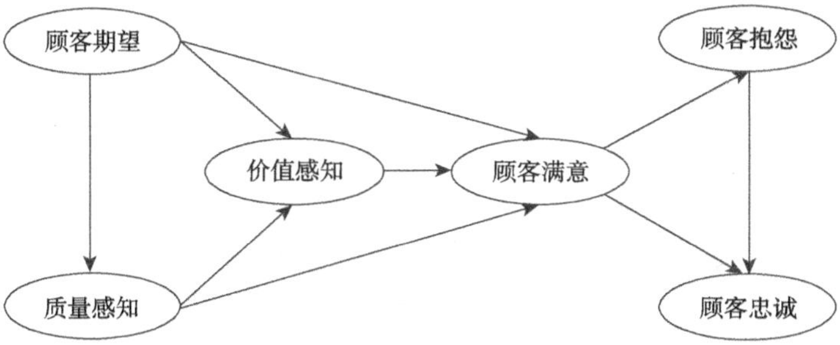

图 6-8　美国顾客满意度模型

国外很早就将顾客满意度模型用于公共服务满意度测度，经过验证取得了不错的效果，目前顾客满意度模型在公共服务质量评价的研究中得到了广泛的应用。

结合中国学者提出的中国公众满意度模型，本书把公众对政府服务质量感知的因素作为构建民生性公共服务公众满意度的基础。受中国政治文化的影响，在接受政府公共服务过程中，多数公众在表达不满时很少选择投诉行为，因此删除了美国顾客满意度模型中的顾客忠诚和顾客抱怨，提出符合公共服务特点的政府部门形象和公众信任两个结果变量。本书在美国顾客满意度模型的基础上将对公共服务效果的评价归纳为公共服务价值感知，保留了公众预期、公共服务满意度和公众信任这三个潜变量，并加入了服务部门形象潜变量。结合美国顾客满意度模型，在相关理论的基础上建立公共服务满意度模型，其路径如图6-9所示。

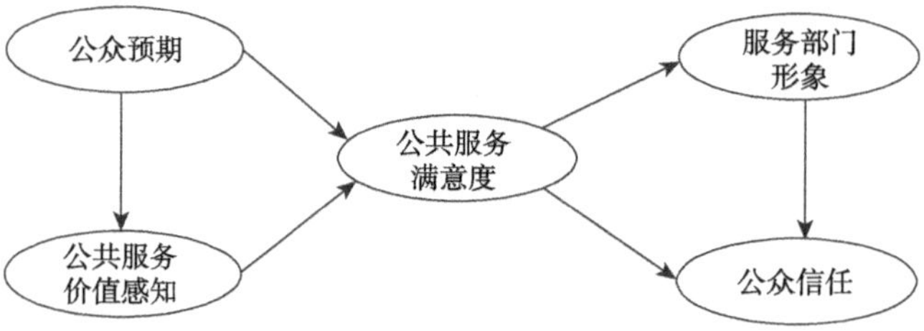

图 6-9 结构方程模型的路径

1. 公众预期

公众预期由美国顾客满意度模型中的顾客期望演化而来，本书将公众预期作为原因变量放在公共服务满意度模型中。公众预期测度的是公众对于民生性公共服务的期望程度，即被调查者根据自身对公共服务的预期给出的主观评分，包括总体期望、居住期望和福利期望三个测量变量。

2. 公共服务价值感知

公共服务价值感知由美国顾客满意度模型中的价值感知演化而来，本书将公共服务价值感知作为原因变量放在公共服务满意度模型中，即被调查者根据自己对公共服务价值的感知进行主观评分，包括财力配置、设施配置、组织配置、经办能力、供给过程和供给效率六个观测变量。

3. 公共服务满意度

公共服务满意度由美国顾客满意度模型中的顾客满意演化而来，公共服务满意度是指公众在享受到各种公共服务之后对公共服务的主观满意度。本书将公共服务满意度放在公共服务满意度模型中，表示如果对公共服务的要求达到了预期，公共服务满意度就会很高，观测变量包括就业培训、医疗卫生、社保满意和住房满意。

4. 服务部门形象

服务部门形象由美国顾客满意度模型中的顾客抱怨演化而来，本书将服务部门形象作为结果变量放在公共服务满意度模型中。服务部门形象测度的是公众对于政府提供公共服务部门形象的主观感知。由于中国的国情及文化传统，一般很少采用抱怨的方式来表示对政府部门的不满。因此，本书将顾客抱怨替换为服务部门形象来衡量公众接受过公共服务之后，对公共服务部门的主管评价，包括工作态度、工作效率和办事流程。

5. 公众信任

公众信任由美国顾客满意度模型中的顾客忠诚演化而来，本书将公众信任作为结果变量放在公共服务满意度模型中。公众信任是指公众对于政府提供公共服务部门信任程度的主观评价，主要包括生活便利和改善生活，指对公共服务能够给生活带来便利和能够改善生活的信任程度。

综上所述，公共服务满意度模型由公众预期、公共服务价值感知、公共服务满意度、服务部门形象和公众信任五个潜变量构成。通过对公共服务满意度的理论研究，在综合分析相关研究之后，结合理论分析，在前人研究成果的基础上对影响公共服务满意度的潜变量提出的假设汇总如表6-5所示，最终理论模型如图6-10所示。

表 6-5　公共服务满意度模型的假设

假设	假设内容
H1	公众预期对公共服务满意度有直接的正向影响
H2	公众预期对公共服务价值感知有直接的正向影响
H3	公共服务价值感知对公共服务满意度有直接正向影响
H4	公共服务满意度对公众信任有直接的正向影响
H5	公共服务满意度对服务部门形象有直接的正向影响
H6	服务部门形象对公众信任有直接的正向影响

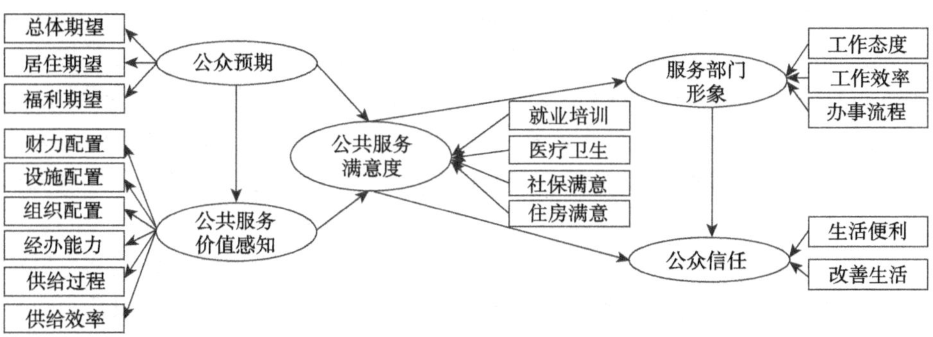

图 6-10　最终理论模型

观测变量是经过理论分析后，依据公共服务满意度模型指标体系创建的，是对相关潜变量的含义进行研究分析及综合考虑观测的难易程度而选取的。在顾客满意度的基础上，对每个潜变量选取了观测变量，并对每个观测变量进行了均值和标准差分析，具体观测变量及描述性分析如表6-6所示。

表 6-6　公共服务满意度测评量表设定和描述性统计

潜变量	观测变量		均值	标准差
公众预期	a_1	公众对民生性公共服务的总体期望	3.28	0.945
	a_2	公众对民生性公共服务的落户和居住期望	3.22	0.971
	a_3	公众对民生性公共服务中享受福利待遇的期望	3.37	0.978
服务部门形象	b_1	当地公共服务部门经办人员的工作态度	3.21	0.827
	b_2	当地公共服务部门经办人员的工作效率	3.10	0.882
	b_3	当地公共服务部门办事流程和手续方便程度	3.16	0.896
公共服务价值感知	c_1	对居住地公共服务财力配置的评价	3.07	0.919
	c_2	对居住地公共服务设施配置的评价	3.16	0.903
	c_3	对居住地公共服务组织配置的评价	3.06	0.914
	c_4	对居住地公共服务经办能力的评价	3.10	0.929
	c_5	对居住地公共服务供给过程的评价	3.15	0.872
	c_6	对居住地公共服务供给效率的评价	3.10	0.908
公共服务满意度	d_1	享有医疗卫生和计划生育的公共服务满意度	3.20	0.890
	d_2	享有社会保障的公共服务满意度	3.18	0.818
	d_3	享有保障性住房或住房公积金的公共服务满意度	2.99	0.816
	d_4	享有就业培训的公共服务满意度	3.09	0.844
公众信任	f_1	居住地生活的便利性和福利	3.49	0.805
	f_2	居住地生活水平的改善	3.51	0.877

从公众预期来看，观测变量均值都大于3.2分，均高于期望值，说明公众对民生性公共服务的预期总体上超过一般水平。服务部门形象潜变量的所有观测变量均值均低于4分，服务部门的工作态度、工作效率和办事流程平均得分分别为3.21分、3.10分、3.16分，均没有达到满意分值4分，并且当地公共服务部门经办人员工作效率均值得分最低，说明相较于政府公共服务部门的工作态度和办事流程来说更应改善。

流动人口公共服务价值感知的观测变量均值都没有达到满意分值4分，其中对居住地公共服务财力配置的评价、公共服务设施配置的评价、公共服务组织配置的评价、公共服务经办能力的评价、公共服务供给过程的评价和公共服务供给效率的评价分别为3.07分、3.16分、3.06分、3.10分、3.15分和3.10分，对组织配置的价值感知最低，为3.06分，对设施配置的价值感知最高，为3.16分，整体上公共服务价值感知水平不高。

公共服务满意度维度的观测变量均值也没有达到满意分值4分，其中享有医疗卫生和计划生育的公共服务满意度为3.20分，享有社会保障的公共服务满意度为3.18分，享有保障性住房或住房公积金的公共服务满意度为2.99分，享有就业培训的公共服务满意度为3.09分，公共服务满意度整体水平不高。流动人口对医疗卫生和计划生育的公共服务满意度不高，其中保障性住房或住房公积金服务是当前阶段流动人口满意度最低的公共服务，对此需要积极推动流动人口享有保障性住房和住房公积金的公共服务。

公众信任维度的观测变量均值也没有达到满意分值4分，其中居住地生活的便利性和福利为3.49分，居住地生活水平的改善为3.51分。

6.3.5　信度和效度检验

信度检验反映了问卷结构和结果的可靠性、稳定性和一致性。在利克特量表中常用Cronbach's α（内部一致性系数）来衡量各个因素的内在一致性，一般信度系数越高表示测量的结果越可靠。一般认为Cronbach's α在0.6~0.65表示不可信，在0.66~0.69表示最小可接受，在0.70~0.79则认为内部一致性相当好，若在0.80~0.89则为非常好，在0.90及以上则为最佳。

SPSS 20.0软件分析结果显示，公众预期、服务部门形象、公共服务价值感知、公共服务满意度和公众信任的Cronbach's α如表6-7所示，均在0.8以上，表明潜变量指标及各测量项的信度非常好，变量之间具有很好的内部一致性，问卷设计可信度较高。

表 6-7　各潜变量信度检验结果

内部一致性系数	公众预期	服务部门形象	公共服务价值感知	公共服务满意度	公众信任	总量表
α	0.823	0.876	0.924	0.910	0.834	0.944

问卷设计质量的效度检验是对测量结果有效性的检验，即问卷的测量结果反映客观现实程度的检验，具体地说就是效度检验必须针对特定的目的功能与适用范围。本书利用因子分析的方法对量表的结构效度进行验证，对样本检验得到KMO（Kaiser-Meyer-Olkin）检验数和Bartlett's球形检验。对于KMO值的标准，一般认为，KMO>0.70为可接受；KMO>0.90则代表结果非常好。累计贡献率反映了公因子对问卷累计的有效程度，本书累计贡献率均在70%以上，说明问卷数据效度很好。区别效度可确定潜变量之间是否具有显著性的差异，可通过因子载荷看出。在显著性水平小于0.01的前提下，标准化的因子载荷大于0.5便认为可以接受。

首先对总体问卷进行因子分析，结果显示KMO值为0.927，Bartlett's球形检验的卡方统计值p值为0.000，小于显著性水平0.001。

公众预期KMO值为0.711，Bartlett's球形检验的p值为0.000，小于0.001。采用方差最大正交旋转法进行因子分析，得到1个解释因子，累计贡献率方差达到73.970%，各测量变量因子负荷系数都达到了0.83以上。

服务部门形象KMO值为0.734，Bartlett's球形检验的p值为0.000，小于0.001，并采用方差最大正交旋转法进行因子分析，得到1个解释因子，累计贡献率达到80.195%，各测量变量因子负荷系数都达到了0.87以上。

公共服务满意度KMO值为0.835，Bartlett's球形检验的p值为0.000，小于0.001，并采用方差最大正交旋转法进行因子分析，得到1个解释因子，累计贡献率达到78.752%，各测量变量负荷系数都达到了0.87以上。

公共服务价值感知KMO值为0.909，Bartlett's球形检验p值为0.000，小于0.001，并采用方差最大正交旋转法进行因子分析，得到1个解释因子，累计贡献率达到72.528%，各测量变量负荷系数都达到了0.82以上。

公众信任KMO值为0.698，Bartlett's球形检验的p值为0.000，小于0.001，并采用方差最大正交旋转法进行因子分析，得到1个解释因子，累计贡献率达到75.071%，各测量变量因子负荷系数都达到了0.81以上。

6.3.6 基于结构方程模型的公众预期、公共服务资源配置评价与流动人口公共服务满意度研究

各维度信度与效度检验结果表明，样本适合进行结构方程建模分析。运用AMOS 20.0对结构方程模型进行拟合并修正，结果表明理论模型总体上通过验证。对模型拟合结果的评价从绝对适配度、简约适配度和增值适配度三类指标来评价，卡方自由度比值（CMIN/DF）、常规拟合指标（NFI）、近似误差均方根（RMSEA）及比较拟合指标（CFI）等进行分析。CMIN/DF的值越小，代表理论模型与实际数据之间的差异越小；IFI（增值适配指数）、NFI、CFI在0~1，越靠近1，RMSEA值越小，表示模型与实际数据拟合得越好。一般情况下，CMIN/DF<4，CFI、NFI大于0.9，RMSEA<0.08，若RMSEA<0.05，则模型非常优良。

对流动人口民生性公共服务满意度测量模型的拟合度测算结果见表6-8。可以看出模型的CMIN/DF为1.999，小于最高上限4；RMSEA为0.051，小于建议值0.08，结果较好。从增值适配指数来看，NFI为0.906，大于0.9；CFI为0.950，大于0.9；IFI为0.951，大于0.9。NFI、CFI、IFI都大于0.9，拟合效果较好。PNFI（简约常规拟合指标）和PCFI（简约比较拟合指标）都大于参考值0.5。总体来说，模型拟合效果较好，模型参数估计结果可以接受。

表 6-8　结构方程模型拟合指标情况

指数名称		拟合实际值	评价标准
绝对适配指数	CMIN/DF	1.999	<4
	RMSEA	0.051	<0.08 较好
增值适配指数	NFI	0.906	>0.9，越接近 1 越好
	IFI	0.951	>0.9，越接近 1 越好
	CFI	0.950	>0.9，越接近 1 越好
简约适配指数	PNFI	0.678	>0.5
	PCFI	0.711	>0.5

本书应用AMOS 20.0软件对设定的公共服务满意度模型进行假设检验，对潜变量之间的标准化路径系数进行估计，模型估计的路径系数结果见表6-9。

表 6-9　模型估计的路径系数

假设（变量之间关系）	标准化系数	标准误差	C.R.	*p* 值	检验结果
H1 公众预期对公共服务满意度有直接的正向影响	0.681	0.074	8.756	***	通过
H2 公众预期对公共服务价值感知有直接的正向影响	0.050	0.062	0.772	0.440	不显著
H3 公共服务价值感知对公共服务满意度有直接正向影响	0.118	0.054	2.124	*	通过
H4 公共服务满意度对公众信任有直接的正向影响	0.613	4.401	0.121	***	通过
H5 公共服务满意度对服务部门形象有直接的正向影响	0.797	0.071	10.010	***	通过
H6 服务部门形象对公众信任有直接的正向影响	0.094	0.091	0.137	*	通过

*表示 $p<0.05$；***表示 $p<0.001$

从表6-9可以看出，公众预期对公共服务满意度的正向效应显著，标准化系数为0.681，在 $p<0.001$ 水平下通过检验，H1得到了验证。公众预期每提升一个单位，公共服务满意度将提升0.681，说明江西省公众预期的提高对公共服务满意度的提升效果明显，政府应当继续提高流动人口对民生性公共服务的期望。

公众预期对公共服务价值感知的正向影响结果不显著，标准化系数为0.050，在 $p<0.05$ 水平下没有通过检验，H2没有得到验证，说明公众预期对公共服务价值感知的提升作用不明显。

公共服务价值感知对公共服务满意度有显著的正向影响，标准化系数为0.118，在 $p<0.05$ 水平下通过检验，H3通过检验。公共服务价值感知每提升一个单位，公共服务满意度将提升0.118，说明可以通过提高公共服务价值感知的方式进一步提高流动人口对公共服务的满意度。在公共服务供给过程中应该重视供给的效率，并积极提高经办能力与效率，在财力配置、组织配置和设施配置方面加强管理，进行合理配置。

公共服务满意度对公众信任有显著的正向影响，标准化系数为0.613，在 $p<0.001$ 水平下通过检验，H4得到验证。公共服务满意度每提升一个单位，公众信任将提升0.613。说明可以通过提高流动人口就业培训、文化教育、卫生医疗和保障性住房等公共服务满意度的方式，提升流动人口对政府改善公共服务的信心。

公共服务满意度对服务部门形象具有显著的正向影响，标准化系数为0.797，在 $p<0.001$ 水平下通过检验，H5得到验证。公共服务满意度每提升一个单位，服务部门形象将提升0.797，说明江西省公共服务满意度能够显著提高服务部门的形象，目前在政府加强职能化改革的过程中，应当注重流动人口就业培训、文化教育、卫生医疗和保障性住房等公共服务满意度的提高，从而提升服务部门形象。

服务部门形象对公众信任具有显著的正向影响，标准化系数为0.094，在 $p<0.05$ 水平下通过检验，H6得到验证。服务部门形象每提升一个单位，公众信任将提升0.094，说明公众信任受服务部门形象的影响，但是影响效果不大。在政府职能转变的当下，政府部门在推进简政放权的同时，要注重“以人文本”的原则，简化办事流程，方便老百姓，加强监管，以人民满意为中心，避免庸政、懒政行为的出现。

从民生满意度的视角对民生性公共服务进行评价，对指标体系进行描述性统计分析发现总体的公共服务满意度不高，还未达到较满意的水平。通过借鉴美国顾客满意度模型建立结构方程模型进行分析，发现公众预期和公共服务价值感知对公共服务满意度的提升效果明显，特别是公众预期能够显著提高公共服务的满意度。另外，发现公共服务满意度对服务部门形象和公众信任的作用显著，并且影响系数较大，分别为0.797和0.613，说明公共服务满意度能够很好地提升政府公共服务部门的形象，增强公众对政府能够提升民生性公共服务的信任。

6.4 户籍制度改革中流动人口公共服务产品的供给机制研究

2016年国务院颁发的《关于深入推进新型城镇化建设的若干意见》进一步提出“推进基本公共服务均等化”和“推进城镇基本公共服务常住人口全覆盖”等战略目标[①]。党的十九大明确指出：新时代我国社会主要矛盾是人民日益增长的美好生活需要和不平衡不充分的发展之间的矛盾[②]。本书从公共服务的生产流程角度，依据流动人口的公共服务需求定位和供给条件，研究建立公共产品供给筹

① 《国务院印发〈关于深入推进新型城镇化建设的若干意见〉》，http://www.gov.cn/xinwen/2016-02/06/content_5039979.htm[2016-02-06]。

② 《习近平：决胜全面建成小康社会 夺取新时代中国特色社会主义伟大胜利——在中国共产党第十九次全国代表大会上的报告》，http://www.gov.cn/zhuanti/2017-10/27/content_5234876.htm[2017-10-27]。

资机制、信息沟通机制、组织机制、激励机制和监督机制，深入分析户籍制度改革新形势下居住证制度与提供基本公共服务之间的耦合衔接机制，研究促使各组织之间能够有序、协同供给流动人口公共服务产品的运行机制，如图6-11所示。

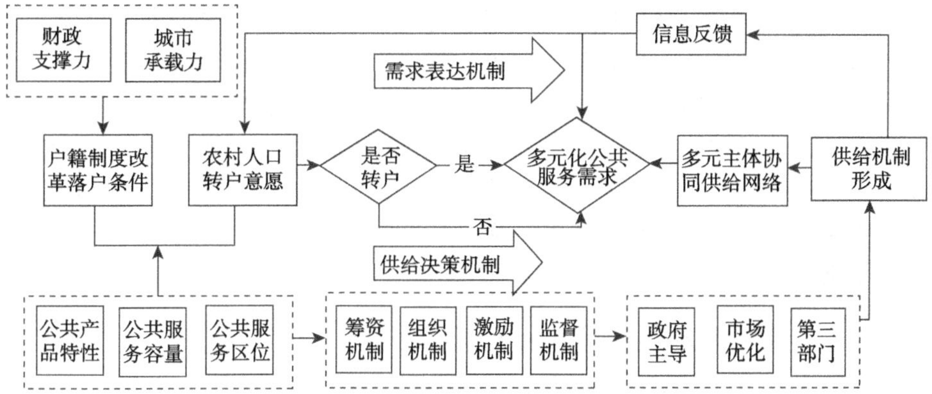

图 6-11　深化户籍制度改革中公共服务创新的协同运行机制

6.4.1　多元化公共产品供给的筹资机制

流动人口公共产品需要采用政府供给和私人收费相结合的供给模式，必须积极探索政府、企业、社会、非营利组织等主体的多中心合作模式，共同承担投入成本，鼓励充分竞争，通过合作生产和有效解决矛盾的机制保障多中心的有效运作。创立并实施多元化的培训资金投入机制，并推动公共服务供给模式的创新。由于流动人口家庭化迁移等新特征对基本公共服务供给的内容和质量提出了更高要求，以及长期以来流动人口公共服务产品供给主体单一及流入地和流出地政府之间公共责任划分不明确等原因，出现了流动人口公共产品供给不足的现象。因此，需要根据人口流动总体水平、区位分布和服务支出项目，合理划分中央与地方、地方各级政府间筹资责任，调动流出地和流入地双方政府的积极性，合理匹配流出地和流入地的公共财政资金与公共服务项目，按照“以政府投入为主、营利性组织和社会志愿组织积极参与、受益主体为辅”的多元投入原则，逐步消除流动人口与户籍人口之间存在的公共服务水平的差异，建立公共产品多元化筹资投入机制，促进劳动力的合理、正常流动。

以流动人口培训项目为例，虽然各级政府针对以进城务工人员为主体的培训经费投入总量并不少，但是相对不足。这主要表现在两个方面：一是人均经费不多；二是培训资金只占整个教育投入中很少的一部分。根据《2017年全国农民工监测调查报告》，接受过农业或非农职业技能培训的进城务工人员仅占32.9%，培训滞后的关键瓶颈在于政府和用人单位培训经费投入严重滞后，多元化、多渠道的培训投入机制尚未形成，需要开辟各项经费筹措渠道，建立进城务工人员培训专项基金。同时，考虑到不同地区、不同经济条件的进城务工人员情况，按照“政府为主、企业为辅和进城务工人员个人补充”的原则，鼓励各职业培训机构和企业及中国青年创业就业基金会、中华慈善总会、红十字会等社会团体通过直接捐赠、联合办学等形式支持进城务工人员教育培训，不断扩大培训资金规模。进城务工人员培训需求较大，仅依靠政府增加投入来解决其培训资金供给短缺问题，是远远不够的。政府应通过引导和鼓励社会资源参与到进城务工人员培训中来，增加培训资源，新建和扩建一批新生代进城务工人员培训基地和培训学院，以培训专项基金、奖学金、援助基金等名义开展培训，拓展经费来源渠道。同时，鼓励金融机构为公共实训基地建设和校企合作的职业院校提供融资服务，保证培训机构和培训学校拥有较充裕的资金。

6.4.2 多元化公共产品供给的组织机制

依据整体政府理论和多中心理论，以新信息技术为基础，因地制宜地选择公共服务供给方式和供给模式，充分发挥政府在宏观调控和资源配置方面的优势，强调各利益相关者和组织的参与、互动、协调与合作，关注全局效益和结果导向。纵向上，明确中央、省级政府、市县政府在流动人口公共服务供给职责中的分工，并且流入地与流出地政府在合作协议框架下设立联合办公室，以社区和街道为主要载体，构建多元化公共产品的沟通、共享、信任、协调等纵向和横向协作性组织网络，优化服务网络治理结构，提高公共服务资源供给能力。单纯依靠政府供给公共物品并不能满足全国不同流动人口的公共服务需求，需要建立省市级层面的流动人口公共服务协调供给中心，各部门统筹规划、统一协调和衔接公共服务政策，合理配置资源，根据流动人口的公共服务实际需求，突出政府主体地位，与社会化组织合作，积极调动政府、营利性组织和社会志愿组织的优势与资源，在公共服务产品供给方面优势互补，实现信息、资源共享。此外，需要社区在供给流动人口公共产品方面发挥其自身独特作用，能满足这部分人口的特殊需求。需要充分发挥社区组织在提供公共服务、参与社区管理方面的积极作用，重视公共服务供给体系的改革与社会组织的发展建设。

鉴于政府、营利性组织及非营利性组织在公共服务配置方面具有不同表现，需探索构建集中、一体的多元化协同组织供给网络。建立开放、多元的公共服务供给模式，有助于实现公共服务供给的整体倍增效应，从而解决流动人口公共服务供需不匹配难题（张晓莉，2008）。政府、营利性组织和社会志愿组织的多元化协同供给网络有利于形成“竞争—合作—协调”的生产体系，节约组织交易成本，增强公共服务供给中供求匹配度，促进社会公共资源优化配置、降低公共服务生产成本及提高整体供给效能。多元化协同组织网络所提供的公共服务，不仅能够满足流动人口日益增长的公共服务需求，还能够迎合流动人口公共服务需求的多样化、动态化变化趋势。

6.4.3　多元化公共产品供给的激励机制

长期以来流动人口家庭化对公共产品的直接需求和引致需求与政府提供公共产品的能力之间存在较大差距，其中激励机制的落后是重要原因之一。由于在流动人口公共产品供给中，各多元化供给主体在动机、目标、利益等方面各不相同，容易产生利益冲突，激励机制的建立能有效调动各个行为主体的积极性并有效地完成目标任务。因此，需要进一步完善流动人口公共产品的多主体有效供给并保障各主体协同合作，使行为主体明白在公共产品供给领域应该做什么，不应该做什么。但是由于供给主体的特征、优势及职责各不同，对各主体相应的激励约束机制也不尽相同。

首先，建立针对政府主体的激励机制。采取必要激励机制，积极改革干部考核制度，对干部进行有效监督，从是否积极参与流动人口公共产品的活动、是否促进流动人口公共服务均等化和是否积极推进基本公共服务覆盖城镇常住人口等入手，考察流动人口公共服务需求是否得到有效满足。同时，建立有效的考核指标，针对流动人口公共产品供给方式、供给数量及供给效率等建立科学的考核标准。按照公共选择理论的观点，政府及其官员也是经济人，也以追求自身利益最大化为目的，同样具有自利化的动机和要求，通过制定有效的激励考核机制，防止政府及其官员偏离社会公共利益目标，制约政府权力滥用和腐败现象发生，降低公共产品成本、提高效率和保证服务质量。因此，需要建立起以结果为导向的有效激励与约束机制，以民生为本，从满足流动人口的公共利益为出发点，建立流动人口公共产品的绩效评估体系，实现资源的有效配置。

其次，建立针对营利性组织的激励机制。由于信息不对称和道德风险的存在，营利性组织可能隐藏自身的重要信息，政府与营利性组织之间的这种委托代理关系，可能会给公共服务供给效率带来风险，容易导致公共服务质量得不到有效保障。因此，政府购买流动人口的基本公共服务，不仅需要引入竞争机制，设立市场准入与退出的标准和过程机制，建立政府对服务承接主体的激励政策体系，而且需要拓展购买公共服务产品的渠道，通过公开招标、合同、委托等方式向营利性组织购买，另外要加大流动人口的公众评价对营利性组织服务考核中的公共评估比重。

最后，建立针对社会组织的激励机制。政府需采取财政支持、声誉激励、税收优惠、补贴和特许经营等方式激发社会组织供给的积极性。通过完善相关法规制度，落实税收补贴制度，推动社会组织的自身能力建设，有利于弥补政府投入资金的不足，减少政府的寻租行为发生。通过实施激励与约束的重要制度保障，分析公共政策的激励相容约束条件，形成多主体参与流动人口公共产品供给的激励竞争机制，通过设置激励报酬的方式实现公共服务资源配置的最优。

6.4.4 多元化公共产品供给的监督机制

流动人口的公共服务管理是一项系统性工作，涉及公共教育、卫生计生、公共培训等多部门的协作，存在监管难题。在协同和整体分析框架下，多元公共产品供给的监管机制不仅要注意公共服务投入指标，还要考虑公共服务过程指标和公共服务绩效指标，从一体化政策角度深入研究公共服务资源配置结构和影响运行机制的关键因素，在农村转移人口公共服务偏好、多元化供给主体和多种特性公共产品特性分析基础上，建立多元主体监管体系，加强过程监管，完善评估机制，明确监管的主体、内容和运行机制，建立购买者、承接者、使用者、评估者“四元一体”的流动人口公共服务监督机制，提高公共服务资源配置效率、运营效率、利益整合和公平程度，最终提升政府对转移人口公共服务的质量和水平。

因此，必须建立与激励机制相适应的对公共服务承接主体的监督机制，在公共服务承接主体中充分引入竞争机制，以政府服务对象的评价为主，同时加大流动人口公众评价对承接公共服务主体服务考核的影响比重。例如，在流动人口公共就业服务领域，建立健全流动人口就业培训工作网络，通过健全法规、完善制度，加强公共服务中介组织的市场准入、监督、管理。

第7章　社会阶层认同、公共服务满意度与居民主观幸福感的研究——基于农业和非农户籍人口的比较分析

随着中国经济快速发展，人民的物质生活水平显著提升，但是不少人的幸福感并没有同步提升，因此，居民幸福感成为社会各界高度关注的热点问题。党的十九大报告指出，进入新时期，中国社会主要矛盾已经转化为人民日益增长的美好生活需要和不平衡不充分的发展之间的矛盾。郑功成（2017）指出，坚持以人民为中心、满足人民对美好生活的需要、走共同富裕的发展道路已经成为新时代的最强音。一些地方政府开始有意识地将提升居民幸福水平作为施政的重要任务之一，学术界也有许多学者从不同角度挖掘居民幸福感的影响因素。例如，Clark等（2008）、鲁元平和王韬（2011）认为收入水平与个人主观幸福感之间存在正相关关系，低收入者的幸福感低于高收入者的幸福感；Blanchflower和Oswald（2004）、Dolan等（2008）认为居民健康状况、婚姻状况、就业情况等社会人口学特征会对居民幸福感产生影响；还有学者Welsch（2006）、Brereton等（2008）结合收入和空气污染数据，研究居民幸福感如何随着环境条件的变化而变化。然而，目前许多学者对于居民幸福感的关注主要集中在人口学特征（年龄、健康状况等）、就业、收入、生态环境等方面，容易忽略人们所处的社会阶层认同及公共服务满意度对居民幸福感的影响。随着公共服务质量的提升，居民幸福感更多来自对公共服务的体验，即提供的公共服务是否使人满意，居民对公共服务满意程度越高，幸福感就会越强。另外，我国社会大规模、高速度的阶层分化、重组及由此带来的社会地位关系的变化，容易影响人们的相对剥夺感，进而影响居民的心理幸福感。因此，为了进一步提升居民幸福感并更好地构建和谐社会，有必要从社会阶层认同和公共服务满意度角度深入探究对居民幸福感的影响。

公共服务满意度是指公民在接受公共教育、医疗卫生、住房保障、社会管理等公共服务后的实际感受与其期望相比的差异程度，比值越大，则公共服务满意

度越高。

从既有文献可以看出，目前研究主要集中在年龄、就业、收入等人口学特征因素对居民幸福感的影响上，缺乏将社会阶层认同、公共服务满意度和居民幸福感共同纳入一个完整分析框架的研究，缺乏对不同群体居民幸福感差异的深入探讨。在使用统计方法上，主要采用Logistic回归的方法，往往忽视多变量之间的相互作用关系。本书构建社会阶层认同、公共服务满意度与居民幸福感的结构方程模型路径图的主要依据如下：第一，依据参照群体理论，居民幸福感往往是通过与他人的比较获得的，如果自身社会阶层认同显著高于周围的参照群体，那么居民幸福感可能越强；第二，依据幸福经济学，高质量的公共服务，如公共教育、医疗卫生、住房保障、劳动就业等与民生息息相关的公共服务，不仅能增加居民的相对收入，而且是居民幸福感的重要来源。鉴于此，本书基于中国综合社会调查的最新数据，建立结构方程模型分析社会阶层认同、公共服务满意度对居民幸福感的直接和间接影响，并深入探讨“60后”“70后”“80后”“90后”群体及农业户口和非农业户口群体社会阶层认同与居民幸福感之间的差异，具有非常重要的实际意义。此外，关于中介效应的检验，以往通常采用的是传统的Sobel检验法，本书运用估计更为准确、推断功效更高的偏差修正的Bootstrap中介效应模型进行检验，以验证公共服务满意度在社会阶层认同与居民幸福感之间的中介效应。

7.1 文献回顾与研究假说

7.1.1 社会阶层认同与居民幸福感的关系

社会阶层认同是指个人对自己在社会阶层结构中所占据位置的感知程度。参照群体理论认为，在自我与他人的比较过程中，个体满意与否，根据自己的实际情况同所在群体其他成员的实际情况的比较来确定。一旦人们认为自己相对处于弱势时，即使自身境况在绝对水平上得到了很大改善，但由于他们在群体中的社会阶层认同程度相对下降，从而产生了相对剥夺的感觉，幸福感会随之降低。因此，当居民社会阶层认同相对较高时，相对剥夺感会降低，幸福感就会随之上升。

从现有文献来看，主要从社会经济阶层和社会阶层流动性预期两个维度研究社会阶层认同对居民幸福感的影响。Liang和Wang（2014）认为社会经济地位和城乡居民的审慎认同保持在平等的条件下，则城乡居民的幸福感没有显著差异。张海东和杨城晨（2017）认为居民社会阶层认同越高，幸福感就越高，反之则越低。徐淑一和陈平（2017）基于公平感知视角采用2012年和2014年的中国劳动力动态调查数据进行实证分析，发现社会阶层是影响居民幸福感的重要因素。基于上述研究，本书提出以下研究假说：

H7：社会阶层认同对居民幸福感产生正向影响。

7.1.2　社会阶层认同与公共服务满意度的关系

林南（2005）的社会资源理论指出，当人们的社会地位越高时，摄取社会资源的机会就越多；网络成员的社会地位水平决定个体拥有社会资源的数量和质量。因此，居民的社会阶层认同越高，依据社会阶层能够获取社会资源的机会就越多，意味着能够优先占有公共服务资源，从而有利于获得更多、更高质量的公共服务，因而社会阶层认同水平高，有助于提高公共服务满意度。卢福营和张兆曙（2006）认为，社会地位等级往往是各种客观资源（包括公共服务）占有程度的主观反映，而公共服务资源的占有量将直接影响公共服务满意度的差异。社会地位等级较低可能会带来被剥夺的消极情绪，这种消极情绪极易被带到日常生活中，如公共服务的生活体验，以至于造成公共服务满意度的差异。Pratto等（2006）认为，公共服务满意度随着社会地位的变化而变化，即高社会地位的群体，公共服务满意度较高。乐志强（2016）基于中国综合社会调查数据，对511名居民公共服务满意度的影响因素进行分析，发现社会地位对流动人口义务教育公共服务满意度有正向作用，但并不显著。姬生翔和姜流（2017）采用建立结构方程模型的方法进行研究，认为社会地位等级越高，对公共服务满意度越高。故而，社会地位与公共服务满意度之间存在正向关系。基于上述研究，提出以下研究假说：

H8：社会阶层认同水平越高，公共服务满意度越高。

7.1.3　公共服务满意度与居民幸福感的关系

以Oswald（1997）为代表的幸福经济学认为，若政府提供的廉价公共品较多，则居民的相对收入会随之增长，居民的幸福感也就越强；失业、收入差距、生活环境及社会保障等方面的公共治理问题对居民幸福感也会产生显著的影响。公共服务不仅是造福民生的关键举措，也是增加社会公共福祉的重要战略。刘寒波（2014）指出，在新常态下，政府的重要职能是通过提供人们共同需要的公共服务来使居民获得幸福，从而推动现代服务型政府的建立。周绍杰等（2015）认为，公共服务质量对居民幸福感有显著影响，居民非常重视公共服务质量和服务方式，公共服务满意度是衡量公共服务质量的一个标准。因此，公共服务满意度对居民幸福感有显著的影响，公共服务满意度越高，居民幸福感水平越高。丁述磊（2016）使用中国28个省区市3949名居民的有效微观调查数据，研究发现，基本住房保障、医疗卫生等公共服务对居民幸福感具有显著的正向影响。伍如昕（2017）对中国56个城市的居民进行调查，研究发现，基本公共服务供给会直接影响居民幸福感。因此，对于公共服务满意度对居民幸福感的影响仍存在探讨的空间。基于上述研究，提出以下研究假说：

H9：公共服务满意度对居民幸福感存在正向影响。

7.2 研究方法、数据来源与样本描述性统计

7.2.1 研究方法

本书主要运用结构方程模型进行分析，吴明隆（2009）指出，结构方程模型包含测量模型与结构模型两种模型。测量模型由潜在变量与观测变量组成。测量模型的回归方程式如下：

$$X = \Lambda_X \xi + \delta \quad (7\text{-}1)$$

$$Y = \Lambda_Y \eta + \varepsilon \quad (7\text{-}2)$$

其中，ε 与 η 无关，而 δ 与 ξ 也无关。Λ_X 与 Λ_Y 为指标变量（X、Y）的因素负荷量；δ 与 ε 为外因变量的测量误差；ξ 与 η 分别为外因潜在变量和内因潜在变量。

结构模型为潜在变量间或一组观察变量与潜在变量间的联结关系。结构模型的回归方程式如下：

$$\eta = B\eta + \Gamma\xi + \zeta \quad (7\text{-}3)$$

其中，B 与 Γ 为估计的参数；ζ 为残差。

7.2.2 数据来源

本节所使用的数据来源于2015年中国综合社会调查。该调查是由中国人民大学与香港科技大学共同牵头的一项全国性大型社会抽样调查。本次调查范围共包含除西藏、海南、新疆、香港、澳门、台湾之外的28个省区市，共回收问卷10 968份，根据所选择变量，剔除“拒绝回答”“不知道”“不适用”的样本，得到无缺失值样本7373个，涵盖了全国各个地区，样本数据具有一定的代表性。具体样本结构详见表7-1。

表 7-1 样本结构

变量		频数	百分比
性别	男	3469	47.1%
	女	3904	52.9%
年龄	30 岁及以下	949	12.9%
	31~49 岁	2294	31.1%
	50~69 岁	2897	39.3%
	70 岁及以上	1233	16.7%

续表

变量		频数	百分比
户口状况	农业户口	4955	67.2%
	非农业户口	2418	32.8%
婚姻状况	已婚	5709	77.4%
	其他	1664	22.6%
学历	小学及以下	2845	38.6%
	初中	2143	29.1%
	中专或高中	1279	17.3%
	大学及以上	1106	15.0%

7.2.3 变量说明与描述性统计分析

此结构方程模型包含3个潜在变量和16个观测变量，其中，社会阶层认同为自变量，公共服务满意度为中介变量，居民幸福感为因变量，变量说明与描述性统计分析详见表7-2。

表 7-2 变量说明与描述性统计分析

变量		均值	标准差	定义及分布
社会阶层认同	“您认为您自己目前在哪个等级上”（A_1）	2.49	0.83	1=非常低；2=比较低；3=一般；4=比较高；5=非常高
	“您认为您 10 年前在哪个等级上”（A_2）	2.10	0.86	1=非常低；2=比较低；3=一般；4=比较高；5=非常高
	“您认为您 10 年后将会在哪个等级上”（A_3）	2.90	0.97	1=非常低；2=比较低；3=一般；4=比较高；5=非常高
	“您认为在您 14 岁时，您的家庭处在哪个等级上”（A_4）	1.88	0.89	1=非常低；2=比较低；3=一般；4=比较高；5=非常高
公共服务满意度	公共教育（B_1）	3.89	0.85	1=非常不满意；2=比较不满意；3=一般；4=比较满意；5=非常满意
	医疗卫生（B_2）	3.74	0.88	1=非常不满意；2=比较不满意；3=一般；4=比较满意；5=非常满意
	住房保障（B_3）	3.60	0.94	1=非常不满意；2=比较不满意；3=一般；4=比较满意；5=非常满意
	社会管理（B_4）	3.72	0.85	1=非常不满意；2=比较不满意；3=一般；4=比较满意；5=非常满意
	劳动就业（B_5）	3.60	0.91	1=非常不满意；2=比较不满意；3=一般；4=比较满意；5=非常满意
	社会保障（B_6）	3.71	0.89	1=非常不满意；2=比较不满意；3=一般；4=比较满意；5=非常满意

续表

变量		均值	标准差	定义及分布
公共服务满意度	低保与灾害等基本社会服务（B_7）	3.69	0.94	1=非常不满意；2=比较不满意；3=一般；4=比较满意；5=非常满意
	公共文化与体育（B_8）	3.74	0.88	1=非常不满意；2=比较不满意；3=一般；4=比较满意；5=非常满意
	城乡基础设施（B_9）	3.76	0.89	1=非常不满意；2=比较不满意；3=一般；4=比较满意；5=非常满意
居民幸福感	“总的来说，您觉得您的生活是否幸福”（C_1）	3.88	0.80	1=非常不幸福；2=比较不幸福；3=说不上幸福不幸福；4=比较幸福；5=非常幸福
	“您觉得您目前的身体健康状况是”（C_2）	3.66	1.06	1=很不健康；2=比较不健康；3=一般；4=比较健康；5=很健康
	“您的家庭经济状况在所在地属于哪一档”（C_3）	2.68	0.71	1=远低于平均水平；2=低于平均水平；3=平均水平；4=高于平均水平；5=远高于平均水平

对公共教育、医疗卫生、住房保障、社会管理、劳动就业、社会保障、低保与灾害等基本社会服务、公共文化与体育、城乡基础设施9个观测变量的得分进行预处理，将其分值按照总体20%、40%、60%、80%分位数划分，分别为20%及以下表示非常不满意，取值为1；21%~40%表示比较不满意，取值为2；41%~60%表示一般，取值为3；61%~80%表示比较满意，取值为4；81%及以上表示非常满意，取值为5。这使得公共服务满意度观测变量的测量范围与其他两个潜在变量的观测变量测量范围相一致。

7.3 模型实证与结果分析

借助AMOS 22.0软件构建结构方程模型，使用极大似然法估计居民社会地位、公共服务满意度对居民幸福感的影响，并采用偏差修正的Bootstrap方法检验公共服务满意度在社会地位与居民幸福感之间的中介效应。其中，选取绝对适配指数、增值适配指数和简约适配指数的拟合值对模型拟合度进行评价，并且根据修正指数对模型进行调整修正。

7.3.1 模型拟合度分析

表7-3反映了结构方程模型与所调查数据的拟合程度，实证结果表明，该模型的拟合优度较好，绝对适配指数中调整后的AGFI（简约适配度指数）和RMSEA都在容许范围内（p=0.000；AGFI=0.923>0.90；RMSEA=0.068<0.08）。因此，本书构建的模型拟合水平是可接受的。

表 7-3　模型的拟合指标值

指数名称	拟合指标	评价标准	模型结果	拟合情况
绝对适配指数	GFI	>0.90	0.943	理想
	AGFI	>0.90	0.923	理想
	RMSEA	<0.08	0.068	理想
增值适配指数	NFI	>0.90	0.942	理想
	IFI	>0.90	0.944	理想
	CFI	>0.90	0.944	理想
简约适配指数	PGFI	>0.50	0.700	理想
	PNFI	>0.50	0.793	理想
	PCFI	>0.50	0.794	理想

7.3.2　模型路径分析

社会阶层认同、公共服务满意度与居民幸福感之间的效应关系路径和路径系数如图7-1所示，图中的系数均为标准化系数。

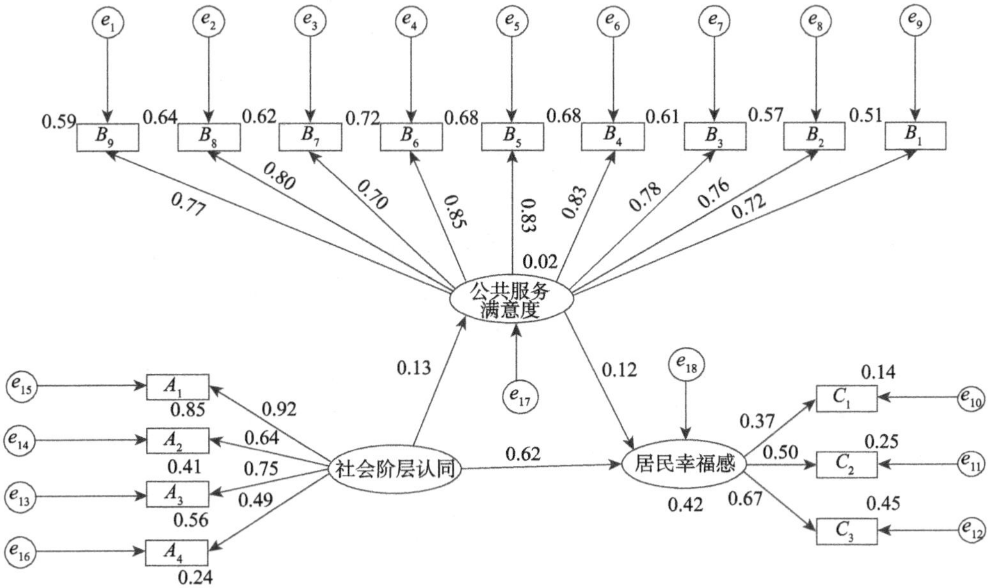

图 7-1　社会阶层认同、公共服务满意度与居民幸福感的模型路径

结合所建立的结构方程模型路径图7-1和假设检验结果表7-4，可以得出如下结论：

表 7-4　结构方程模型路径系数的假设检验结果

变量	标准化路径系数	标准差	临界值	p 值	假说	检验结果
社会阶层认同→居民幸福感	0.620	0.028	20.538	0.000	H7	支持
社会阶层认同→公共服务满意度	0.130	0.021	10.315	0.000	H8	支持
公共服务满意度→居民幸福感	0.120	0.009	7.785	0.000	H9	支持

第一，社会阶层认同能显著提升居民幸福感。从表7-4结构方程模型的标准化路径系数可看出，社会阶层认同对居民幸福感的路径系数为0.620（ $p<0.001$ ），即社会阶层认同提高1个百分点，居民幸福感平均提升0.620个百分点。从幸福经济学角度来看，主观幸福感往往是社会比较的结果，较高的社会阶层认同往往意味着更高的收入和非收入效益，如名望地位的建立、生活质量的改善和获得社会尊重，都有利于提升居民幸福感。H7：社会阶层认同对居民幸福感产生正向影响，得到验证。

第二，社会阶层认同能显著提升公共服务满意度。从表7-4结构方程模型的路径系数可看出，社会阶层认同对公共服务满意度的路径系数为0.130（ $p<0.001$ ），即社会阶层认同提高1个百分点，公共服务满意度平均提升0.130个百分点。社会阶层认同的提升，往往意味着能够优先占有公共服务资源，从而有利于获得更多、更高质量的公共服务，因而社会阶层认同对公共服务满意度具有直接的正向影响。H8：社会阶层认同水平越高，公共服务满意度越高，得到验证。

第三，公共服务满意度对居民幸福感有正向影响。从表7-4结构方程模型的路径系数可看出，公共服务满意度对居民幸福感的路径系数为0.120（ $p<0.001$ ），即公共服务满意度提高1个百分点，居民幸福感平均提升0.120个百分点。公共服务满意度的提高，即公共教育、医疗卫生、住房保障、社会管理、劳动就业、社会保障、低保、公共文化、城乡基础设施等满意度的提升，有利于提高居民幸福感，公共服务满意度对居民幸福感具有直接的正向影响，H9：公共服务满意度对居民幸福感存在正向影响，得到验证。

7.4　公共服务满意度的中介效应检验

为了检验公共服务满意度对社会阶层认同与居民幸福感之间的关系是否存在中介效应，本书并没有采用传统的Sobel检验方法，主要因为Sobel检验具有一定局限（Hayes，2009；Mackinnon et al.，2007），Sobel中介效应的模型概念见图7-2。其中，a 为自变量 X 对中介变量 M 的作用效应；b 为在控制 X 的情况下，M 对因变量 Y 的作用效应；c 为在控制 M 的情况下，X 对 Y 的作用效应；e_1 和 e_2 为残差项。

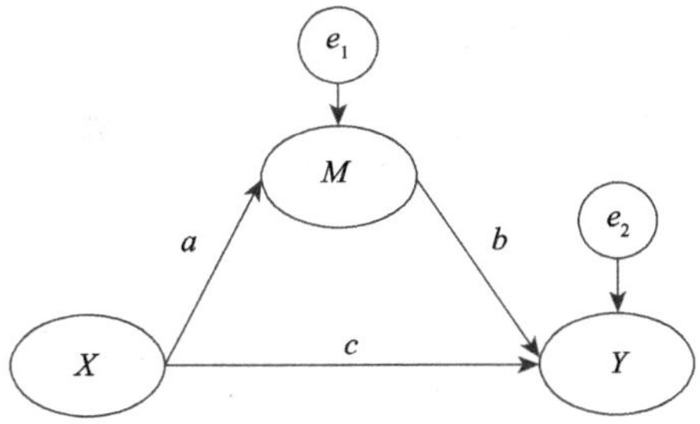

图 7-2　Sobel 中介效应模型概念图

Sobel检验统计量推导的前提假设是：不仅 a 、b 符合正态性假设，而且 $a\times b$ 也要符合正态性假设，而通常情况下后者难以达到要求，所以Sobel检验结果的准确性往往受到质疑。因此，本书借鉴了张涵和康飞（2016）对于中介变量的检验方法——基于偏差修正的Bootstrap中介效应检验，具体的检验步骤如图7-3所示。

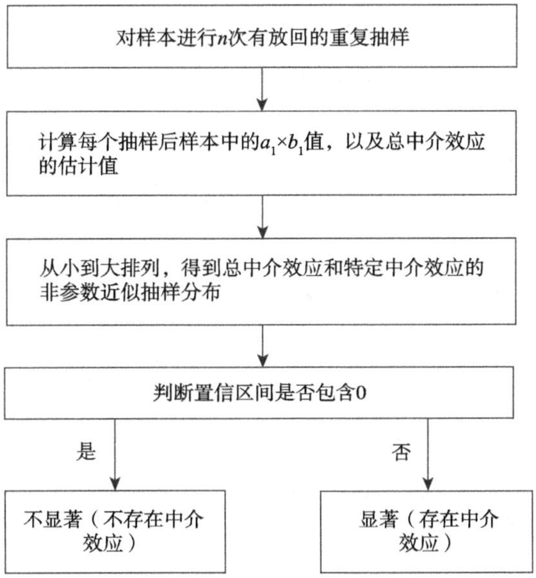

图 7-3　Bootstrap 中介效应检验步骤

本书采用偏差修正的Bootstrap置信区间估计法进行区间估计，置信水平设为95%，具体的分析结果如表7-5所示。社会阶层认同对居民幸福感的间接效应在95%的置信度下的Bootstrap偏差修正置信区间为（0.011，0.021），零并没有在该区间范围之内且 p 值小于0.001，说明公共服务满意度在社会阶层认同与居民幸福感之间的中介效应显著。此外，社会阶层认同对居民幸福感直接效应的Bootstrap偏差修正置信区间为（0.592，0.649），零并没有在该区间范围之内且 p 值小于0.001，说明公共服务满意度在社会阶层认同与居民幸福感之间存在不完全中介效应。

表 7-5　Bootstrap 中介效应分析结果

变量	估计值	标准误差	中介效应 95%偏差修正置信区间 下限	中介效应 95%偏差修正置信区间 上限	中介效应 95%百分位置信区间 下限	中介效应 95%百分位置信区间 上限	p 值
总效应							
社会阶层认同→居民幸福感	0.636	0.014	0.609	0.664	0.608	0.663	0.000
间接效应							
社会阶层认同→居民幸福感	0.016	0.003	0.011	0.021	0.011	0.021	0.000
直接效应							
社会阶层认同→居民幸福感	0.620	0.014	0.592	0.649	0.592	0.648	0.000

注：Bootstrap 样本选择 5000 次

表7-6为居民幸福感的效应分析。社会阶层认同对居民幸福感影响路径的直接效应和间接效应均显著，总效应影响系数为0.636，其中，直接效应影响系数为0.620，间接效应影响系数为0.016；公共服务满意度对居民幸福感的直接效应显著，直接效应影响系数为0.117。综上，一方面，可直接通过社会地位的提高，增强居民幸福感；另一方面，可通过公共服务满意度的部分中介效应提升居民幸福感。详见表7-6。

表 7-6　模型的总效应、直接效应与间接效应

因变量	影响效应	自变量 社会阶层认同	自变量 公共服务满意度
居民幸福感	总效应	0.636***	0.117***
	直接效应	0.620***	0.117***
	间接效应	0.016***	—

***表示 0.1%显著性水平

7.5　非农和农业户口及不同年代的多群组模型比较

在上述分析的基础上，本书按照出生年份和户口类型将样本分为“60后”（1960~1969年）、“70后”（1970~1979年）、“80后”（1980~1989年）、“90后”（1990~1999年）和农业户口、非农业户口，进一步分析不同出生年代和不同户口类型群体中社会阶层认同和公共服务满意度对居民幸福感的差异性。

表7-7反映了不同群组模型与所调查数据的拟合程度，实证结果表明，不同年代中“60后”“90后”两模型的拟合优度较好，而“70后”“80后”两个模型除AGFI

值略低以外，其他参数值都在参考范围内；不同户口类型中农业户口和非农业户口两个模型的参数值都在参考范围内。因此，本书构建的6个不同群组模型拟合水平都是可接受的。

表 7-7　不同群组模型参数比较

变量	不同群体	GFI	AGFI	RMSEA	TLI	拟合情况
		>0.90	>0.90	<0.08	>0.90	
不同年代群体	"60 后"	0.932	0.908	0.073	0.924	理想
	"70 后"	0.921	0.893	0.077	0.917	较好
	"80 后"	0.922	0.896	0.076	0.910	较好
	"90 后"	0.934	0.911	0.066	0.933	理想
不同户口类型	农业户口	0.944	0.924	0.067	0.933	理想
	非农业户口	0.941	0.921	0.068	0.937	理想

不同群组之间的路径标准化系数比较如表7-8所示，表中的系数均为标准化系数。

表 7-8　不同群组模型路径标准化系数比较

潜在变量	观测变量	不同年代				不同户口类型	
		"60 后"	"70 后"	"80 后"	"90 后"	农业户口	非农业户口
社会阶层认同	A_1	0.93***	0.94***	0.86***	0.75***	0.92***	0.92***
	A_2	0.64***	0.63***	0.66***	0.77***	0.63***	0.63***
	A_3	0.76***	0.77***	0.70***	0.51***	0.76***	0.73***
	A_4	0.44***	0.49***	0.58***	0.75***	0.47***	0.46***
公共服务满意度	B_1	0.68***	0.68***	0.70***	0.77***	0.69***	0.76***
	B_2	0.74***	0.75***	0.75***	0.79***	0.74***	0.79***
	B_3	0.78***	0.79***	0.73***	0.79***	0.78***	0.78***
	B_4	0.83***	0.83***	0.80***	0.81***	0.82***	0.84***
	B_5	0.82***	0.83***	0.82***	0.80***	0.83***	0.83***
	B_6	0.84***	0.86***	0.85***	0.84***	0.84***	0.86***
	B_7	0.78***	0.78***	0.77***	0.79***	0.77***	0.81***
	B_8	0.79***	0.81***	0.78***	0.78***	0.79***	0.81***
	B_9	0.75***	0.78***	0.75***	0.76***	0.76***	0.79***

续表

潜在变量	观测变量	不同年代				不同户口类型	
		"60 后"	"70 后"	"80 后"	"90 后"	农业户口	非农业户口
居民幸福感	C_1	0.40***	0.40***	0.36***	0.29***	0.40***	0.30***
	C_2	0.55***	0.48***	0.49***	0.38***	0.51***	0.46***
	C_3	0.72***	0.63***	0.52***	0.46***	0.67***	0.63***
社会阶层认同→居民幸福感		0.59***	0.67***	0.58***	0.48***	0.58***	0.66***
社会阶层认同→公共服务满意度		0.17***	0.16***	0.09*	0.11**	0.14***	0.17***
公共服务满意度→居民幸福感		0.10***	0.18***	0.23***	0.15*	0.11***	0.17***

*表示 5%显著性水平；**表示 1%显著性水平；***表示 0.1%显著性水平

第一，"60后""70后"群体中社会阶层认同对居民幸福感的影响系数大于"80后""90后"群体。"60后""70后""80后""90后"群体社会阶层认同对居民幸福感的影响系数分别为0.59（$p<0.001$）、0.67（$p<0.001$）、0.58（$p<0.001$）、0.48（$p<0.001$）。其中，"70后"群体社会阶层认同对居民幸福感影响最大，系数为0.67，即"70后"群体社会阶层认同每提升1个单位，居民幸福感平均提升0.67个单位。"90后"群体社会阶层认同对居民幸福感的影响系数最小，只有0.48，可能的原因是，"90后"年龄偏小，处于事业奋斗期，大部分还未获得较高的社会阶层认同。从马斯洛需求层次理论来看，"70后"群体有的已满50岁，往往已经满足了生理需要、安全需要及情感和归属等前三个层次需要，这一群体普遍希望满足第四个层次尊重和第五个层次自我实现的需要，即实现较高的社会阶层认同。因此，在"70后"群体中社会阶层认同的提高有助于居民幸福感的显著提升（表7-8）。

第二，"60后""70后"群体的社会阶层认同对公共服务满意度的影响系数大于"80后""90后"群体。"60后""70后"群体的社会阶层认同对公共服务满意度影响路径系数分别为0.17（$p<0.001$）和0.16（$p<0.001$），"80后""90后"群体的社会阶层认同对公共服务满意度影响路径系数分别为0.09（$p<0.05$）和0.11（$p<0.01$）。显然，"60后""70后"群体的影响系数大于"80后""90后"群体。因为社会阶层等级高往往会使人们获得公共服务资源的优先权，而"60后""70后"群体中的相当一部分人已经拥有稳定且较高的社会地位，能够占有优质的公共服务资源，因而对公共服务满意度较高（表7-8）。

第三，"80后"群体的公共服务满意度对居民幸福感影响系数最大。"60后""70后""80后""90后"群体公共服务满意度对居民幸福感的影响系数分别为0.10（$p<0.001$）、0.18（$p<0.001$）、0.23（$p<0.001$）、0.15（$p<0.05$）。可持续生计理论认为，公共福利缺乏会降低居民幸福感，反之亦然。为这些群体提供医疗

服务、公共教育和养老金，满足他们的公共服务需要，居民幸福感就容易提高。比较之后发现，“80后”群体公共服务满意度对居民幸福感影响系数最大，达到0.23；其次为“70后”群体，影响系数为0.18（表7-8）。

第四，非农业户口居民社会阶层认同对居民幸福感的影响大于农业户口居民；非农业户口居民社会阶层认同对公共服务满意度的影响大于农业户口居民；非农业户口居民公共服务满意度对居民幸福感的影响大于农业户口居民。首先，非农业户口、农业户口居民的社会阶层认同对居民幸福感的影响系数分别为0.66（$p<0.001$）、0.58（$p<0.001$），即社会阶层认同水平每提升1个单位，非农业户口居民幸福感平均提升0.66个单位，大于农业户口居民社会阶层认同对居民幸福感的影响系数0.58。其次，非农业户口居民社会阶层认同对公共服务满意度的影响系数为0.17（$p<0.001$），农业户口居民社会阶层认同对公共服务满意度的影响系数为0.14（$p<0.001$）。这说明，非农业户口居民社会阶层认同每提升1个单位，公共服务满意度平均提升0.17个单位，大于农业户口居民社会阶层认同对公共服务满意度的影响系数0.14。最后，非农业户口与农业户口居民公共服务满意度对居民幸福感的影响系数分别为0.17（$p<0.001$）、0.11（$p<0.001$），这说明，非农业户口居民公共服务满意度每提升1个单位，居民幸福感平均提升0.17个单位，大于农业户口居民的0.11单位，即非农业户口居民公共服务满意度对居民幸福感的影响较大（表7-8）。

非农业户口居民公共服务满意度对社会阶层认同与居民幸福感之间的中介影响大于农业户口居民。从公共服务满意度的中介效应来看，非农业户口居民公共服务满意度对社会阶层认同与居民幸福感的中介效应影响系数为0.028，大于农业户口中公共服务满意度对社会阶层认同与居民幸福感的中介影响系数（0.015），其中可能的原因是非农业户口居民在收入、医疗、教育等公共服务方面的获得感优于农业户口居民（表7-9）。

表 7-9　不同群体总效应、直接效应与间接效应的比较

变量	影响效应	不同群体	自变量	中介变量
			社会阶层认同	公共服务满意度
居民幸福感（不同年代）	总效应	“60后”	0.611^{***}	0.100^{**}
		“70后”	0.697^{***}	0.180^{***}
		“80后”	0.604^{***}	0.233^{**}
		“90后”	0.495^{***}	0.151^{*}
	直接效应	“60后”	0.595^{***}	0.100^{**}
		“70后”	0.669^{***}	0.180^{***}
		“80后”	0.583^{***}	0.233^{**}
		“90后”	0.478^{***}	0.151^{*}

续表

变量	影响效应	不同群体	自变量	中介变量
			社会阶层认同	公共服务满意度
居民幸福感（不同年代）	间接效应	“60后”	0.016**	—
		“70后”	0.028***	—
		“80后”	0.021*	—
		“90后”	0.017*	—
居民幸福感（不同户口类型）	总效应	农业户口	0.598***	0.108***
		非农业户口	0.690***	0.167***
	直接效应	农业户口	0.583***	0.108***
		非农业户口	0.662***	0.167***
	间接效应	农业户口	0.015***	—
		非农业户口	0.028***	—

*表示 5%显著性水平；**表示 1%显著性水平；***表示 0.1%显著性水平

7.6　结论与启示

本节基于中国综合社会调查数据，通过描述性统计分析样本基本特征，运用结构方程模型探讨社会阶层认同、公共服务满意度与居民幸福感之间的影响，并采用偏差修正的Bootstrap方法检验公共服务满意度对社会阶层认同与居民幸福感之间的中介效应。最后，分不同户口类型群组和不同年代群体探讨社会阶层认同和公共服务满意度对居民幸福感的差异性。主要得出以下基本结论：第一，社会阶层认同、公共服务满意度均对居民幸福感产生正向影响，且社会阶层认同对居民幸福感的影响大于公共服务满意度；第二，公共服务满意度对社会阶层认同与居民幸福感存在显著的不完全中介效应，社会阶层认同对居民幸福感的总效应一部分来自社会阶层认同对居民幸福感的直接效应，另一部分来自公共服务对居民幸福感的间接效应；第三，不同属性群体间居民幸福感存在显著差异，“70后”群体社会阶层认同对居民幸福感的影响大于“90后”群体，非农业户口居民社会阶层认同对幸福感的影响大于农业户口居民。

根据本节的结论，提出如下建议：第一，由于社会阶层认同对居民幸福感的影响最大，政府可以进一步完善收入分配体系，保障社会公平、公正，激励人们通过自身努力来提升社会地位；第二，进一步建立和完善覆盖城乡居民的社会保障体系，保障人们的基本生活，增强居民的体验效用感，有利于提高居民的公共服务满意度，从而提高居民幸福感；第三，政府应由经济建设型向公共服务导向型进行转变，合理配置公共资源，构建提升居民幸福感的公共服务保障体系，提升居民对公共服务的满意程度；第四，努力提升农业户口居民的公共服务水平，促进不同社会阶层认同的城乡居民享有大体一致的公共服务水平，提高农业户口居民的幸福感。

第 8 章　试点城市南昌市户籍制度改革中公共服务创新政策效应的动态仿真研究

8.1　户籍制度改革、公共服务供给和城镇化发展增长上限反馈基模

8.1.1　因果链与因果关系图及反馈环概念

1. 因果链

社会经济系统是一个动态的复杂系统，针对图论中有向图模型未刻画有向弧 $V_i(t),V_j(t)$，Forrester（1971）提出：当 $V_i(t)$ 相对增加（减少）时，$V_j(t)$ 相对增加（减少）。Forrester提出了系统动力学中的一个核心新概念——因果链概念，这是一个分析变量互相变化关系的核心新方法。

定义8-1　在确定的变量集合中，根据两个变量的实际直接相对变化关联标准，若时间区间 T 内任 t 时刻要素变量 $V_j(t)$ 随 $V_i(t)$ 而变化，则称 $V_i(t)$ 到 $V_j(t)$ 存在因果链 $V_i(t) \to V_j(t)$，$t \in T$。

定义8-2　设存在因果链 $V_i(t) \to V_j(t)$，$t \in T$。①若任一 $t \in T$，当 $V_i(t)$ 任一增量 $\Delta V_i(t) > 0$ 时，存在对应 $\Delta V_j(t) > 0$，则称在时间区间 T 内，$V_i(t)$ 到 $V_j(t)$ 的因果链为正，记为：$V_i(t) \xrightarrow{+} V_j(t)$，$t \in T$。②若任一 $t \in T$，当 $V_i(t)$ 任一增量 $\Delta V_i(t) > 0$ 时，存在对应 $\Delta V_j(t) < 0$，则称在时间区间 T 内，$V_i(t)$ 到 $V_j(t)$ 的因果链为负，记为：$V_i(t) \xrightarrow{-} V_j(t)$，$t \in T$。

根据增减函数的定义：$V_i(t) \xrightarrow{+} V_j(t)$，$t \in T$，对任一 $t \in T$，$V_i(t)$ 与 $V_j(t)$ 的函数关系为增函数；$V_i(t) \xrightarrow{-} V_j(t)$，$t \in T$，对任一 $t \in T$，$V_i(t)$ 与 $V_j(t)$ 的函数关系为减函数。

命题1　在时间区间 T 内，$V_i(t) \xrightarrow{+} V_j(t)$，①当且仅当，对任一 $t \in T$，$V_j(t)$

依赖于$V_i(t)$，且满足$\Delta V_i(t)$与$\Delta V_j(t)$同时为正或同时为负（同方向变化变量）；②在时间区间T内，$V_i(t) \xrightarrow{-} V_j(t)$，$t \in T$，当且仅当，对任一$t \in T$，$V_j(t)$依赖于$V_i(t)$，且满足$\Delta V_i(t)$与$\Delta V_j(t)$一个为正另一个为负（反方向变量）。

建立因果链概念具有重要意义：因果链概念高于有向弧概念，因果链概念更深刻刻画了系统两个变量的动态传递变化，而且Forrester教授基于因果链和有向图，创建了因果关系图概念。

2. 因果关系图的定义

基于因果链和有向图产生了因果关系图。

定义8-3　设$G(t)=(V(t),X(t))$是一个有向图，若存在映射$F(t):X(t) \to \{-,+\}$，则$G(t)$连同映射$F(t)$称为因果关系图，记为$D(t)=(V(t),X(t),F(t))$，且弧集$X(t)$称为因果关系图$D(t)$的基图，$D(t)$称为$G(t)$的因果关系图。

因果关系图中的要素必须满足以下两个条件：①变量的单位一定要明确，当然有的变量要素可以为无量纲（如比例等）；②因果关系图的要素变量$V(t)$必须是名词或名词短语，并对$V(t)$的$\Delta V(t)$（$\Delta V(t)>0$或$\Delta V(t)<0$）有明确的意义。

只有满足这两条，才能建立起映射$F(t)$，即确定各因果链的极性。

3. 基于因果链图的反馈环概念

在简单人口子系统因果关系图中，以及在$V_1(t)$人口和年出生人口$V_2(t)$构成的反馈环中，任一个相对增加，由它开始经过一个反馈后相对增加；而在$V_1(t)$人口和年死亡人口$V_3(t)$构成的反馈环中，任一个相对增加，由它开始经过一个反馈后相对减少。因果链图未刻画此不同特性，此问题具有重要普遍性。因此，建立了反馈环概念并获得了相关研究结果。

1）反馈环定义

定义8-4　在一个系统中，n个不同要素变量的闭合因果链序$v_1(t) \to v_2(t) \to \cdots \to v_n(t) \to v_1(t)$（因果链正、负符号省）称为此系统中的反馈环。

2）正、负反馈环定义

定义8-5　设反馈环中任一变量$v_i(t)$，若在给定的时间区间内的任意时刻，$v_i(t)$相对增加，且由它开始经过一个反馈后导致$v_i(t)$量相对再增加，则称这个反馈环为在给定时间区间内的正反馈环；相对减少则称为负反馈环。

由因果链极性与反馈环极性定义，用数学归纳法可证明存在以下定理。

定理8-1　反馈环的极性为反馈环内因果链极性的乘积。

由正（负）反馈环的定义，可得以下两个命题。

命题2　正反馈环中任一变量$v_i(t)$，若在给定的时间区间内的任意时刻，$v_i(t)$相对减少，且由它开始经过一个反馈后导致$v_i(t)$量相对再减少。

命题2揭示，正反馈环具有任一变量减，反馈后再减的同减性。

命题3　负反馈环中任一变量$v_i(t)$，若在给定的时间区间内的任意时刻，$v_i(t)$相对减少，且由它开始经过一个反馈后导致$v_i(t)$量相对再增加。

命题3揭示，负反馈环具有任一变量减，反馈后增的反减性。

由上可证明，正（负）反馈环存在以下动态变化特性。

定理8-2　正反馈环具有同增性和同减性；负反馈环具有反增性和反减性。

8.1.2　户籍制度改革、公共服务供给和城市人口增长上限基模

从本质上来说，户籍制度改革本身并不复杂，但是一系列公共福利嵌套于户籍制度中，成为改革瓶颈。户籍制度改革涉及复杂系统问题的解决，需要统筹协调人口、经济与环境要素的有效配置，促使子系统之间相互协同、相互耦合，产生协同效应和发挥整体功效，提高系统有序度。若没有相关公共政策的协同支持，极易发生类似2001年广东、2003年河南户籍制度改革的昙花一现现象。例如，河南郑州曾试验放开落户限制改革，人口大量涌入导致城市教育资源无力承担，户籍制度改革被迫中止，诸如此类户籍制度改革失败的案例更加重了对这一问题的担忧。新型城镇化是以人为中心的城镇化，实现进城务工人员市民化和享有基本公共服务是推进新型城镇化的关键，这既是中国经济社会发展中的关键环节，又是保持经济持续、健康发展的重要引擎。根据彼得·圣吉的成长上限基模分析结构，本书建立户籍制度改革、公共服务供给和城镇化发展增长上限反馈环基模结构，如图8-1所示。

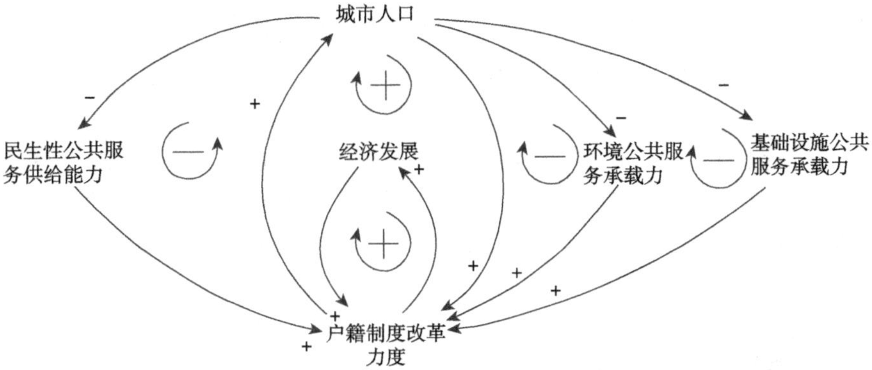

图 8-1　户籍制度改革、公共服务供给和城镇化发展增长上限反馈环基模结构

户籍制度改革、公共服务供给和城镇化发展增长上限反馈环基模由两个正反馈环和三个负反馈环构成。首先，户籍制度改革力度与城市人口互相促进，构成第一个正反馈环，这一正反馈环的含义是：城市流入人口增加，民众呼吁进行户籍制度改革的力度增大；城市流入人口减少，民众呼吁进行户籍制度改革的力度

减小。其次，户籍制度改革力度与经济发展互相促进，构成第二个正反馈环。这一正反馈环的含义是：若进行户籍制度改革，则有利于促进劳动力、资本等资源要素的自由流动，从而促进经济发展；反之，若实施严格的户籍限制，使得劳动力、资本等资源要素不能自由流动，则可能限制经济发展，见图8-1中间部分两个正反馈环。

户籍制度改革力度、城市人口和民生性公共服务供给能力、环境公共服务承载力及基础设施公共服务承载力，构成三个负反馈环。若城市人口增加，城市环境公共服务建设相对落后，从而使得城市环境公共服务承载力不足；若城市人口不足，环境公共服务承载资源相对较多，则承载力相对较大，见图8-1中右部分第一个负反馈环。若城市人口增加，城市基础设施公共服务建设相对落后，从而使得城市基础设施公共服务承载力不足；若城市人口不足，则基础设施公共服务承载力相对较大，见图8-1中右部分第二个负反馈环。若城市人口增加，民生性公共服务建设相对落后，从而使得城市民生性公共服务承载力不足；若城市人口不足，则民生性公共服务承载力相对较大，见图8-1中左边部分第一个负反馈环。由此构成环境公共服务承载力、基础设施公共服务承载力和民生性公共服务供给能力三个制约负反馈，见图8-1中左右两个部分的三个制约负反馈环。

8.2　基于逐树设撤关联数结构行为检验建模法，建立反馈仿真模型

8.2.1　子系统仿真定理和结构行为检验内涵

逐树设撤关联数结构行为检验建模法中“设撤关联数”是基于子系统仿真定理提出的。

（1）子系统仿真定理。若子系统模型包含多流位流率对，且已输入各流位流率对的流位变量初始值，其各流率变量方程的最终自变量为正运行的流位变量、仿真时间变量Time、调控参数、常量，则此子系统模型可仿真，若存在未运行的流位变量，则不能仿真（贾仁安，2014）。

（2）结构行为检验。建模法中“结构行为检验”是基于Barlas（1996）提出的针对模型结构的行为检验而建立的三步“结构行为检验”方法。具体包括：①在联系实际建的流率基本入树子模型枝结构及仿真方程结构情况下，预想子模型会发生什么样的系统行为；②仿真现建的子模型，获得仿真结果；③比较现建子模型的仿真结果和预想的系统行为是否一致。如果一致，则现建的子模型通过结构行为检验；如果不一致，那么子模型可能存在问题，于是进行枝、方程结构修改，直至一致。

8.2.2　逐树设撤关联数结构行为检验建模法步骤

为提高系统动力学仿真模型的可靠性，降低模型仿真调试的难度，设计逐树设撤关联数结构行为检验建模法。在步骤2中，通过设关联数使入树 $T_1(t)$ 满足子系统仿真定理条件。在步骤3中，通过设撤关联数使 $T_1(t)$、$T_2(t)$ 满足子系统仿真定理条件。在步骤 n 中，通过设撤关联数使 $T_1(t)$ 至 $T_n(t)$ 满足子系统仿真定理条件。最后，分别进行结构行为检验。此方法实现具体步骤如图8-2所示。

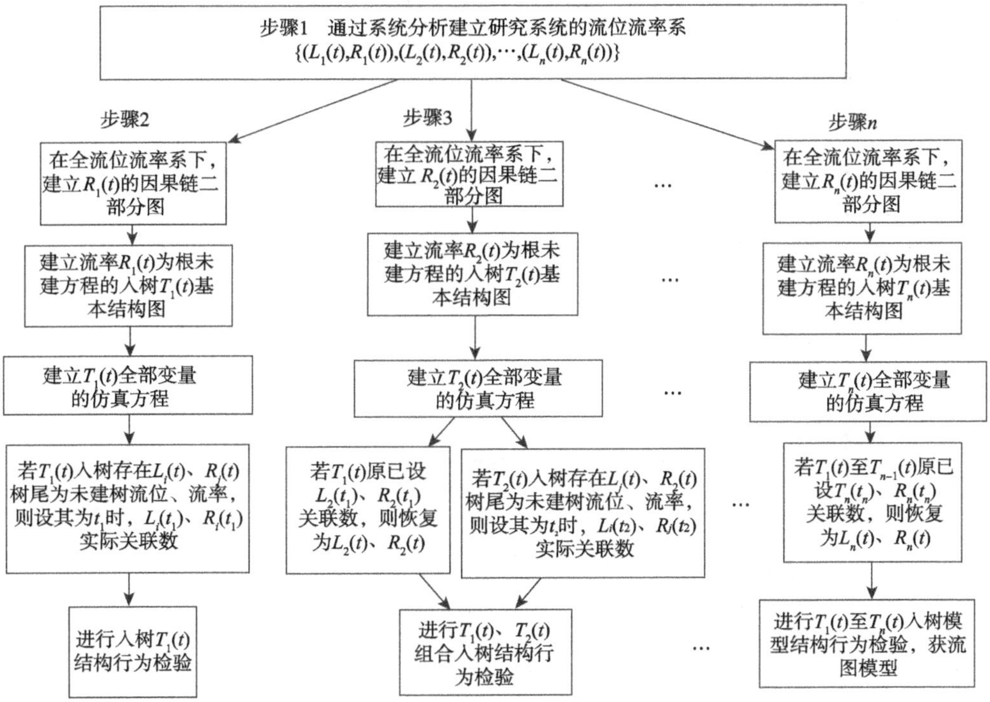

图 8-2　逐树设撤关联数结构行为检验建模法步骤框图

8.2.3　建立流位流率系

1. 流位流率系概念

针对复杂动态系统上的共同规律，系统动力学建立流位流率系揭示复杂动态系统。

定义8-6　将研究的动态系统中存在的 n 个积累变量，称为 n 个流位变量，设为 $L_1(t), L_2(t), \cdots, L_n(t)$，$n$ 个积累变量对应的单位时间变化量称为 n 个流率变量，设为 $R_1(t), R_2(t), \cdots, R_n(t)$，则各流位 $L_i(t)$ 与对应流率变量 $R_i(t)$ 的二元组的集合为

$$\{(L_1(t), R_1(t)), (L_2(t), R_2(t)), \cdots, (L_n(t), R_n(t))\}$$

称为此研究动态系统的流位流率系。

在此系统的流位流率系下进行仿真计算研究，类似于解析几何中建立直角坐标系研究函数的变化关系。

2. 流位和流率下变量的分类

定义8-7 若流位 $\mathrm{LEV}(t)$ 和函数 $R_1(t)$、$R_2(t)$ 满足 $\mathrm{LEV}(t)=\mathrm{LEV}(t-\Delta t)+\Delta t\times\left(R_1(t-\Delta t)-R_2(t-\Delta t)\right)$，$\Delta t>0$，在 t 的变化范围内有 $R_i(t)\geqslant 0(i=1,2)$，则 $R_1(t)$ 为流位 $\mathrm{LEV}(t)$ 的流入率，$R_2(t)$ 为流位 $\mathrm{LEV}(t)$ 的流出率。

定义8-8 在一计算过程中不随时间变化的量称为常量。

定义8-9 从信源到流率变量之间的变量称为辅助变量。信源可以是流位变量，也可能是其他变量，如外生变量等。

定义8-10 在因果关系中，不连接在反馈环中且不影响任何反馈环中其他变量的量称为增补变量。

流位、流率、辅助变量、增补变量及常量统称为内生变量。

定义8-11 制约内生变量，但又不受内生变量制约的变量称为外生变量。

显然，系统环境中的变量一定是外生变量，且往往是TIME的函数。自然，TIME可视为特殊的外生变量。

3. 流图概念

定义8-12 若 $D=(V,X,F)$ 是一个因果关系图，按流线和变量分类概念变换后，得其：

$$
\begin{aligned}
\text{顶点集 } V=&\left\{L_i:L_i\text{为流位变量，}\ i=1,2,3,\cdots,m\right\}\cup\\
&\left\{R_i:R_i\text{为流率变量，}\ i=1,2,3,\cdots,n\right\}\cup\\
&\left\{A_i:A_i\text{为辅助变量，}\ i=1,2,3,\cdots,k\right\}\cup\\
&\left\{S_i:S_i\text{为增补变量，}\ i=1,2,3,\cdots,g\right\}\cup\\
&\left\{E_i:E_i\text{为外生变量，}\ i=1,2,3,\cdots,f\right\}\cup\\
&\left\{a_i:a_i\text{为常量，}\ i=1,2,3,\cdots,q\right\}
\end{aligned}
$$

$$
\begin{aligned}
\text{其因果链集 } X=&\left\{x_i:x_i\text{为两变量间的物流线，}\ i\in N_1\right\}\cup\\
&\left\{x_j:x_j\text{为两变量间的信息流线，}\ j\in N_2\right\},
\end{aligned}
$$

则 $D=\left(V,X,F\right)$ 称为流图，并记为 $G=\left(Q,E,F\right)$。

一般流图中的顶点为变量点，包括特殊变量（常量）点 a_i。

4. 建立户籍制度改革与公共服务的流位流率系

依据户籍制度改革与公共服务系统运行结构及反馈关系并深入实际调研，确立人口数量和城市户籍人口为人口系统的关键流位变量，财政收入为经济子系统的关键流位变量，公共教育支出、就业和社会保障支出及医疗卫生支出为公共服务系统的关键流位变量，并将户籍政策参数作为人口子系统的外生调控参数；将公共教育政策参数作为教育子系统的外生调控参数；将就业和社会保障政策参数作为就业和社会保障子系统的外生调控参数；将医疗卫生政策参数作为医疗子系统的外生调控参数。户籍制度改革与公共服务系统的关键变量包括6对流位流率对，见表8-1。

表 8-1　户籍制度改革与公共服务系统的流率流位系

关键变量	流位变量（单位）	流率变量
人口数量	人口数量 $L_1(t)$/万人	人口变化量 $R_1(t)$/（万人/年）
城市户籍人口	城市户籍人口数量 $L_2(t)$/万人	城市户籍人口变化量 $R_2(t)$/（万人/年）
财政收入	财政收入 $L_3(t)$/万亿元	财政收入变化量 $R_3(t)$/（万亿元/年）
公共教育支出	公共教育支出 $L_4(t)$/万亿元	公共教育支出变化量 $R_4(t)$/（万亿元/年）
就业和社会保障支出	就业和社会保障支出 $L_5(t)$/万亿元	就业和社会保障支出变化量 $R_5(t)$/（万亿元/年）
医疗卫生支出	医疗卫生支出 $L_6(t)$/万亿元	医疗卫生支出变化量 $R_6(t)$/（万亿元/年）

8.3　建立户籍制度改革与公共服务系统 $T_1(t)$ 至 $T_6(t)$ 的流率基本入树仿真模型

8.3.1　建立 $T_1(t)$ 入树模型，设关联数并进行 $T_1(t)$ 结构行为检验

1. 建立 $T_1(t)$ 枝结构模型图

（1）建立 $T_1(t)$ 流率二部分图。通过定性分析，人口变化量 $R_1(t)$ 主要受到人口数量 $L_1(t)$、公共教育支出 $L_4(t)$、就业和社会保障支出 $L_5(t)$ 和医疗卫生支出 $L_6(t)$ 的影响，人口数量 $L_1(t)$ 主要通过人口自然增长率和人口机械增长率对人口变化起作用。依据蒂布特选择原理，公共教育支出 $L_4(t)$、就业和社会保障支出 $L_5(t)$ 和医疗卫生支出 $L_6(t)$ 主要对人口机械增长率起调节作用，故得出 $T_1(t)$ 的流率二部分图，见图8-3。

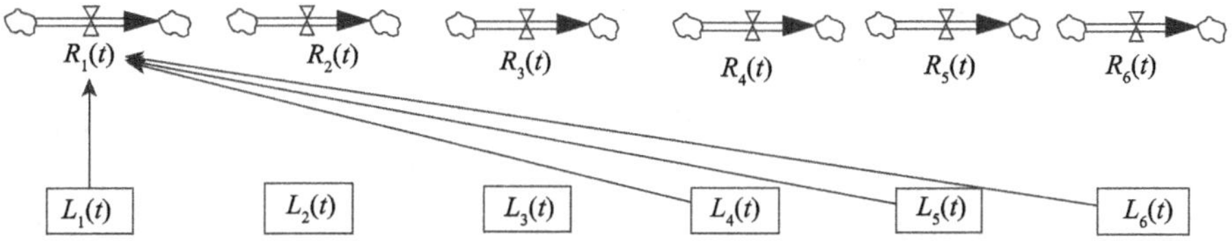

图 8-3　$T_1(t)$的流率二部分图

（2）依据$T_1(t)$的流率二部分图，建立$T_1(t)$枝结构模型。见图8-4。

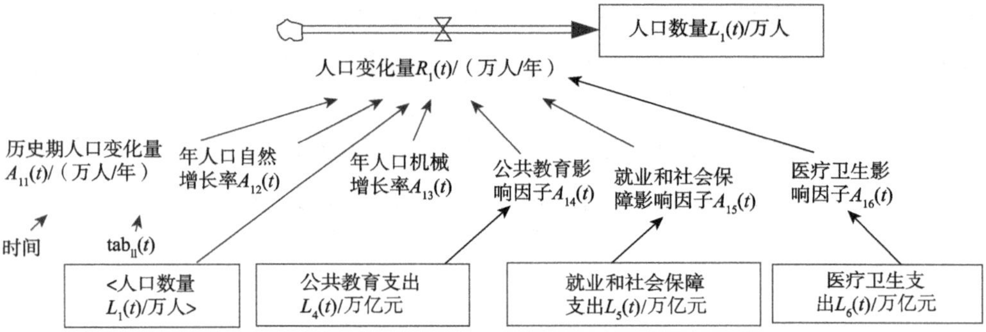

图 8-4　$T_1(t)$枝结构模型

2. 建立 $T_1(t)$的仿真方程

（1）$L_1(t)$初始值的确定。$L_1(t)|_{t=2013}$=518.42（万人）。

（2）人口变化量$R_1(t)$方程：

$$R_1(t)=A_{11}(t)+\text{STEP}(1,2016)\times L_1(t)\times \text{RANDOM UNIFORM}(0,2,1)\times(A_{12}(t)+A_{13}(t)\times A_{14}(t)\times A_{15}(t)\times A_{16}(t))$$

其中，$A_{11}(t)$为历史期人口变化量；STEP(1,2016)为阶跃函数，表示未来年起始时间；$A_{12}(t)$为年人口自然增长率；$A_{13}(t)$为年人口机械增长率；$A_{14}(t)$为公共教育影响因子；$A_{15}(t)$为就业和社会保障影响因子；$A_{16}(t)$为医疗卫生影响因子；RANDOM UNIFORM(0,2,1)为人口变动随机函数。

（3）$A_{11}(t)$=tab$_{11}$（time）为表函数方程。根据实际统计分析，南昌市2013~2015年历史各年的人口变化量构成如表8-2所示。

表 8-2　历史期人口变化量 $A_{11}(t)$=tab$_{11}$(time)表函数

年份	2013	2014	2015
tab$_{11}$	5.6	6.27	5.85

（4）年人口自然增长率$A_{12}(t)$=0.009 01（万人/年）。此时$A_{12}(t)$=0.009 01万人/年为实际中每年人口增长率的平均值。

（5）$A_{14}(t)$=IF THEN ELSE($L_4(t)$>DELAY1I($L_4(t)$, TIME STEP, 0), 1.1, 0.99)。其中，$L_4(t)$为公共教育支出流位变量。此方程内涵为公共教育支出流位变量$L_4(t)$大于上一个仿真时刻值时，公共教育支出影响因子$A_{14}(t)$值为1.1，否则等于0.99，0.99为调控参数。

（6）$A_{15}(t)$=IF THEN ELSE($L_5(t)$>DELAY1I($L_5(t)$, TIME STEP, 0), 1.12,

0.98)。其中，$L_5(t)$为就业和社会保障支出流位变量。此方程内涵为就业和社会保障支出流位变量$L_5(t)$大于上一个仿真时刻值时，就业和社会保障支出影响因子$A_{15}(t)$值为1.12，否则等于0.98，0.98为调控参数。

（7）$A_{16}(t)$=IF THEN ELSE($L_6(t)$>DELAY1I($L_6(t)$, TIME STEP, 0), 1.15, 0.98)。其中，$L_6(t)$为医疗卫生支出流位变量。此方程内涵为医疗卫生支出流位变量$L_6(t)$大于上一个仿真时刻值时，医疗卫生支出影响因子$A_{16}(t)$值为1.15，否则等于0.98，0.98为调控参数。

3. 设关联数并进行$T_1(t)$结构行为检验

1）设关联数

根据逐树深入仿真技术，对未建树的流位进行分析，设$T_1(t)$的仿真方程中包含未建入树的流位、流率，并通过设立调控参数进行$T_1(t)$仿真检验。因为入树$T_1(t)$的方程中含未创建流率入树$T_4(t)$的公共教育支出流位$L_4(t)$、未创建入树$T_5(t)$的就业和社会保障支出流位$L_5(t)$和未创建入树$T_6(t)$的公共卫生支出流位$L_6(t)$，对此，设$L_4(t)=L_4$（2016）=90.03（亿元），$L_5(t)=L_5$（2016）=67.06（亿元），$L_6(t)=L_6$（2016）=58.80 （亿元），设关联数后的$T_1(t)$满足子系统仿真条件，可进行仿真。

2）结构行为检验

（1）预想依据上述$T_1(t)$基本枝结构和对应仿真方程情况下会发生什么系统行为。因设关联数$L_4(t)$=90.03（亿元），$L_5(t)$=67.06（亿元），$L_6(t)$=58.80（亿元）不变，可预想在2016年开始，$R_1(t)$应该呈波动变化趋势。

（2）设关联数后的$T_1(t)$仿真，得到如下仿真曲线，见图8-5。

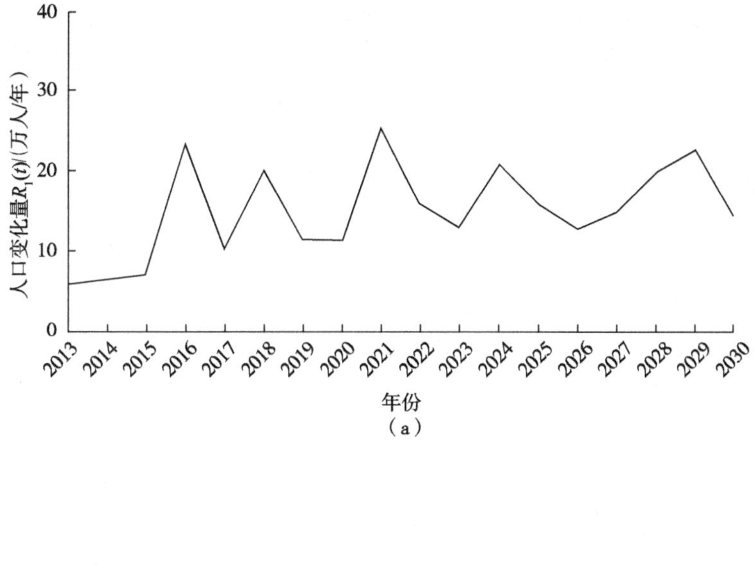

（a）

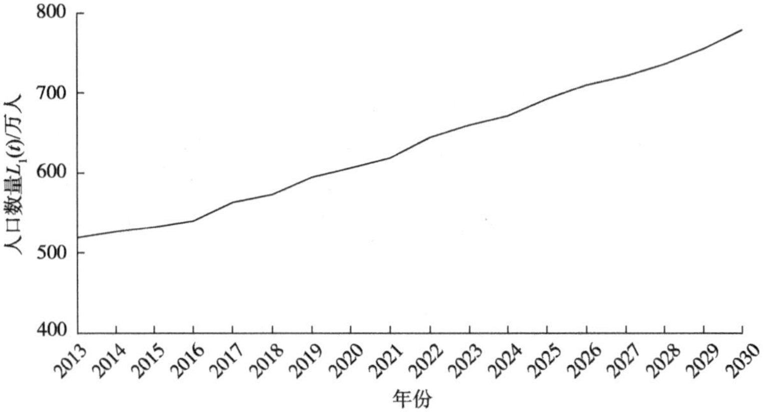

（b）

图 8-5　人口数量 $R_1(t)$和 $L_1(t)$仿真曲线

（3）比较以上仿真结果与预想的系统行为是否一致。$T_1(t)$入树模型仿真结果图揭示：历史年仿真结果与$R_1(t)$函数值相符。2016年后设$L_4(t)$、$L_5(t)$、$L_6(t)$为常数，故人口数量$L_1(t)$增加量稳定。仿真结果与预想的系统行为一致，$T_1(t)$入树枝结构及仿真方程建立正确，通过结构行为检验。

8.3.2　基于逐树设撤关联数结构行为检验，建立 $T_2(t)$至 $T_6(t)$入树枝结构模型

1. 分别建立 $T_2(t)$至 $T_6(t)$入树枝结构模型

与人口数量$T_1(t)$建模同理，分别通过建立$R_2(t)$、$R_3(t)$、$R_4(t)$、$R_5(t)$、$R_6(t)$二部分图，建立城市户籍人口$T_2(t)$、财政收入$T_3(t)$、公共教育支出$T_4(t)$、就业和社会保障支出$T_5(t)$、医疗卫生支出$T_6(t)$入树枝结构模型图，见图8-4及图8-6~图8-10中的人口数量$T_1(t)$、城市户籍人口$T_2(t)$、财政收入$T_3(t)$、公共教育支出$T_4(t)$、就业和社会保障支出$T_5(t)$和医疗卫生支出$T_6(t)$入树枝结构模型。

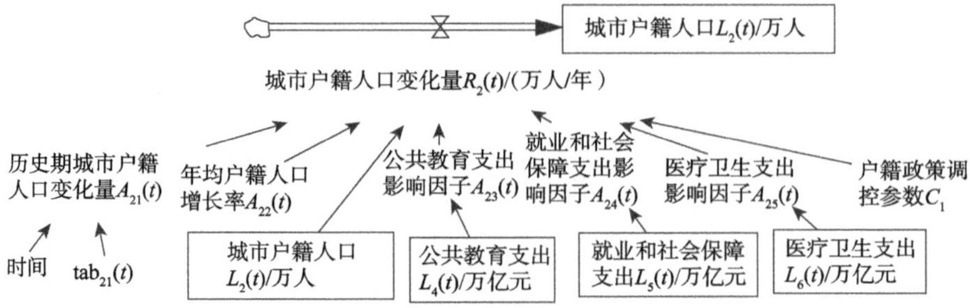

图 8-6　城市户籍人口 $T_2(t)$入树枝结构模型

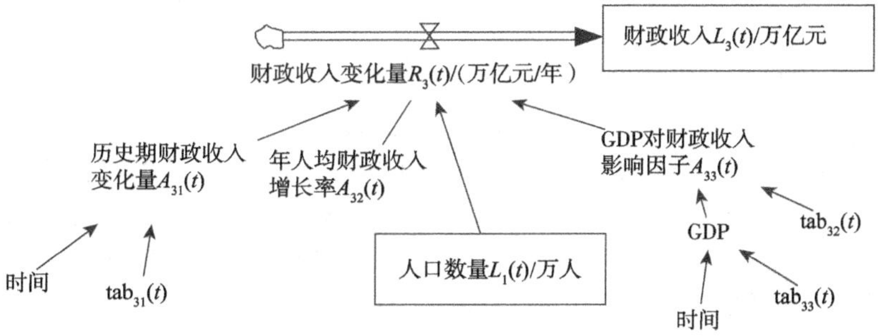

图 8-7　财政收入 $T_3(t)$入树枝结构模型

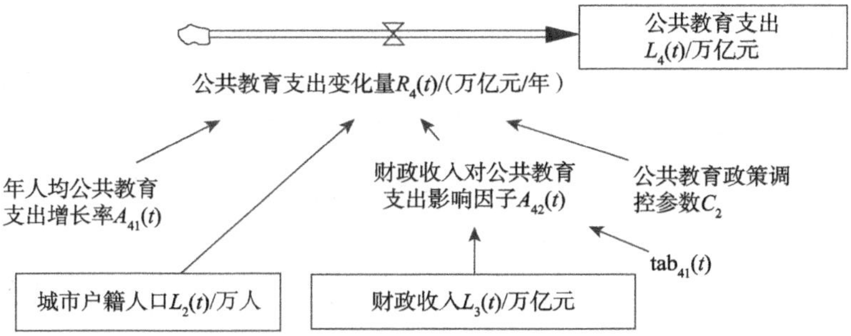

图 8-8　公共教育支出 $T_4(t)$入树枝结构模型

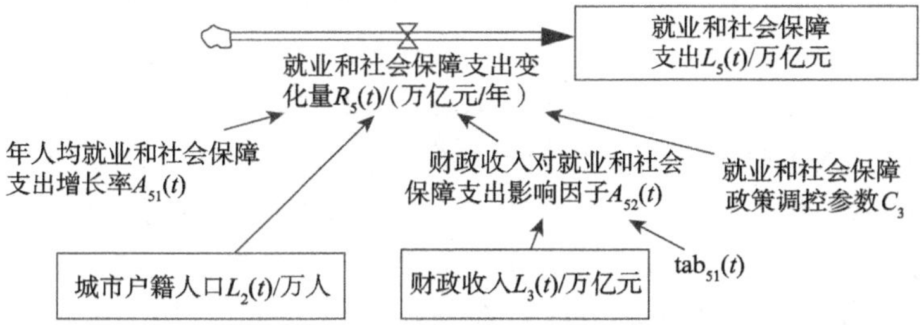

图 8-9　就业和社会保障支出 $T_5(t)$入树枝结构模型

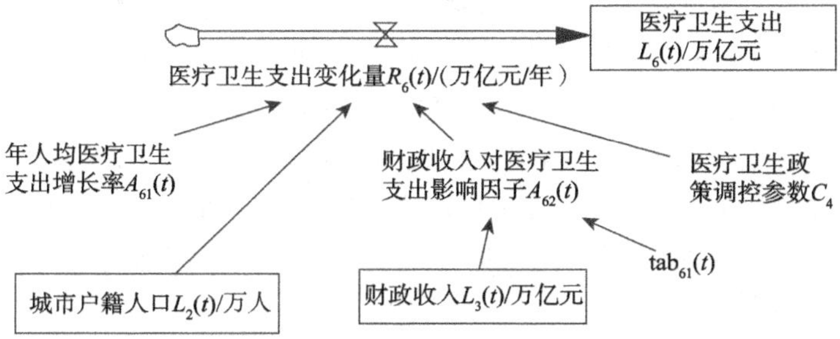

图 8-10　医疗卫生支出 $T_6(t)$入树枝结构模型

2. 建立城市户籍人口 $T_2(t)$仿真方程

1）城市户籍人口$T_2(t)$的仿真方程

（1）城市户籍人口数量$L_2(t)$初始值，$L_2(t)|_{t=2013}$=235.96（万人）。

（2）城市户籍人口变化量$R_2(t)$方程：$R_2(t)=A_{21}(t)$+STEP(1,2016)$\times A_{22}(t)\times L_2(t)\times A_{23}(t)\times A_{24}(t)\times A_{25}(t)\times C_1\times$RANDOM UNIFORM(0,3,1)，其中，STEP(1,2016)为未来年起始时间；$A_{22}(t)$为年均户籍人口增长率；C_1为户籍政策调控参数；辅助变量$A_{21}(t)$为历史期城市户籍人口变化量；$A_{23}(t)$为公共教育支出影响因子；$A_{24}(t)$为就业和社会保障支出影响因子；$A_{25}(t)$为医疗卫生支出影响因子；RANDOM UNIFORM(0,3,1）为随机扰动因子；辅助变量$A_{21}(t)$、$A_{22}(t)$、$A_{23}(t)$、$A_{24}(t)$、$A_{25}(t)$仿真方程如下。

（3）$A_{21}(t)$=tab$_{21}$（time）为表函数方程。根据实际统计分析，南昌市2013~2015年历史各年的城市户籍人口变化量构成表函数，如表8-3所示。

表 8-3　历史期城市户籍人口变化量 $A_{21}(t)$=tab$_{21}$(time)表函数

年份	2013	2014	2015
tab$_{21}$	2.42	43.88	7.24

（4）年均户籍人口增长率$A_{22}(t)$=0.026，该数据根据历史年份计算得到。

（5）公共教育支出影响因子$A_{23}(t)$=IF THEN ELSE（公共教育支出$L_4(t)$（万亿元）>DELAY1I（公共教育支出$L_4(t)$（万亿元），1，0），1.02，0.99）。

（6）就业和社会保障支出影响因子$A_{24}(t)$=IF THEN ELSE（就业和社会保障支出$L_5(t)$（万亿元）>DELAY1I（就业和社会保障支出$L_5(t)$（万亿元），1，0），1.06，0.98）。

（7）医疗卫生支出影响因子$A_{25}(t)$=IF THEN ELSE（医疗卫生支出$L_6(t)$（万亿元）>DELAY1I（医疗卫生支出$L_6(t)$（万亿元），1，0），1.08，0.98）。

2）设关联数并进行$T_2(t)$结构行为检验

A. 设关联数

根据逐树深入仿真技术，对未建树的流位进行分析，设$T_2(t)$的仿真方程中包含未建入树的流位、流率，并通过设立调控参数进行$T_2(t)$仿真检验。因为入树$T_2(t)$的方程中含未创建流率入树$T_4(t)$的公共教育支出流位$L_4(t)$、未创建入树$T_5(t)$的就业和社会保障支出流位$L_5(t)$及未创建入树$T_6(t)$的公共卫生支出流位$L_6(t)$，对此，设$L_4(t)=L_4$（2016）=90.03（亿元），$L_5(t)=L_5$（2016）=67.06（亿元），$L_6(t)=L_6$（2016）=58.80（亿元），设关联数后$T_2(t)$满足子系统仿真条件，可进行仿真。

B. 结构行为检验

（1）预想依据上述$T_2(t)$基本枝结构和对应仿真方程情况下会发生什么系统行为。因设关联数$L_4(t)$=90.03（亿元），$L_5(t)$=67.06（亿元），$L_6(t)$=58.80（亿元）不变，可预想从2016年开始，$R_2(t)$应该呈不变增长趋势。

（2）设关联数后的$T_2(t)$仿真，可得如下仿真曲线，见图8-11。

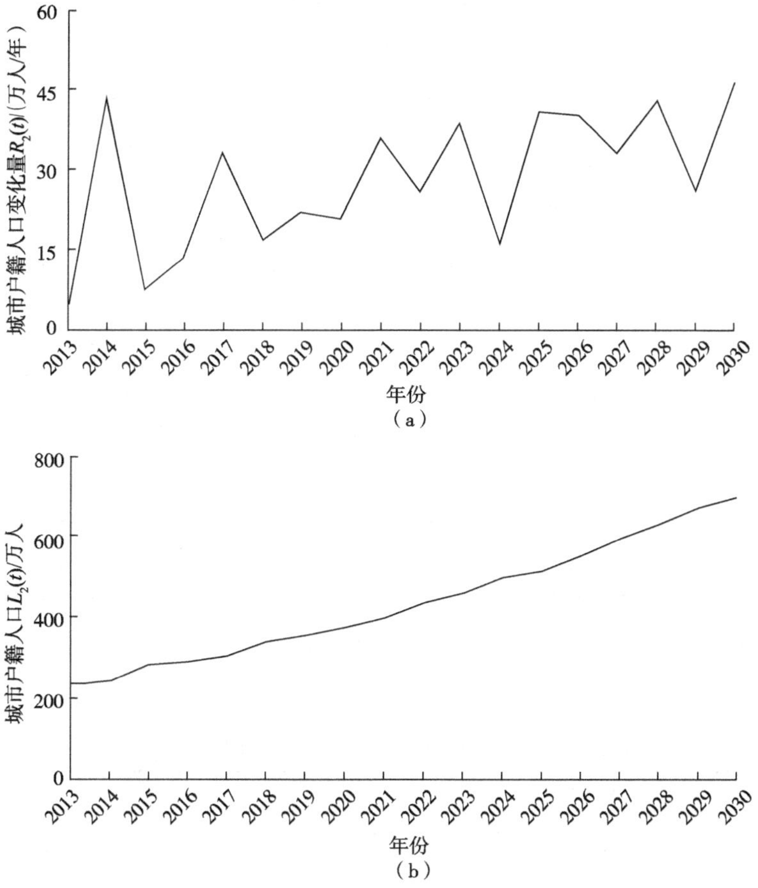

图 8-11　城市户籍人口变化量和城市户籍人口仿真曲线

（3）比较以上仿真结果与预想的系统行为是否一致。$T_2(t)$入树模型仿真结果图揭示：历史年仿真结果与$R_2(t)$函数值相符。2016年后$L_4(t)$、$L_5(t)$、$L_6(t)$设为常数，故城市户籍人口数量$L_2(t)$增加量稳定。仿真结果与预想的系统行为一致，$T_2(t)$入树枝结构及仿真方程建立正确，通过结构行为检验。

3. 建立财政收入入树$T_3(t)$仿真方程

1）财政收入入树$T_3(t)$的仿真方程

（1）财政收入$L_3(t)$的初始值，$L_3(t)|_{t=2013}$=558.02（万亿元）。

（2）财政收入变化量$R_3(t)$方程：$R_3(t)=A_{31}(t)+$STEP（1,2016）$\times A_{32}(t)\times L_1(t)\times A_{33}(t)$。其中，STEP（1,2016）为未来年起始时间；$A_{32}(t)$为年均财政收入增长率；

$L_1(t)$为人口数量；辅助变量$A_{33}(t)$为GDP对财政收入影响因子；辅助变量$A_{31}(t)$、$A_{32}(t)$、$A_{33}(t)$仿真方程如下。

（3）$A_{31}(t)$=tab$_{31}$（time）为表函数方程。根据实际统计分析，南昌市2013~2015年历史各年的财政收入变化量构成如表8-4所示。

表 8-4　财政收入变化量 $A_{31}(t)$=tab$_{31}$（time）表函数

年份	2013	2014	2015
tab$_{31}$	80.28	88.9	63.6

（4）年均财政收入增长率$A_{32}(t)$=0.026，根据历史年份计算得到。

（5）GDP对财政收入影响因子$A_{33}(t)$是GDP的表函数，$A_{33}(t)$= “tab$_{33}(t)$”（GDP/3352.71），其中GDP（2013）=3352.71亿元，GDP（2013）为基期GDP，根据组织管理系统动力学中表函数的六步建立方法，分以下六步建立表函数。

第1步，分析表函数有关变量的重要关系。GDP与基期GDP之比GDP(t)/GDP(t_0)=GDP(t)/GDP（2013），t_0=2013，基期GDP（t_0=2013）=3352.71亿元。

第2步，确定自变量GDP(t)/GDP(t_0)的取值范围及变化步长。GDP(t)/GDP(t_0)为GDP与基期GDP比，依据南昌市地区生产总值历史发展趋势，预计2016~2020年年均增长率为9%，2021~2025年年均增长率为8%，2026~2030年年均增长率为7%，即得GDP（2030）=12 804.40亿元，故得到GDP(t)/GDP(t_0)变化范围为[0,4]，设变化步长为0.5，由此得到表8-5。

表 8-5　表函数 $A_{33}(t)$=f（GDP(t) /GDP(t_0)）（一）

PRD(t)	0	0.5	1	1.5	2	2.5	3	3.5	4
$A_{33}(t)$									

第3步，确定历史期表函数的关键特殊点。(GDP(t)/GDP(t_0)，$A_{33}(t)$)=（0，0），当GDP(t)/GDP(t_0)比为0时，财政收入影响因子很小，设为0。当(GDP(t)/GDP(t_0)，$A_{33}(t)$)=（1，1.04），当GDP(t)与基期GDP(t_0)比为1时，$A_{33}(t)$为1.04，如表8-6所示。

表 8-6　表函数 $A_{33}(t)$=f（GDP(t)/GDP(t_0)）（二）

PRD(t)	0	0.5	1	1.5	2	2.5	3	3.5	4
$A_{33}(t)$	0		1.04						

第4步，确定表函数的增减区间及第三个特殊点。通过实际分析，获得GDP与财政收入变化的一般规律：随着GDP的增加，财政收入量逐步增加。

第5步，确定斜率插值。根据相关研究的实际分析，确定GDP$(t)\in$[0,4]，$A_{33}(t)$

单调增大。

第6步，基于斜率的变化区间，应用相关曲线逼近法确定表函数中未确定的值，得到GDP财政收入影响因子$A_{33}(t)=f$（GDP(t)/GDP(t_0)）的表函数，见表8-7。

表 8-7　表函数 $A_{33}(t)=f$（GDP(t)/GDP(t_0)）（三）

PRD(t)	0	0.5	1	1.5	2	2.5	3	3.5	4
$A_{33}(t)$	0	0.6	1.04	1.61	2.1	2.62	3.14	3.6	4.12

2）设关联数并进行$T_3(t)$结构行为检验

A. 设关联数

根据逐树深入仿真技术，对未建树的流位进行分析，设$T_3(t)$的仿真方程中包含未建入树的流位、流率，并通过设立调控参数进行$T_3(t)$仿真检验。因为入树$T_3(t)$的方程中含未创建流率入树$T_4(t)$的公共教育支出流位$L_4(t)$、未创建入树$T_5(t)$的就业和社会保障支出流位$L_5(t)$及未创建入树$T_6(t)$的公共卫生支出流位$L_6(t)$，对此，设$L_4(t)=L_4$（2016）=90.03（亿元），$L_5(t)=L_5$（2016）=67.06（亿元），$L_6(t)=L_6$（2016）=58.80（亿元），设关联数后的$T_3(t)$满足子系统仿真条件，可进行仿真。

B. 结构行为检验

（1）预想依据上述$T_3(t)$基本枝结构和对应仿真方程情况下会发生什么系统行为。因设关联数$L_4(t)$=90.03（亿元），$L_5(t)$=67.06（亿元），$L_6(t)$=58.80（亿元）不变，可预想从2016年开始，$R_3(t)$应该呈不变增长趋势。

（2）设关联数后的$T_3(t)$仿真。可得如下仿真曲线，见图8-12。

（3）比较以上仿真结果与预想的系统行为是否一致。$T_3(t)$入树模型仿真结果图揭示：历史年仿真结果与$R_3(t)$函数值相符。由于2016年后$L_4(t)$、$L_5(t)$、$L_6(t)$设为常数，财政收入$L_3(t)$（万亿元）增加量稳定。仿真结果与预想的系统行为一致，$T_3(t)$入树枝结构及仿真方程建立正确，通过结构行为检验。

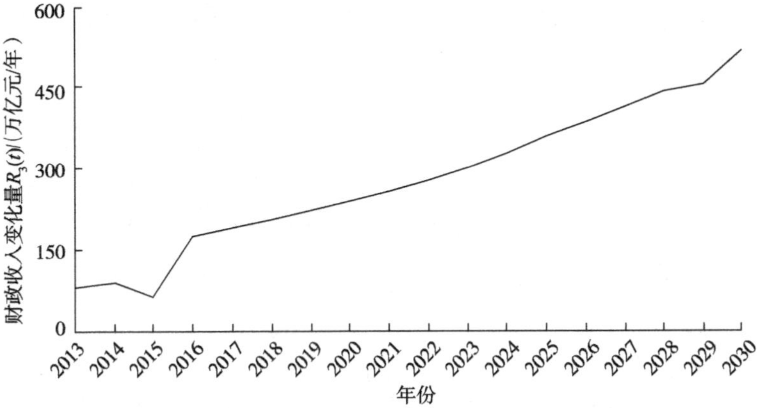

（a）

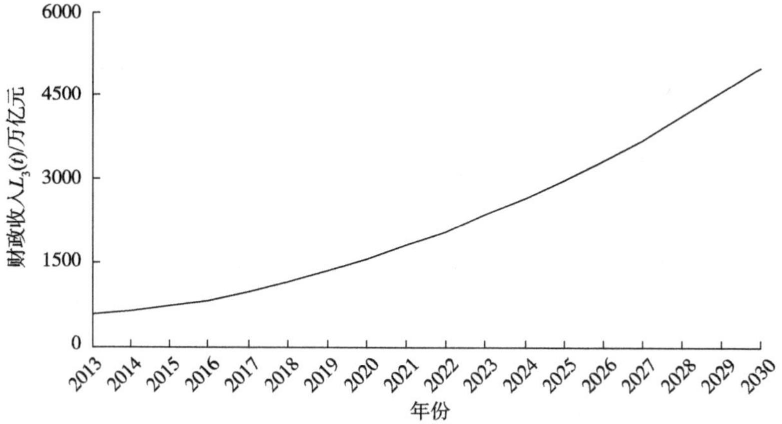

（b）

图 8-12 财政收入变化量 $R_3(t)$和财政收入 $L_3(t)$的仿真曲线

4. 建立公共教育支出入树 $T_4(t)$仿真方程

1）公共教育支出入树$T_4(t)$的仿真方程

（1）公共教育支出$L_4(t)$初始值，$L_4(t)|_{t=2013}$=73.43（万亿元）。

（2）公共教育支出变化量$R_4(t)$方程：$R_4(t)=A_{41}(t)\times L_2(t)\times A_{42}(t)\times C_2$。其中，$A_{41}(t)$为年人均公共教育支出增长率；$L_2(t)$为城市户籍人口；辅助变量$A_{42}(t)$为财政收入对公共教育支出的影响因子；$C_2$为公共教育政策调控参数。

（3）$A_{41}(t)$=0.0223，根据历史年份计算得到。

（4）财政收入对教育支出影响因子$A_{42}(t)=\text{tab}_{41}(t)$（财政收入$L_3(t)/558.02$），财政收入$L_3(t=2013)$=558.02，财政收入对公共教育支出影响因子$A_{42}(t)$是财政收入的表函数。

（5）$\text{tab}_{41}(t)$表函数的建立，财政收入L_3（t=2013）为基期GDP，同理，根据组织管理系统动力学中表函数的六步建立方法，即寻找表函数有关变量的重要关系、确定自变量$L_3(t)/L_3(t_0)$取值范围及变化步长、确定历史期表函数的关键特殊点、确定表函数的增减区间及特殊点、确定斜率插值，得到表8-8。

表 8-8 表函数 $A_{41}(t)=f(L_3(t)/L_3(t_0))$

PRD(t)	0	1	2	3	4	5	6
$A_{41}(t)$	0	1.5	1.8	2	3.5	3.9	4.3

2）设关联数并进行$T_4(t)$结构行为检验

A. 设关联数

根据逐树深入仿真技术，对未建树的流位进行分析，设$T_4(t)$的仿真方程中包含未建入树的流位、流率，并通过设立调控参数进行$T_4(t)$仿真检验。因为入树$T_4(t)$

的方程中含未创建入树$T_5(t)$的就业和社会保障支出流位$L_5(t)$及未创建入树$T_6(t)$的公共卫生支出流位$L_6(t)$，对此，设$L_5(t)=L_5(2016)=67.06$（亿元），$L_6(t)=L_6(2016)=58.80$（亿元），设关联数后的$T_4(t)$满足子系统仿真条件，可进行仿真。

B. 结构行为检验

（1）预想依据上述$T_4(t)$基本枝结构和对应仿真方程情况下会发生什么系统行为。因设关联数$L_5(t)=67.06$（亿元），$L_6(t)=58.80$（亿元）不变，可预想从2016年开始，$R_4(t)$应该呈不变增长趋势。

（2）设关联数后的$T_4(t)$仿真。可得如下仿真曲线，见图8-13。

（3）比较以上仿真结果与预想的系统行为是否一致。$T_4(t)$入树模型仿真结果图揭示，由于2016年后$L_5(t)$、$L_6(t)$设为常数，财政收入$L_4(t)$（万亿元）增加量稳定。仿真结果与预想的系统行为一致，$T_4(t)$入树枝结构及仿真方程建立正确，通过结构行为检验。

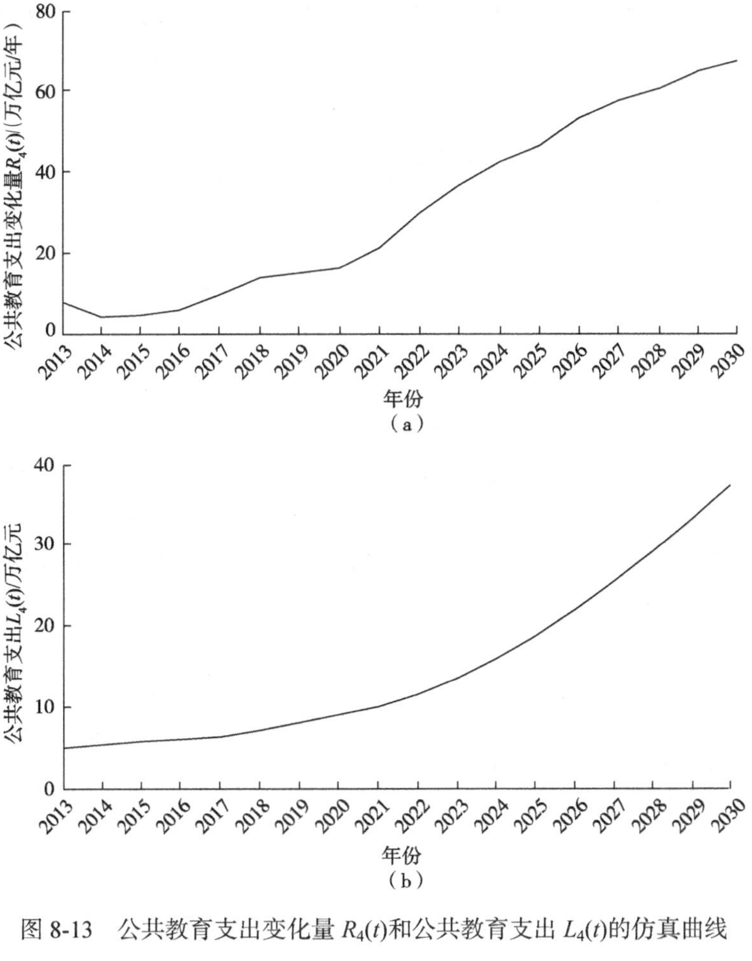

图 8-13　公共教育支出变化量 $R_4(t)$和公共教育支出 $L_4(t)$的仿真曲线

5. 建立就业和社会保障支出入树 $T_5(t)$仿真方程

1）就业和社会保障支出入树$T_5(t)$的仿真方程

（1）就业和社会保障支出$L_5(t)$初始值，$L_5(t)|_{t=2013}$=44.625（万亿元）

（2）就业和社会保障支出$R_5(t)$方程：$R_5(t)=A_{51}(t)\times L_2(t)\times A_{52}(t)\times C_3$。其中，$A_{51}(t)$为年人均就业和社会保障支出增长率；$L_2(t)$为城市户籍人口；辅助变量$A_{52}(t)$为财政收入对就业和社会保障支出的影响因子；$C_3$为就业和社会保障政策调控参数。

（3）$A_{51}(t)$=0.030，根据历史年份计算得到。

（4）财政收入对就业和社会保障支出影响因子$A_{52}(t)$=tab$_{51}(t)$（财政收入$L_3(t)$/558.02），基期财政收入L_3（t=2013）=558.02，财政收入对就业和社会保障支出影响因子$A_{52}(t)$是财政收入的表函数。

（5）建立tab$_{51}(t)$表函数。同理，根据组织管理系统动力学中表函数的六步建立方法，即寻找表函数有关变量的重要关系、确定自变量$L_3(t)/L_3(t_0)$取值范围及变化步长、确定历史期表函数的关键特殊点、确定表函数的增减区间及特殊点、确定斜率插值，得到表8-9。

表 8-9　表函数 $A_{51}(t)=f(L_3(t)/L_3(t_0))$

PRD(t)	0	1	1.5	2	3	4	5
$A_{51}(t)$	0	0.25	1.8	1.9	2.6	3.6	4.3

2）设关联数并进行$T_5(t)$结构行为检验

A. 设关联数

根据逐树深入仿真技术，对未建树的流位进行分析，设$T_5(t)$的仿真方程中包含未建入树的流位、流率，并通过设立调控参数进行$T_5(t)$仿真检验。因为入树$T_5(t)$的方程中含未创建入树$T_6(t)$的公共卫生支出流位$L_6(t)$，对此，设$L_6(t)=L_6$（2016）=58.80（亿元），设关联数后的$T_5(t)$满足子系统仿真条件，可进行仿真。

B. 结构行为检验

（1）预想依据上述$T_6(t)$基本枝结构和对应仿真方程情况下会发生什么系统行为。因设关联数$L_6(t)$=58.80（亿元）不变，可预想从2016年开始，$R_5(t)$应该呈小幅度增长然后较大幅度增长趋势。

（2）设关联数后的$T_5(t)$仿真。可得如下仿真曲线，见图8-14。

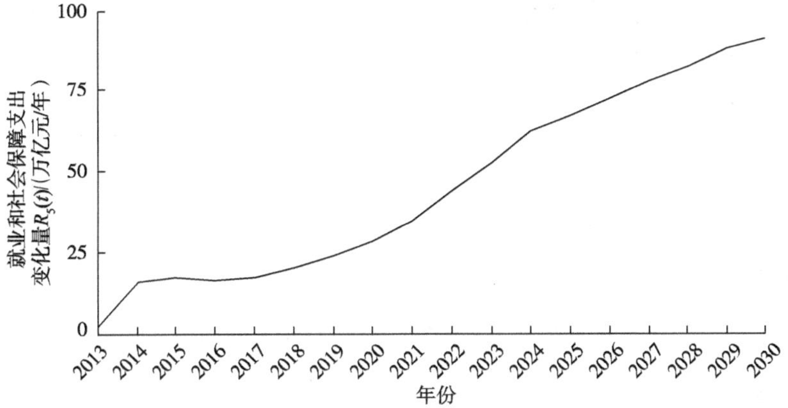

（a）

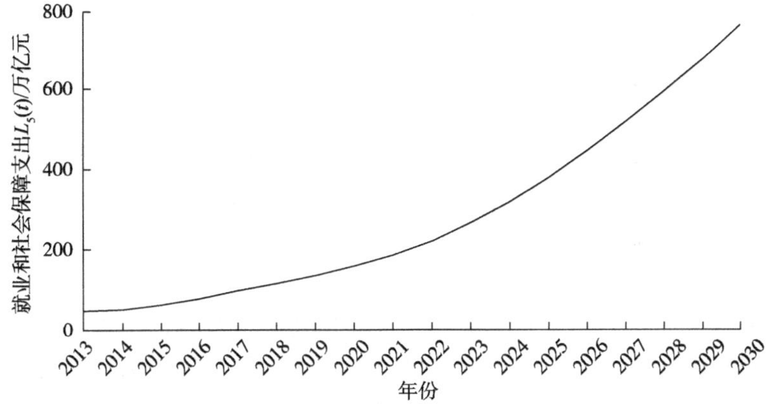

（b）

图 8-14　就业和社会保障支出变化量 $R_5(t)$与就业和社会保障支出 $L_5(t)$的仿真曲线

（3）比较以上仿真结果与预想的系统行为是否一致。$T_5(t)$入树模型仿真结果图揭示，由于2016年后$L_6(t)$设为常数，就业和社会保障支出$L_5(t)$（万亿元）增加量稳定。仿真结果与预想的系统行为一致，$T_5(t)$入树枝结构及仿真方程建立正确，通过结构行为检验。

6. 建立医疗卫生支出入树 $T_6(t)$仿真方程

1）医疗卫生支出入树$T_6(t)$的仿真方程

（1）医疗卫生支出$L_6(t)$初始值，$L_6(t)|_{t=2013}=37.45$（万亿元）

（2）医疗卫生支出$R_6(t)$方程：$R_6(t)=A_{61}(t)\times L_2(t)\times A_{62}(t)\times C_3$。其中，$A_{61}(t)$为年人均医疗卫生支出增长率；$L_2(t)$为城市户籍人口；辅助变量$A_{62}(t)$为财政收入对医疗卫生支出影响因子；$C_3$为医疗卫生政策调控参数。

（3）$A_{61}(t)=0.029\ 45$，根据历史年份计算得到。

（4）财政收入对医疗卫生支出影响因子$A_{62}(t)$=tab$_{61}(t)$（财政收入$L_3(t)$/ 558.02），基期财政收入L_3（t=2013）=558.02，财政收入对医疗卫生支出影响因子$A_{62}(t)$是财政收入的表函数。

（5）tab$_{61}(t)$表函数的建立。同理，根据组织管理系统动力学中表函数的六步建立方法，即寻找表函数有关变量的重要关系、确定自变量$L_3(t)/L_3(t_0)$取值范围及变化步长、确定历史期表函数的关键特殊点、确定表函数的增减区间及特殊点、确定斜率插值，得到表8-10。

表 8-10　表函数 $A_{61}(t)=f(L_3(t)/L_3(t_0))$

PRD(t)	0	1	1.5	2	3	4	5
$A_{61}(t)$	0	1.2	1.4	1.5	1.7	2.4	2.8

2）设关联数并进行$T_6(t)$结构行为检验

A. 设关联数

根据逐树深入仿真技术，设$T_6(t)$的仿真方程中包含适合实际情况的调控参数进行$T_6(t)$仿真检验。因为入树$T_6(t)$的方程中不含未创建入树，满足子系统仿真条件，可进行仿真。

B. 结构行为检验

（1）预想依据上述$T_6(t)$基本枝结构和对应仿真方程情况下会发生什么系统行为。可预想从2016年开始，$R_6(t)$应该呈小幅度增长然后较大幅度增长趋势。

（2）设关联数后的$T_6(t)$仿真。可得如下仿真曲线，见图8-15。

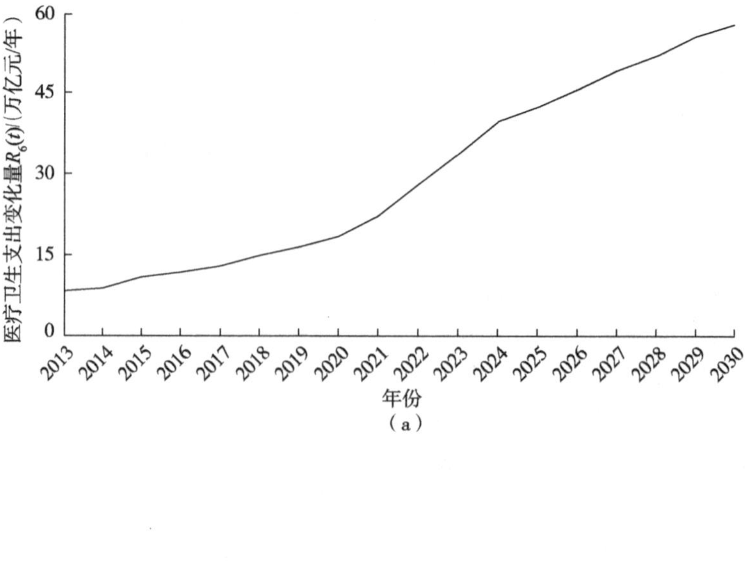

（a）

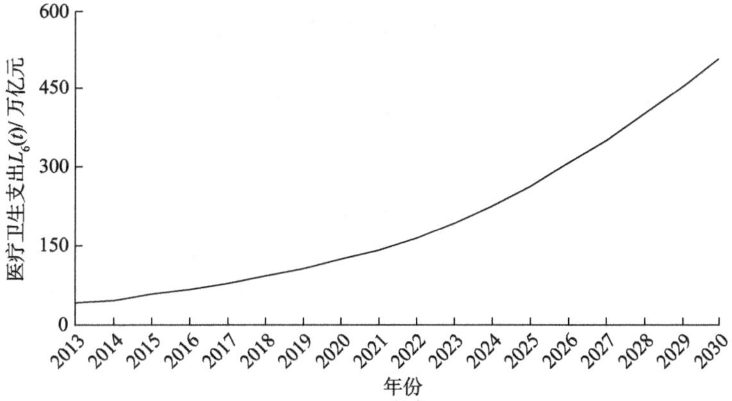

（b）

图 8-15　医疗卫生支出变化量 $R_6(t)$和医疗卫生支出 $L_6(t)$的仿真曲线

（3）比较以上仿真结果与预想的系统行为是否一致。$T_6(t)$入树模型仿真结果图揭示，$L_6(t)$增加量稳定。仿真结果与预想的系统行为一致，$T_6(t)$入树枝结构及仿真方程建立正确，通过结构行为检验。

8.4　流率基本入树模型的等价流图模型

在仿真软件下，将$T_1(t),T_2(t),\cdots,T_6(t)$树中的相同顶点重合，构成系统流图模型，见图8-16。企业创新升级系统流图模型是多变量、多个反馈环构成的复杂流图模型。

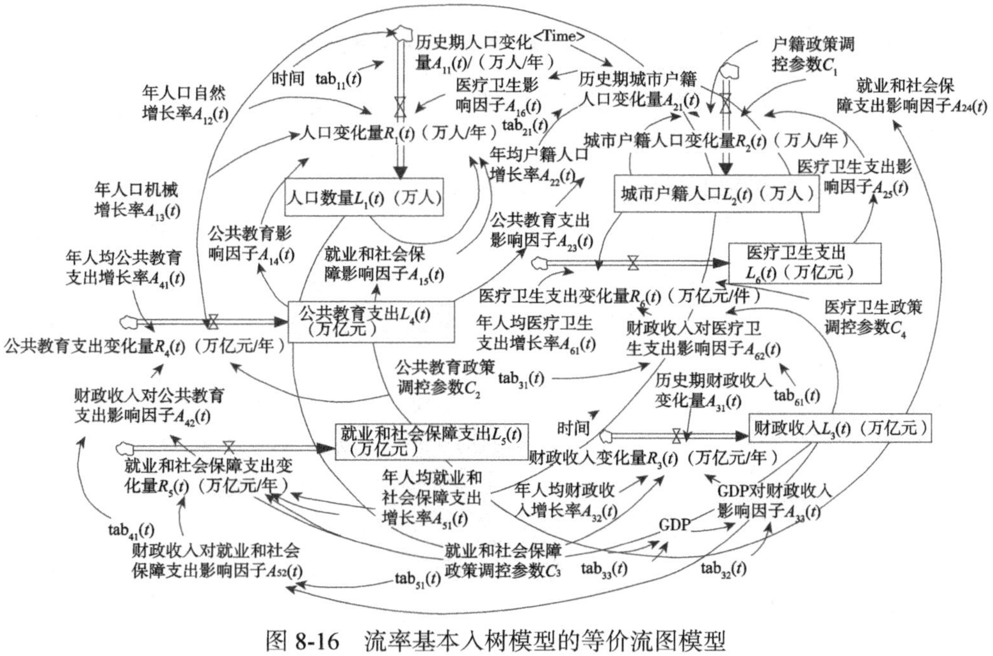

图 8-16　流率基本入树模型的等价流图模型

8.5 基于流位至流率0-1关联矩阵的系统反馈环计算法

8.5.1 流率基本入树 $T_1(t),T_2(t),\cdots,T_n(t)$ 模型的流位至流率 0-1 关联矩阵构建

若流率基本入树$T_1(t),T_2(t),\cdots,T_n(t)$的枝结构图中，流位$L_i(t)$不是流率$R_j(t)$的枝的尾流位，则$X_{ij}$=0；若流位$L_i(t)$为流率$R_j(t)$的枝的尾流位，则$X_{ij}$=1。$X_{ij}$为流位$L_i(t)$是否为流率$R_j(t)$尾流位的关联值（$X_{ij}$简称尾流位关联值），构造以下关联矩阵。

$$Bnxn=\begin{array}{c} \\ L_1 \\ L_2 \\ \vdots \\ L_n \end{array}\begin{array}{c} \begin{array}{cccc} R_1 & R_2 & \cdots & R_n \end{array} \\ \begin{bmatrix} X_{11} & X_{12} & \cdots & X_{1n} \\ X_{21} & X_{22} & \cdots & X_{2n} \\ \vdots & \vdots & & \vdots \\ X_{n1} & X_{n2} & \cdots & X_{nn} \end{bmatrix} \end{array}$$

其中关联矩阵的行为对应的流位行。关联矩阵的第1行为$L_1(t)$尾流位分别至n个流率$R_1(t),R_2(t),\cdots,R_n(t)$的关联值；第2行为$L_2(t)$尾流位分别对$n$个流率$R_1(t),R_2(t),\cdots,R_n(t)$的关联值……第$n$行为$L_n(t)$尾流位分别对$n$个流率$R_1(t),R_2(t),\cdots,R_n(t)$的关联值，关联矩阵的列为流率列，$n$列分别依次对应$R_i(t)$至$R_n(t)$受各尾流位作用的关联值。其中，若在入树第$T_j(t)$中，存在尾流位$L_i(t)$指向$R_j(t)$的枝有$p$条，则$X_{ij}=p\times 1$。

8.5.2 流位至流率 0-1 关联矩阵反馈环算法

依据$R_j(t)\to L_j(t)$因果链原理，逐行计算含各i行流位$L_i(t)$的反馈环，得到所有反馈环。

步骤1 分别依据关联矩阵流位$L_1(t)$对应第1行的$X_{11},X_{12},\cdots,X_{1n}$，计算出含流位$L_1(t)$的全部反馈环。①若$X_{1j}$=1，则存在$L_1(t)\to R_j(t)$因果链，而$R_j(t)\to L_j(t)$；在流位$L_j(t)$对应第$j$行，若$X_{j1}$=1，则存在$L_j(t)\to R_1(t)$因果链，而$R_1(t)\to L_1(t)$，于是，获含流位$L_1(t)$的2阶反馈环：$L_1(t)\to R_j(t)\to L_j(t)\to R_1(t)\to L_1(t)$。②若$X_{1j}$=1，则存在$L_1(t)\to R_j(t)$因果链，而$R_j(t)\to L_j(t)$；在流位$L_j(t)$对应第$j$行，若（$k\neq 1$）$X_{jk}$=1，则存在$L_j(t)\to R_k(t)$，而$R_k(t)\to L_k(t)$因果链；在流位$L_k(t)$对应第$k$行，若$X_{k1}$=1，则存在$L_k(t)\to R_1(t)$，而$R_1(t)\to L_1(t)$，于是，获含流位$L_1(t)$的3阶反馈环：$L_1(t)\to R_j(t)\to L_j(t)\to R_k(t)\to L_k(t)\to R_1(t)\to L_1(t)$。以此类推，依据关联矩阵流位$L_1(t)$对应第1行的$X_{11},X_{12},\cdots,X_{1n}$，计算出含流位$L_1(t)$的各阶反馈环构成的反馈环子集合。

步骤2 依据关联矩阵流位$L_{21}(t)$对应第2行的$X_{21},X_{22},\cdots,X_{2n}$，计算出含流位$L_{21}(t)$的反馈环子集合。

……

步骤n　依据关联矩阵流位$L_n(t)$对应第n行的$X_{n1},X_{n2},\cdots,X_{nn}$，计算出含流位$L_n(t)$的反馈环子集合。

步骤n+1　由n个反馈环子集合作并运算获得系统的全部反馈环。

8.5.3　深化户籍制度改革中公共服务创新的复杂系统反馈环计算与分析

1. 流率基本入树$T_1(t),T_2(t),\cdots,T_6(t)$模型中流位至流率0-1关联矩阵构建

依据各流率基本入树$T_1(t),T_2(t),\cdots,T_6(t)$的枝结构，若流位$L_1(t)$为流率$R_{j1}(t)$的枝的尾流位，则$X_{ij}$=1，否则$X_{ij}$=0，$X_{ij}$为尾流位关联值。依此，构造以下关联矩阵：

$$B_{6\times 6}=\begin{matrix} & R_1 & R_2 & R_3 & R_4 & R_5 & R_6 \\ L_1 & 1 & 0 & 1 & 0 & 0 & 0 \\ L_2 & 0 & 1 & 0 & 1 & 1 & 1 \\ L_3 & 0 & 0 & 0 & 1 & 1 & 1 \\ L_4 & 1 & 1 & 0 & 0 & 0 & 0 \\ L_5 & 1 & 1 & 0 & 0 & 0 & 0 \\ L_6 & 1 & 1 & 0 & 0 & 0 & 0 \end{matrix}$$

其中，关联矩阵的第1行为$L_1(t)$流位分别对6个流率$R_1(t),R_2(t),\cdots,R_6(t)$的尾流位关联值……第6行为$L_6(t)$流位分别对6个流率$R_1(t),R_2(t),\cdots,R_6(t)$的尾流位关联值。

2. 流位至流率0-1关联矩阵反馈环计算

步骤1　依据关联矩阵中流位$L_1(t)$对应第1行的$X_{11},X_{12},\cdots,X_{16}$，计算含流位$L_1(t)$的全部反馈环。①因$X_{11}$=1，则存在$L_1(t)\to R_1(t)$，而$R_1(t)\to L_1(t)$；在流位$L_2(t)$对应第2行，$X_{24}$=1，则存在$L_2(t)\to R_4(t)$，而$R_4(t)\to L_2(t)$，于是，获含流位$L_2(t)$的2阶反馈环：$L_2(t)\to R_4(t)\to L_2(t)$。②在流位$L_2(t)$对应第2行，又$X_{25}$=1，则存在$L_5(t)\to R_2(t)$。在流位$L_2(t)$对应第2行，$X_{26}$=1，则存在$L_2(t)\to R_6(t)$，而$R_6(t)\to L_2(t)$，于是，获含流位$L_2(t)$的2阶反馈环3条：$L_2(t)\to L_4(t)\to L_2(t)$；$L_2(t)\to L_5(t)\to L_2(t)$；$L_2(t)\to L_6(t)\to L_2(t)$。③在流位$L_3(t)$对应第3行，又$X_{34}$=1，则存在$L_3(t)\to R_4(t)$，而$R_4(t)\to L_3(t)$，在流位$L_1(t)$对应第1行，$X_{13}$=1，则存在$L_1(t)\to R_3(t)$，于是，获含流位$L_1(t)$的3阶反馈环：$L_3(t)\to R_4(t)\to L_4(t)\to R_1(t)\to L_1(t)\to R_3(t)$。以此类推，依据关联矩阵流位$L_1(t)$对应第1行的$X_{11},X_{12},\cdots,X_{16}$，可计算出含流位$L_1(t)$的10条反馈环。

步骤2　同理，分别依据关联矩阵流位$L_2(t)$至$L_6(t)$对应各行的尾流位关联值X_{ij}组合，计算出系统含流位$L_2(t)$至$L_6(t)$各流位的全部反馈环。

3. 流位至流率0-1关联矩阵的系统反馈环计算法计算结果

对流位$L_1(t)$至$L_6(t)$各流位的反馈环子集合作并运算，得到复杂系统的14条反馈环。见表8-11。

表 8-11 深化户籍制度改革的城市公共服务创新系统反馈环计算结果

反馈环	数目	关键变量	系统反馈环结构
1 阶反馈环	2	人口数量、城市户籍人口	$L_1 \to L_1$； $L_2 \to L_2$
2 阶反馈环	3	城市户籍人口、公共教育支出、就业和社会保障支出、医疗卫生支出	$L_2 \to L_4 \to L_2$； $L_2 \to L_5 \to L_2$； $L_2 \to L_6 \to L_2$
3 阶反馈环	3	财政收入、人口数量、公共教育支出、医疗卫生支出、就业和社会保障支出	$L_3 \to L_4 \to L_1 \to L_3$； $L_3 \to L_5 \to L_1 \to L_3$； $L_3 \to L_6 \to L_1 \to L_3$
4 阶反馈环	6	财政收入、人口数量、公共教育支出、医疗卫生支出、就业和社会保障支出	$L_3 \to L_5 \to L_2 \to L_4$-$\to L_1 \to L_3$； $L_3 \to L_4 \to L_2 \to L_5 \to L_1 \to L_3$； $L_3 \to L_4 \to L_2 \to L_6 \to L_1 \to L_3$； $L_3 \to L_5 \to L_2 \to L_6 \to L_1 \to L_3$； $L_3 \to L_6 \to L_2 \to L_5 \to L_1 \to L_3$； $L_3 \to L_6 \to L_2 \to L_4$-$\to L_1 \to L_3$

8.5.4 枝向量行列式反馈环计算与 Vensim 软件流位反馈环计算的验证分析

运用枝向量行列式反馈环算法进行验证，计算过程和结果如下。

$$
|A|_{6\times 6}=\begin{vmatrix}
1 & 0 & 0 & (R_1,A_{14},L_4) & (R_1,A_{15},L_5) & (R_1,A_{16},L_6)\\
0 & 1 & 1 & (R_2,A_{23},L_4) & (R_2,A_{24},L_5) & (R_2,A_{25},L_6)\\
(R_3,L_1) & 0 & 1 & 0 & 0 & 0\\
0 & (R_4,L_2) & (R_4,A_{42},L_3) & 1 & 0 & 0\\
0 & (R_5,L_2) & (R_5,A_{52},L_3) & 0 & 1 & 0\\
0 & (R_6,L_2) & (R_6,A_{62},L_3) & 0 & 0 & 1
\end{vmatrix}
$$

$$
=\begin{vmatrix}
1 & 0 & (R_2,A_{23},L_4) & (R_2,A_{24},L_5) & (R_2,A_{25},L_6)\\
0 & 1 & 0 & 0 & 0\\
(R_4,L_2) & (R_4,A_{42},L_3) & 1 & 0 & 0\\
(R_5,L_2) & (R_5,A_{52},L_3) & 0 & 1 & 0\\
(R_6,L_2) & (R_6,A_{62},L_3) & 0 & 0 & 1
\end{vmatrix}(R_3,L_1)
$$

$$
\times\begin{vmatrix}
0 & 0 & (R_1,A_{14},L_4) & (R_1,A_{15},L_5) & (R_1,A_{16},L_6)\\
1 & 0 & (R_2,A_{23},L_4) & (R_2,A_{24},L_5) & (R_2,A_{25},L_6)\\
(R_4,L_2) & (R_4,A_{42},L_3) & 1 & 0 & 0\\
(R_5,L_2) & (R_5,A_{52},L_3) & 0 & 1 & 0\\
(R_6,L_2) & (R_6,A_{62},L_3) & 0 & 0 & 1
\end{vmatrix}
$$

$$
=\begin{vmatrix}
1 & (R_2,A_{23},L_4) & (R_2,A_{24},L_5)\\
(R_4,L_2) & 1 & 0\\
(R_5,L_2) & 0 & 1
\end{vmatrix}+(R_2,A_{25},L_5)\begin{vmatrix}
(R_4,L_2) & 1 & 0\\
(R_5,L_2) & 0 & 1\\
(R_6,L_2) & 0 & 0
\end{vmatrix}
$$

$$+(R_3,L_1)\times(R_1,A_{16},L_6)\times\begin{vmatrix}1 & 0 & (R_2,A_{23},L_4)\\(R_4,L_2) & (R_4,A_{42},L_3) & 1\\(R_6,L_2) & (R_6,A_{62},L_3) & 0\end{vmatrix}$$

$$+(R_3,L_1)\times(R_1,A_{16},L_6)\times(R_2,A_{24},L_5)\times\begin{vmatrix}(R_4,L_2) & (R_4,A_{42},L_3) & 1\\(R_5,L_2) & (R_5,A_{52},L_3) & 0\\(R_6,L_2) & (R_6,A_{62},L_3) & 0\end{vmatrix}$$

$$+(R_3,L_1)\times(R_2,A_{25},L_6)\times(R_1,A_{15},L_5)\times\begin{vmatrix}(R_4,L_2) & (R_4,A_{42},L_3) & 1\\(R_5,L_2) & (R_5,A_{52},L_3) & 0\\(R_6,L_2) & (R_6,A_{62},L_3) & 0\end{vmatrix}$$

$$+(R_3,L_1)\times(R_2,A_{25},L_6)\times\begin{vmatrix}0 & 0 & (R_1,A_{14},L_4)\\(R_4,L_2) & (R_4,A_{42},L_3) & 0\\(R_6,L_2) & (R_6,A_{62},L_3) & 0\end{vmatrix}$$

$$\begin{aligned}&=1+(R_2,A_{23},L_4)(R_4,L_2)+(R_2,A_{24},L_5)(R_5,L_2)+(R_2,A_{24},L_5)(R_5,A_{25},L_6)(R_6,L_2)\\&\quad+(R_3,L_1)(R_1,A_{14},L_4)(R_4,A_{42},L_3)+(R_3,L_1)(R_1,A_{14},L_4)(R_4,L_2)(R_2,A_{24},L_5)(R_5,A_{52},L_3)\\&\quad+(R_3,L_1)(R_1,A_{15},L_5)(R_5,A_{52},L_3)+(R_3,L_1)(R_1,A_{15},L_5)(R_5,L_2)(R_2,A_{23},L_4)(R_4,A_{42},L_3)\\&\quad+(R_3,L_1)(R_1,A_{16},L_6)(R_6,A_{62},L_3)+(R_3,L_1)(R_1,A_{16},L_6)(R_6,L_2)(R_2,A_{23},L_4)(R_4,A_{42},L_3)\\&\quad+(R_3,L_1)(R_1,A_{16},L_6)(R_6,L_2)(R_2,A_{24},L_5)(R_5,A_{52},L_3)+(R_3,L_1)(R_1,A_{15},L_5)(R_5,L_2)\\&\quad\times(R_2,A_{25},L_6)(R_6,A_{62},L_3)+(R_3,L_1)(R_1,A_{14},L_4)(R_4,L_2)(R_2,A_{25},L_6)(R_6,A_{62},L_3)\end{aligned}$$

由于枝向量行列式算法中1阶反馈环需直接观察识别，故以上12条反馈环计算结果加上人口数量$L_1(t)$和城市户籍人口$L_2(t)$的1阶反馈环后，共得到14条反馈环，与最终流率–流位[0-1]矩阵算法结果完全一致。此外，运行Venple 51软件，对流图中各流位顶点计算反馈环，对每个流位逐一进行细致的计算分析和比较，最终得到完全相同的运算结果。这进一步证明流位至流率0-1关联矩阵的系统反馈环计算法和枝向量行列式反馈环计算法的一致性。

8.6　调控参数灵敏度分析和调控参数作用反馈环结构分析

8.6.1　调控参数变化范围确定

本节利用所建立的城市公共服务创新系统的系统动力学模型，结合实际，通过调整策略参数进行相应的策略实验。以下分析四项策略对试点城市公共服务发展和转型升级目标的影响。

（1）进一步放开户籍落户限制，居住落户取消还清贷款和二手房限制，取消申请人缴纳社保限制，取消其配偶、未婚子女有无职业限制，户籍政策调控参数C_1由1提高到2。

（2）公共教育政策调控参数C_2变化范围。根据《国家中长期教育改革和发展规划纲要（2010—2020年）》，国家财政性教育经费支出占GDP比例要达到4%的目标。南昌市公共教育支出由2013年的2.19%上升到2016年的2.11%，年均仅占南昌市地区生产总值的2.15%，当公共教育政策调控参数C_2=3时，2020年公共教育支出占南昌市地区生产总值的比例为4%，由此确定公共教育政策调控参数C_2的调控区间为[1，3]。

（3）就业和社会保障支出调控参数C_3变化范围。南昌市就业和社会保障支出占南昌市地区生产总值的比重由2013年的1.33%上升到2016年的1.52%，年均仅占地区生产总值的1.42%。当就业和社会保障政策调控参数C_3=3时，2020年就业和社会保障支出占地区生产总值的比例为6%，由此确定就业和社会保障政策调控参数C_3的调控区间为[1，3]。

（4）医疗卫生政策调控参数C_4变化范围。按照世界卫生组织的要求，发展中国家卫生总费用占GDP总费用不应低于5%。南昌市医疗卫生支出仅占南昌地区生产总值的1.35%，财政投入不足问题依然存在。总体上来看，南昌市卫生事业开支不足，与实际需求相比远远不够。当医疗卫生政策调控参数C_4=3时，2020年公共卫生支出占地区生产总值的比重为5%，由此，确定医疗卫生政策调控参数C_4的调控区间为[1，3]，具体见表8-12。

表 8-12　T_1-T_6 仿真实验调控参数表

仿真策略	调控参数	变化范围
策略 1：放开户籍落户限制	户籍政策调控参数 C_1	[1,2]
策略 2：增加公共教育支出	公共教育政策调控参数 C_2	[1,3]
策略 3：扩大就业和社会保障支出	就业和社会保障政策调控参数 C_3	[1,3]
策略 4：扩大医疗卫生支出	医疗卫生政策调控参数 C_4	[1,3]

8.6.2　调控参数灵敏度分析

灵敏度分析是研究与分析一个系统（或模型）的状态或输出变化对系统参数或周围条件变化的敏感程度的方法。为保证模型的可靠性，对参数进行灵敏度分析，检验模型对参数在合理范围内变化时的灵敏度。设C为变化参数，L为输出变量，则灵敏度S为

$$S(t)=\left|\frac{\Delta L(t)/L(t)}{\Delta C(t)/C(t)}\right|$$

本模型对表8-12的4个调控参数进行调控参数灵敏度分析，受篇幅所限，本书给出参数调控变量变化对部分变量的灵敏度结果。

1. 流位 $L_2(t)$ 对户籍政策调控参数 C_1 变化的灵敏度分析

户籍政策调控参数 C_1 为 $T_2(t)$ 入树中流位城市户籍人口 $L_2(t)$ 的流率 $R_2(t)$ 的调控参数。现设公共教育政策调控参数 C_2 等于3，即 $C_2=3$，计算 $L_2(t)$ 对 C_1 变化的灵敏度 $S_1(t)$。

由表8-12可知，$C_1\in[1,2]$，当 $C_1=1$ 时，依据仿真模型，得到流位 $L_2(t)$ 仿真曲线，记为 $L_{21}(t)$，$L_{21}(t)$ 未来各年的值见表8-13第3行；当 $C_1=2$ 时，则得到 $L_2(t)$ 仿真曲线，记为 $L_{22}(t)$，$L_{22}(t)$ 未来各年的值见表8-13第2行。$\Delta L_2(t)=L_{22}(t)-L_{21}(t)$，其未来各年的值见表8-13第4行。依据灵敏度计算公式，灵敏度 $S_1(t)=(\Delta L_2(t)/L_{21}(t))/(\Delta C_1/1)$，由此计算得到流位 $L_2(t)$ 对户籍政策调控参数 C_1 变化的灵敏度 $S_1(t)$ 未来各年的值，见表8-13第5行。

表 8-13　城市户籍人口 $L_2(t)$ 对 C_1 调控参数变化的灵敏度变化值 $S_1(t)$

参数值	流位变量	2013 年	2014 年	2015 年	2016 年	2017 年	2018 年	2019 年	2020 年	2029 年	2030 年
$C_1=2$	$L_{22}(t)$	235.96	238.38	282.26	289.5	309.263	370.198	398.299	439.201	1175.13	1248.74
$C_1=1$	$L_{21}(t)$	235.96	238.38	282.26	289.5	303.002	336.546	353.268	375.436	675.263	701.573
$\Delta L_2(t)$		0	0	0	0	6.261	33.652	45.031	63.765	499.867	547.167
$S_1(t)$		0	0	0	0	0.0207	0.1	0.1275	0.1698	0.7403	0.7799

表8-13揭示：流位 $L_2(t)$ 对调控参数 C_1 变化的灵敏度最小为0（2013年），最大为0.7799（2030年），未来各年平均灵敏度为0.2993，具有较为显著的灵敏度。

2. 流位 $L_4(t)$ 对公共教育政策调控参数 C_2 变化的灵敏度分析

C_2 为直接调控 $T_4(t)$ 入树中公共教育支出 $L_4(t)$ 的流率 $R_4(t)$ 的调控参数。现设表8-13中户籍政策调控参数 C_1 等于2，即 $C_1=2$，$C_2=3$，计算 $L_4(t)$ 对 C_2 变化的灵敏度 $S_2(t)$。

由表8-12可知，$C_2\in[1,3]$，当 $C_2=1$ 时，依据仿真模型，得到 $L_4(t)$ 仿真曲线，记为 $L_{41}(t)$，$L_{41}(t)$ 未来各年的值见表8-14第3行；当 $C_2=3$ 时，依据仿真模型，得到流位 $L_4(t)$ 仿真曲线，记为 $L_{42}(t)$，$L_{42}(t)$ 未来各年的值见表8-14第2行。$\Delta L_4(t)=L_{42}(t)-L_{41}(t)$，未来各年的值见表8-14第4行，依据灵敏度计算公式，灵敏度 $S_2(t)=(\Delta L_4(t)/L_{41}(t))/(\Delta C_2/2)$，由此计算得到流位 $L_4(t)$ 对调控参数 C_2 变化的灵敏度 $S_2(t)$ 未来各年的值，见表8-14第5行。

表 8-14　公共教育支出 $L_4(t)$ 对调控参数 C_2 变化的灵敏度变化值 $S_2(t)$

参数值	流位变量	2013 年	2014 年	2015 年	2016 年	2017 年	2018 年	2019 年	2020 年	2029 年	2030 年
$C_2=3$	$L_{42}(t)$	73.43	97.1086	109.215	122.979	140.488	169.162	214.082	264.378	1870.3	2208.35
$C_2=1$	$L_{41}(t)$	73.43	81.3229	85.3583	89.9462	95.7828	105.147	118.759	133.629	500.621	565.372
$\Delta L_4(t)$		0	15.7857	23.8567	33.0328	44.7052	64.015	95.323	130.749	1369.679	1642.978
$S_2(t)$		0	0	0.0971	0.1397	0.1836	0.2334	0.3044	0.4013	0.4892	1.368

表8-14揭示：流位$L_4(t)$对调控参数C_2变化的灵敏度最小为0（2013年），最大为1.368（2030年），未来各年平均灵敏度为0.675，具有较为显著的灵敏度。

3. 流位 $L_5(t)$对就业和社会保障政策调控参数 C_3 变化的灵敏度分析

就业和社会保障政策调控参数C_3为直接调控$T_5(t)$入树中就业和社会保障支出$L_5(t)$的流率$R_5(t)$的调控参数。现设表8-14中户籍政策调控参数C_1等于2，即C_1=2，C_3=3，计算$L_5(t)$对C_3变化的灵敏度$S_3(t)$。

由表8-12可知，$C_3\in[1,3]$，当C_3=1时，依据仿真模型，得到$L_5(t)$仿真曲线，记为$L_{51}(t)$，$L_{51}(t)$未来各年的值见表8-15第3行；当C_3=3时，依据仿真模型，得到流位$L_5(t)$仿真曲线，记为$L_{52}(t)$，$L_{52}(t)$未来各年的值见表8-15第2行。$\Delta L_5(t)=L_{52}(t)-L_{51}(t)$，未来各年的值见表8-15第4行，依据灵敏度计算公式，灵敏度$S_3(t)=(\Delta L_5(t)/L_{51}(t))/(\Delta C_3/2)$，由此计算得到流位$L_5(t)$对调控参数$C_3$变化的灵敏度$S_3(t)$未来各年的值，见表8-15第5行。

表 8-15 就业和社会保障支出 $L_5(t)$对调控参数 C_3 变化的灵敏度变化值 $S_3(t)$

参数值	流位变量	2013 年	2014 年	2015 年	2016 年	2017 年	2018 年	2019 年	2020 年	2029 年	2030 年
C_3=3	$L_{52}(t)$	44.625	49.9782	95.9782	146.705	195.989	247.799	313.247	392.998	2669	3127.55
C_3=1	$L_{51}(t)$	44.625	46.4094	61.7428	78.6517	95.0795	112	131.833	155.411	678.415	766.247
$\Delta L_5(t)$		0	3.5688	34.2354	68.0533	100.9095	135.799	181.414	237.587	1990.585	2361.303
$S_3(t)$		0	0	0.0384	0.2772	0.4326	0.5307	0.6062	0.688	0.7644	1.4671

表8-15揭示：流位$L_5(t)$对调控参数C_3变化的灵敏度最小为0（2013年），最大为1.4671（2030年），未来各年平均灵敏度为0.851，具有较为显著的灵敏度。

4. 流位 $L_6(t)$对医疗卫生政策调控参数 C_4 变化的灵敏度分析

医疗卫生政策调控参数C_4为直接调控$T_6(t)$入树中医疗卫生支出$L_6(t)$的流率$R_6(t)$的调控参数。现设表8-15中户籍政策调控参数C_1等于2，即C_1=2，C_4=3，计算$L_6(t)$对C_4变化的灵敏度$S_4(t)$。

由表8-12可知，$C_4\in[1,3]$，当C_4=1时，依据仿真模型，得到$L_6(t)$仿真曲线，记为$L_{61}(t)$，$L_{61}(t)$未来各年的值见表8-16第3行；当C_4=3时，依据仿真模型，得到流位$L_6(t)$仿真曲线，记为$L_{62}(t)$，$L_{62}(t)$未来各年的值见表8-16第2行。$\Delta L_6(t)=L_{62}(t)-L_{61}(t)$未来各年的值见表8-16第4行，依据灵敏度计算公式，灵敏度$S_4(t)=(\Delta L_6(t)/L_{61}(t))/(\Delta C_4/2)$，由此计算得到流位$L_6(t)$对$C_4$调控参数变化灵敏度$S_4(t)$未来各年的值，见表8-16第5行。

表 8-16　医疗卫生支出 $L_6(t)$对调控参数 C_4 变化的灵敏度变化值 $S_4(t)$

参数值	流位变量	2013 年	2014 年	2015 年	2016 年	2017 年	2018 年	2019 年	2020 年	2029 年	2030 年
C_4=3	$L_{62}(t)$	37.45	62.4665	88.9515	121.901	156.862	196.374	245.885	301.751	1752.04	2042.74
C_4=1	$L_{61}(t)$	37.45	45.7888	54.6172	65.6003	77.2539	90.1581	105.161	121.678	455.191	510.873
$\Delta L_6(t)$		0	16.6777	34.3343	56.3007	79.6081	106.2159	140.724	180.073	1296.849	1531.867
$S_4(t)$		0	0	0.1821	0.3143	0.4291	0.5152	0.5891	0.6691	0.74	1.4245

表8-16揭示：流位$L_6(t)$对调控参数C_4变化的灵敏度最小为0（2013年和2014年），最大为1.4245（2030年），未来各年平均灵敏度为0.834，具有较为显著的灵敏度。

从表8-13到表8-16可观察出，通过设置C_1、C_2、C_3和C_4四个参数在调控范围内对系统进行调控，系统对应四个关键流位变量的输出状态发生了较大变化，这有利于户籍制度改革中公共服务创新政策的实施。在户籍政策调控参数C_1、公共教育政策调控参数C_2、就业和社会保障调控参数C_3、医疗卫生政策调控参数C_4四个灵敏度分析中，就业和社会保障支出$L_5(t)$对就业和社会保障政策调控参数C_3变化的灵敏度最大，进一步揭示了就业和社会保障支出是户籍制度改革中公共服务创新升级的重要途径。

8.6.3　深化户籍制度改革城市公共服务创新策略的仿真反馈环结构组合分析

1. *户籍政策调控参数 C_1 调控 1 阶到 5 阶反馈环 10 条*

户籍政策调控参数C_1是$T_2(t)$中流率$R_2(t)$的调控参数，经前反馈环计算，系统

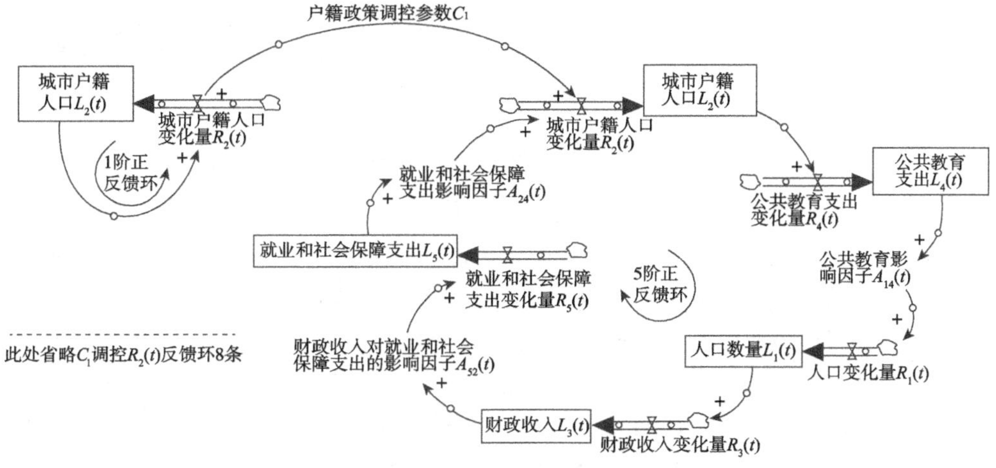

图 8-17　户籍政策调控参数 C_1 调控 10 条反馈环示意图

经过$R_2(t)$的1阶至5阶反馈环10条，由此得C_1直接调控的反馈环10条，其中1阶反馈环1条，2阶反馈环3条，5阶反馈环6条。图8-17为10条反馈环的组合示意图。图8-17中左图为经“城市户籍人口$L_2(t)$的1阶反馈环，右图为经“城市户籍人口$L_2(t)$”“公共教育支出$L_4(t)$”“人口数量$L_1(t)$”“财政收入$L_3(t)$”“就业和社会保障支出$L_5(t)$”的5阶反馈环，中间省略了8条反馈环，由此揭示了策略1中户籍政策调控参数通过调控人口变化进而控制系统的复杂反馈环结构变化。

2. 公共教育政策调控参数 C_2 调控 2 阶到 5 阶反馈环 12 条

公共教育政策调控参数C_2是$T_4(t)$流率$R_4(t)$的调控参数，经前反馈环计算，系统经过$R_4(t)$的2阶至5阶反馈环12条，由此得C_2直接调控的反馈环12条，其中2阶反馈环2条，3阶反馈环2条，5阶反馈环8条。图8-18为12条反馈环的组合图。图8-18中左图为经“公共教育支出$L_4(t)$”与“城市户籍人口$L_2(t)$”的2阶反馈环，右图为经“公共教育支出$L_4(t)$”“城市户籍人口$L_2(t)$”“就业和社会保障支出$L_5(t)$”“人口数量$L_1(t)$”“财政收入$L_3(t)$”的5阶反馈环，中间省略了10条反馈环，由此揭示了策略2中C_2在系统中调控着复杂的反馈环结构变化。

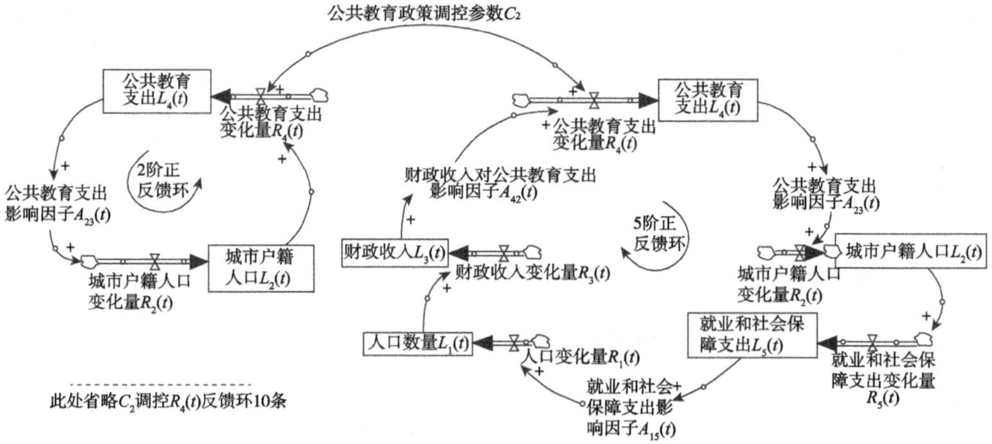

图 8-18　公共教育政策调控参数 C_2 调控 12 条反馈环

3. 就业和社会保障政策调控参数 C_3 调控 2 阶到 5 阶反馈环 12 条

就业和社会保障政策调控参数C_3是$T_5(t)$中流率$R_5(t)$的调控参数，经前反馈环计算，系统经过$R_5(t)$的2阶至5阶反馈环12条，由此得到C_3直接调控的反馈环12条，其中2阶反馈环2条，3阶反馈环2条，5阶反馈环8条。图8-19为12条反馈环的组合图。图8-19中左图为经“就业和社会保障支出$L_5(t)$”与“城市户籍人口$L_2(t)$”的2阶反馈环，右图为经“就业和社会保障支出$L_5(t)$”“城市户籍人口$L_2(t)$”“公共教育支出$L_4(t)$”“人口数量$L_1(t)$”“财政收入$L_3(t)$”的最高阶5阶反馈环，中间省略了10条反馈环，由此揭示了策略3中C_3在系统中调控着复杂的反馈环结构变化。

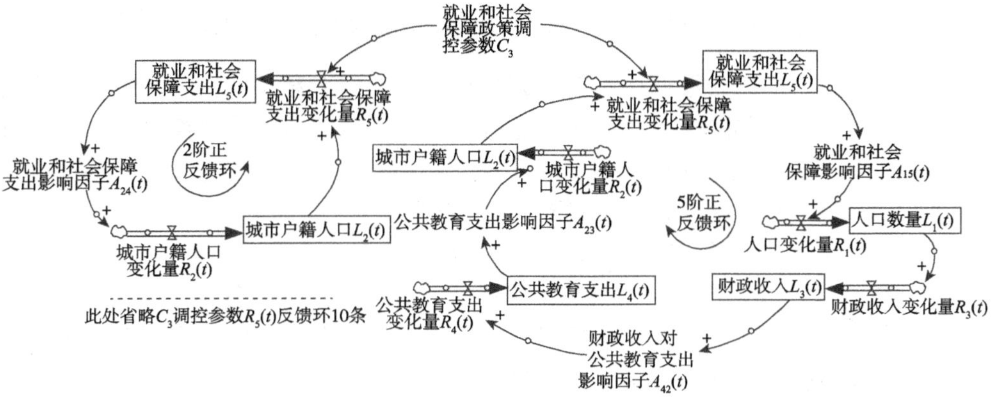

图 8-19　就业和社会保障政策调控参数 C_3 调控 12 条反馈环

4. 医疗卫生政策调控参数 C_4 调控 2 阶到 5 阶反馈环 12 条

医疗卫生政策调控参数C_4是$T_6(t)$流率$R_6(t)$的调控参数，经前反馈环计算，系统经过$R_6(t)$的2至5阶反馈环12条，由此得C_4直接调控的反馈环12条，其中2阶反馈环2条，3阶反馈环2条，5阶反馈环8条。图8-20为12条反馈环的组合图。图 8-20中左图为经“医疗卫生支出$L_6(t)$”与“城市户籍人口$L_2(t)$”的2阶反馈环，右图为经“医疗卫生支出$L_6(t)$”“城市户籍人口$L_2(t)$”“公共教育支出$L_4(t)$”“人口数量$L_1(t)$”“财政收入$L_3(t)$”的5阶反馈环，中间省略了10条反馈环，由此揭示了策略4中C_4在系统中调控着复杂的反馈环结构变化。

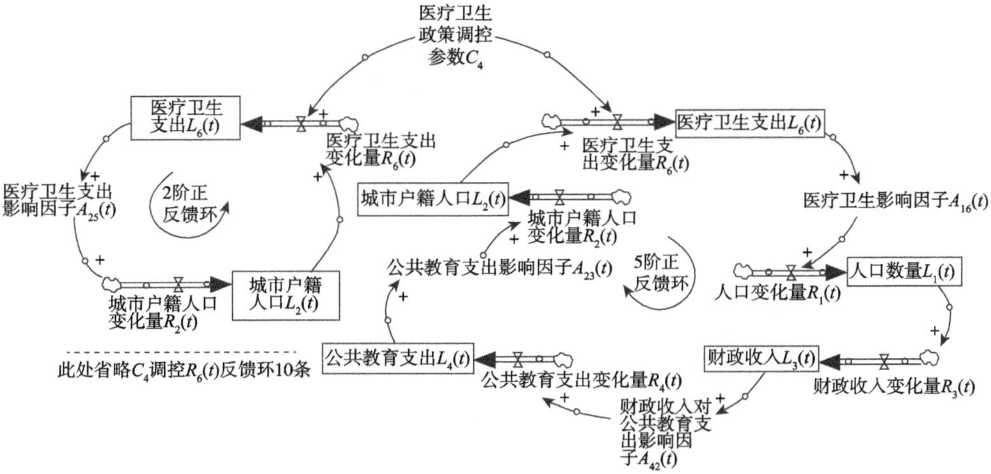

图 8-20　医疗卫生政策调控参数 C_4 调控 12 条反馈环

8.7 实施四种策略的仿真实验结果分析

8.7.1 放开户籍限制、提高公共教育支出的仿真实验结果

如前所述，户籍政策调控参数C_1调控1阶到5阶反馈环10条，公共教育政策调控参数C_2调控2阶到5阶反馈环12条。通过这些反馈环的作用，调控参数C_1和C_2对整个系统发挥政策调控作用。在上述反馈环作用下，实施组合策略A_{12}（策略1和策略2）反馈定量仿真分析。具体仿真方案如下。

方案1：维持原户籍落户限制C_1和公共教育支出C_2不变。

方案2：进一步放开户籍落户限制，居住落户取消还清贷款和二手房限制，取消申请人缴纳社保限制，取消其配偶、未婚子女有无职业限制，户籍政策调控参数C_1由1提高到2；公共教育支出C_2由1提高到3。仿真曲线见图8-21。

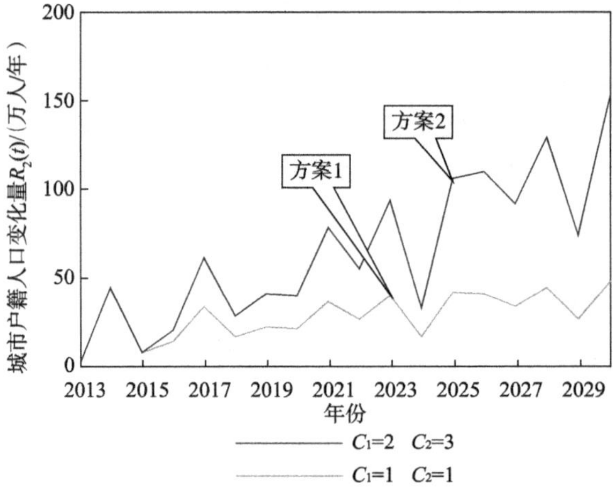

（a）

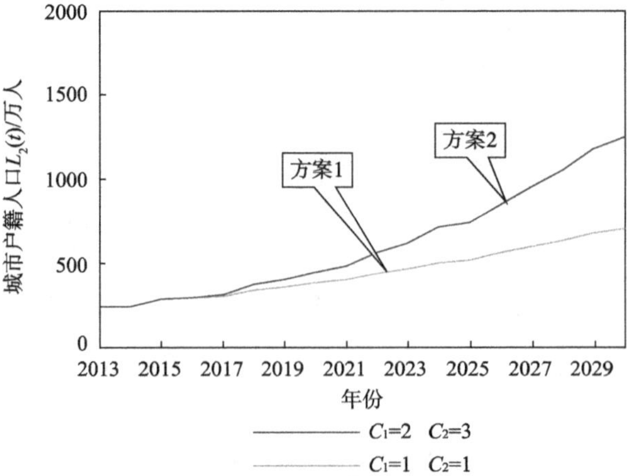

（b）

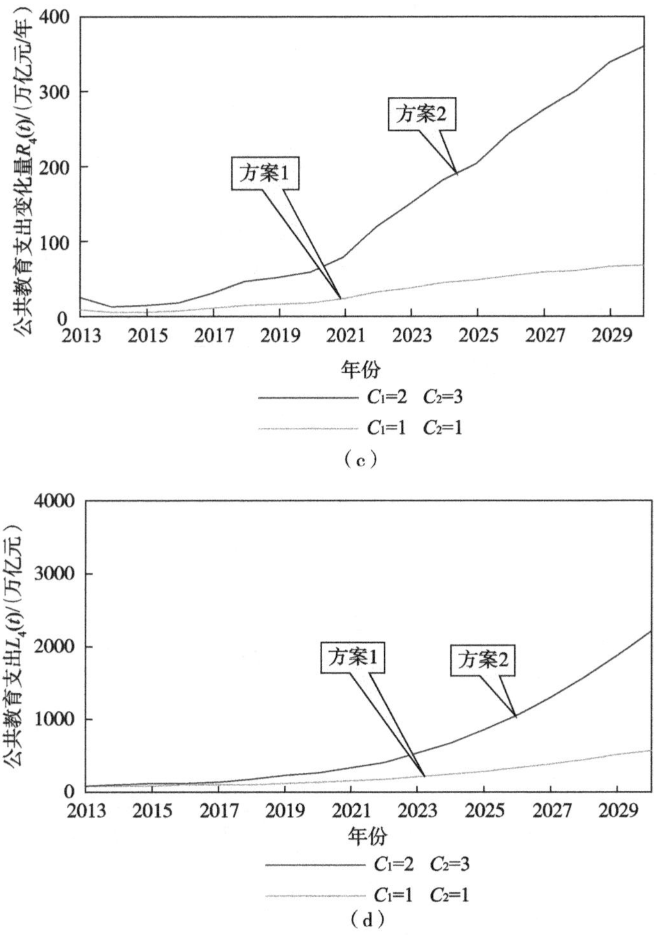

图 8-21　放开户籍限制、提高公共教育支出的仿真结果

8.7.2　放开户籍限制、提高就业和社会保障支出的实验仿真结果

如前所述，户籍政策调控参数C_1调控1阶到5阶反馈环10条，就业和社会保障政策调控参数C_3调控2阶到5阶反馈环12条。通过这些反馈环的作用，调控参数C_1和C_3对整个系统发挥政策调控作用。在上述反馈环作用下，实施组合策略A_{13}（策略1和策略3）反馈定量仿真分析。具体仿真方案如下所示。

方案1：维持原户籍落户限制C_1与就业和社会保障支出C_3不变。

方案2：进一步放开户籍落户限制，居住落户取消二手房限制，取消申请人缴纳社保限制，取消其配偶、未婚子女有无职业限制，C_1由1提高到2；就业和社会保障支出C_3由1提高到3。仿真曲线见图8-22。

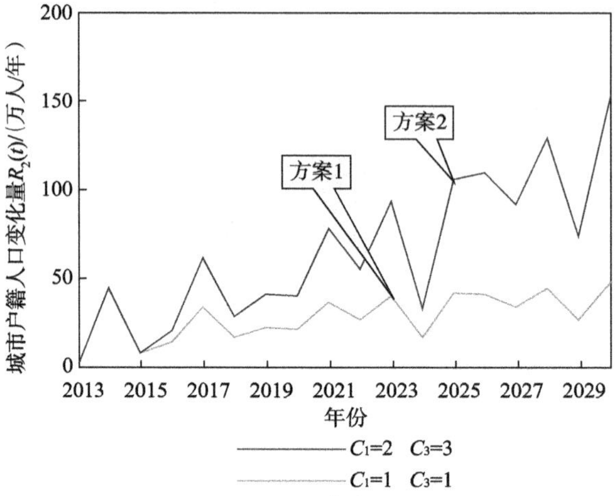
城市户籍人口变化量$R_2(t)$/(万人/年)
年份
方案1
方案2
C_1=2 C_3=3
C_1=1 C_3=1
（a）

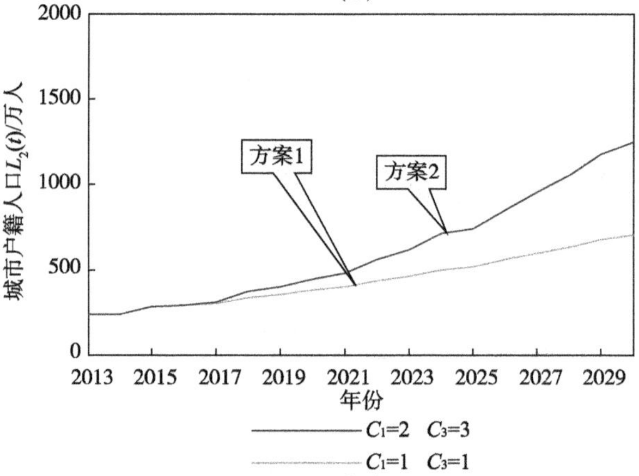
城市户籍人口$L_2(t)$/万人
年份
方案1
方案2
C_1=2 C_3=3
C_1=1 C_3=1
（b）

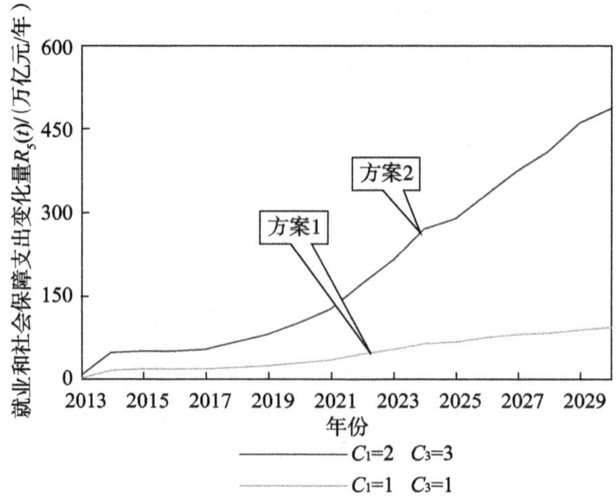
就业和社会保障支出变化量$R_5(t)$/(万亿元/年)
年份
方案1
方案2
C_1=2 C_3=3
C_1=1 C_3=1
（c）

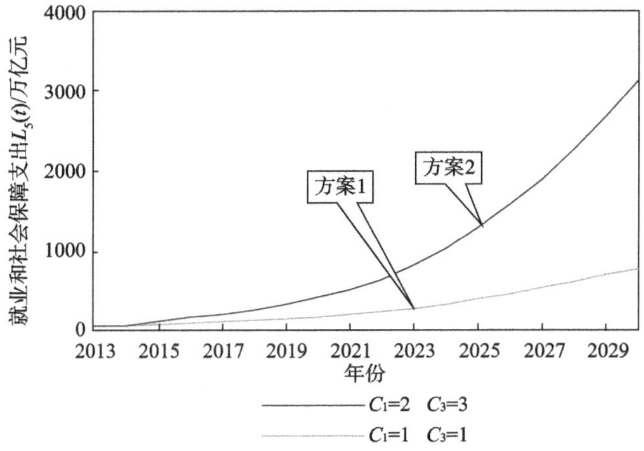

（d）

图 8-22　放开户籍限制、提高就业和社会保障支出的仿真结果

8.7.3　放开户籍限制、提高医疗卫生支出的实验仿真结果

如前所述，户籍政策调控参数C_1调控1阶到5阶反馈环10条，医疗卫生政策调控参数C_4调控2阶到5阶反馈环12条。通过这些反馈环的作用，调控参数C_1和C_4对整个系统发挥政策调控作用。在上述反馈环作用下，实施组合策略A_{14}（策略1和策略4）反馈定量仿真分析。具体仿真方案如下所示。

方案1：维持原户籍落户限制C_1和公共卫生支出C_4不变。

方案2：进一步放开户籍落户限制，居住落户取消二手房限制，取消申请人缴纳社保限制，取消其配偶、未婚子女有无职业限制，C_1由1提高到2；医疗卫生支出C_4由1提高到3。仿真曲线见图8-23。

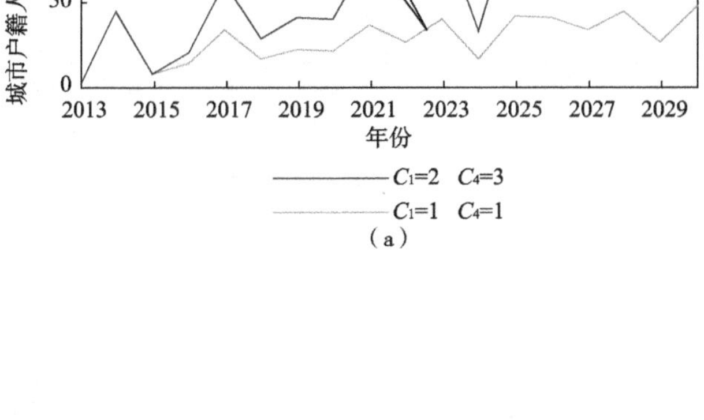

（a）

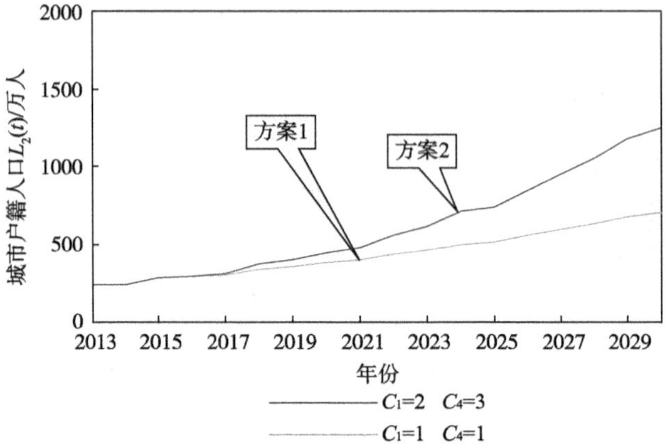

（b）

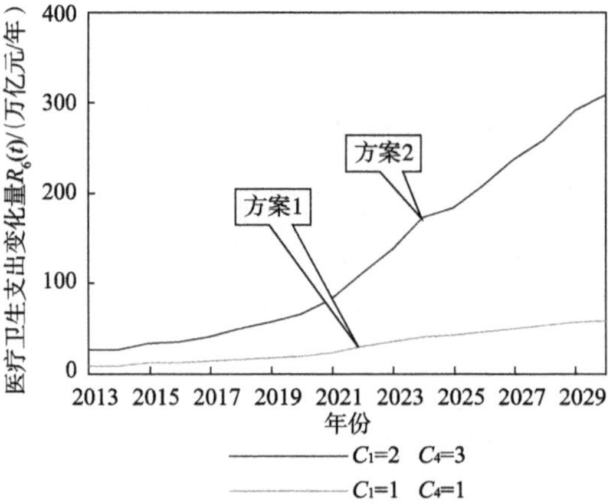

（c）

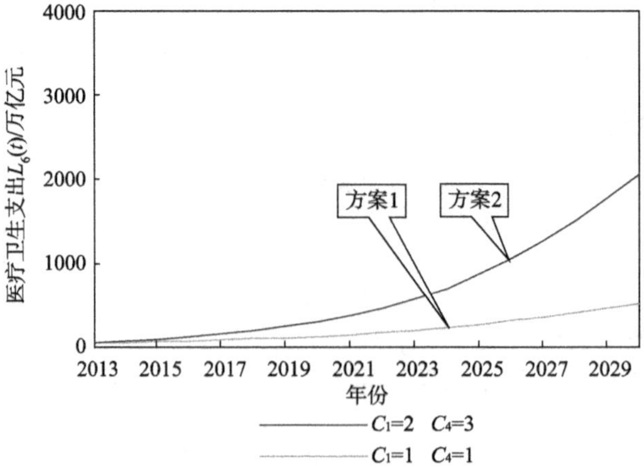

（d）

图 8-23　放开户籍限制、提高医疗卫生支出的仿真结果

8.7.4　组合策略 A_{1234} 反馈定量仿真分析

如前所述，户籍政策调控参数C_1调控1阶到5阶反馈环12条，公共教育政策调控参数C_2调控2阶到5阶反馈环12条，就业和社会保障政策调控参数C_3调控2阶到5阶反馈环12条，医疗卫生政策调控参数C_4调控2阶到5阶反馈环12条。通过这些反馈环的作用，调控参数C_1、C_2、C_3、C_4对整个系统发挥政策调控作用。在上述反馈环作用下，实施组合策略A_{1234}（策略1、策略2、策略3和策略4）反馈定量仿真分析。具体仿真方案如下所示。

方案1：维持原户籍落户限制C_1、公共教育支出C_2、就业和社会保障支出C_3、和公共卫生支出C_4不变。

方案2：进一步放开户籍落户限制，居住落户取消二手房限制，取消申请人缴纳社保限制，取消其配偶、未婚子女有无职业限制，C_1由1提高到2；公共教育支出C_2由1提高到3；就业和社会保障支出C_3由1提高到3；公共卫生支出C_4由1提高到3。仿真曲线见图8-24。

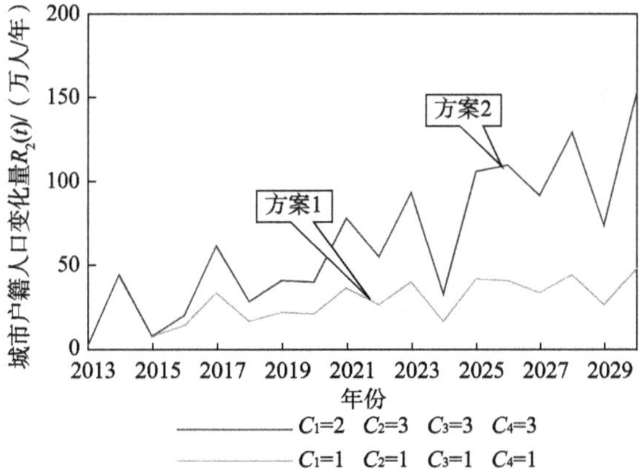

（a）

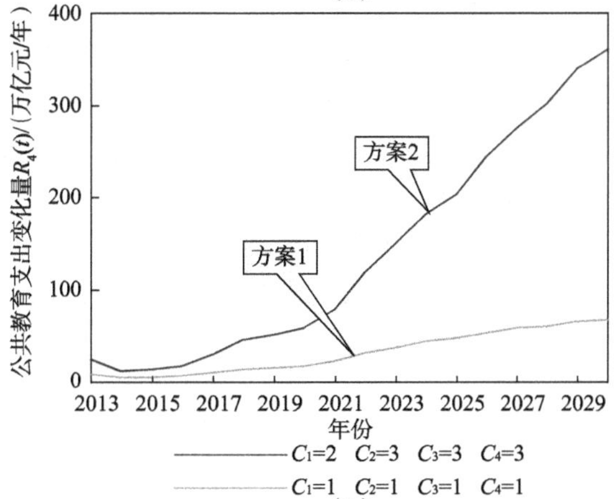

（b）

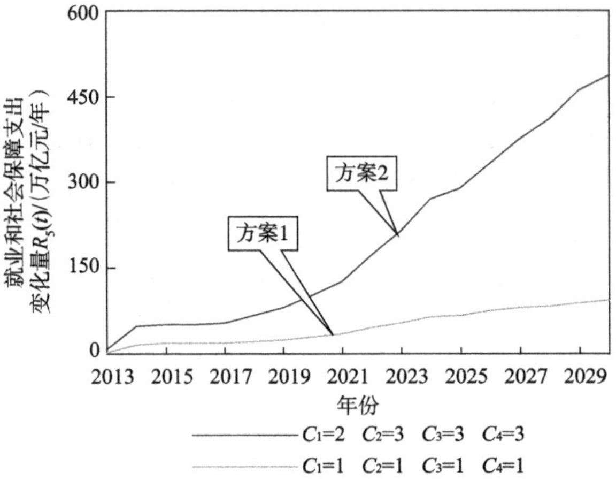

(c)

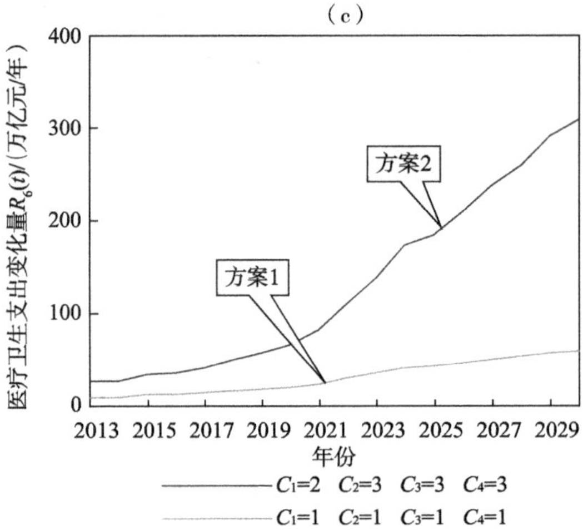

(d)

图 8-24 放开户籍限制、提高公共教育、医疗卫生及就业和社会保障支出仿真结果

图8-21、图8-22、图8-23和图8-24揭示，当户籍政策放松时，调控参数C_1由1提高到2时，调控参数C_1、C_2、C_3、C_4对整个系统发挥政策调控作用。如前所述，户籍政策调控参数C_1通过作用于城市户籍人口变化量$R_2(t)$，调控1阶到5阶反馈环10条；教育政策调控参数C_2作用于公共教育支出变化量$R_4(t)$，调控2阶到5阶反馈环12条；就业和社会保障政策调控参数C_3作用于就业和社会保障支出变化量$R_5(t)$，调控2阶到5阶反馈环12条；医疗卫生政策调控参数C_4作用于医疗卫生支出变化量$R_6(t)$，调控2阶到5阶反馈环12条。

第 9 章　深化户籍制度改革进程中城市公共服务创新存在的主要问题及对策研究

9.1　户籍制度改革进程中城市公共服务创新中存在的主要问题

根据对流动人口公共服务的供求机制分析，结合案例访谈和结构方程模型分析，居住证新政下流动人口的公共服务得到一定程度的改善，新形势下提高流动人口权益水平、满足流动人口在住房保障、医疗保险、创业优惠等方面的权益诉求成为必然趋势，但是现实中依然存在居住证“含金量”偏低、公共服务有效供给不足、配套跟进不够等一系列问题。

9.1.1　居住证“含金量”偏低，基本公共服务有效供给总量不足

当前城乡二元结构并未完全消除，使得以社会保险、公共教育为代表的相关福利待遇偏向本地户籍人口，基本公共服务供给在城市常住人口内部存在不均衡现象，当地非户籍人口受到歧视。实施的居住证改革制度试图打破城市公共服务局限于户籍人口的界限，取得了一定成效。但是，从整体而言，对于流动人口公共服务现状的调查发现,务工地所在城市对流动人口提供的公共服务在财力配置、设施配置和组织配置等方面依然不足，经办能力、供给水平、供给效率依然偏低，特别是流入地的子女教育这一公共服务仍然有待进一步改善，这使得办理了居住证的流动人口并没有明显感受到期望效果，感知度和认可度较低。

居住证制度以流动人口广泛登记、申领为目标，然而部分发达地区的居住证申领条件偏高，无疑与预期要达到的政策效果相违背，而且户籍管理部门的办事流程和手续太烦琐，办事效率和工作态度直接影响到流动人口的办证期望和对公共服务的认可度。同时，与居住证衔接的公共服务配套制度和措施改革迟缓，居住证尚未与流动人口根本生活利益需求完全接轨。简而言之，居住证制度的公共

服务“含金量”较低，基本公共服务有效供给总量不足。

9.1.2 基本公共服务供给主体单一，协同供给机制不畅

长期以来，基本公共服务供给方主体单一，一直都是以政府为主导的方式提供基本公共服务。虽然基本公共服务的公共产品性质决定了政府为供给主体，但是由于政府公共服务的资源、能力和财力有限，存在供给总量不足、供给质量和效率不高等问题，存在一定的供给缺位现象，难以提供足够资金来进行基本公共服务的生产。单一的政府供给主体暴露出来城市公共服务供给总量不足、供需失衡、效率低下的弊端。全能政府的传统定位对市场主体和社会组织的公共服务供给产生了挤出效应。

由于长期以来对政府公共产品形成的依赖性，企业和社会组织的发展相对滞后，发育缓慢、不健全且能力不足，社会组织在公共服务治理中社会化程度较低，自我约束力弱，在筹措资金、项目运作、资金分配等机制方面也存在严重的市场化能力不足、效率低下等问题。这导致政府、市场主体和社会力量边界不清，跨部门协调困难，协同机制不畅。

9.1.3 人口信息存在较多“盲点”，公共服务监管职能弱化

由于流动人口不稳定性大，在不同产业、不同地区之间经常变动，且不少人无主动进行信息登记的观念。另外，房屋出租者出于避税考虑，缺乏对流动人口租户信息搜集和提交的积极性，这使得全面掌握流动人口的信息存在困难。此外，政府各部门一般只从本部门的需求出发，且数据主要为本部门使用。由于关注点不同，缺乏交流，各部门的数据形成了信息孤岛，局限于单个部门，信息和业务难以流通和共享，也就难以形成真实、全面、准确的人口数据和服务信息，造成流动人口信息资源的失真，导致城市流动人口和公共服务治理手段的不到位、治理方式不适应等诸多问题，居住证制度与公共服务配套政策难以真正落地。

长期以来政府提供的公共服务重管理、轻服务，不仅服务意识水平低下，忽视公共服务质量的提高，而且将服务过程形式化、抽象化，公众参与率低，政府公共服务缺乏标准的监管体系，对公共服务治理中的问责和监管机制尚不健全，执行过程中忽视社会公众的满意度和认可度，使得公共服务的外部性、信息不对称、垄断等问题难以纠正。事实上，监管职能的分离不仅标志着全能政府向有限政府的转型，而且作为政府重要的治理工具，有利于形成公正、公平、公开的监管框架，有利于形成公平竞争的市场环境，确保公共利益目标的实现。

如何打破信息孤岛、实现互联共享、强化公共服务监管职能，是大数据时代城市流动人口和公共服务治理所面临的重要问题之一。

9.1.4 基本公共服务供给质量不高，民众可获得感差距大

公共服务质量的提升与一定时期的经济发展水平相适应。当前经济结构和产业结构进入深度调整期，经济新动能正处于培育期，财政增收压力加大，但是居民对基本公共服务的需求质量进一步提高，因此在公共服务资金投入保障方面存在较大压力。基本公共服务供给存在低水平、普惠性、广覆盖的特点，但是在教育、就业、养老、医疗等群众关注度高的领域，优质公共服务供给不足、质量不高，与人民群众对于基本公共服务领域日益增加的需求相比还有一定的差距，存在结构性民生问题亟待解决。中国大多数省区市实施居住证新政时间较短，有的省区市办理居住证的条件比较高，与之衔接的公共服务配套制度和措施并未及时跟上，公共服务供给水平较低，从而使得流动人口公共服务满意度较低。例如，在基本公共卫生服务可获得性方面，户籍人口和流动人口之间的差距依然较大。对于流动人口在流入地享受到基本公共卫生服务，大多数需要符合一定的条件，如居住时间等,并且由于目前新型农村合作医疗制度的异地报销政策不是很健全，流动人口医疗费用的异地报销问题十分突出。

9.1.5 居住证和公共服务政策宣传不到位，公众知晓度低

在推进流动人口享有基本公共服务均等化建设过程中，对流动人口的各项服务机制尚未全面建立，宣传工作不到位。一方面，政府和社会缺乏多种渠道广泛的政策宣传，忽略了服务宣传的职能，在社区层面缺乏与流动人口的经常性沟通；另一方面，流动人口没有认识到新旧政策的变化及政策调整，不知晓办理居住证后所能享受的配套优惠待遇，缺乏对居住证与基本公共服务衔接政策的了解，普遍没有办证的积极性。根据调查访谈，未办理居住证的流动人口中，不少人不清楚居住证的办理条件、办理期限、办理流程、申领时间等政策，处于不甚了解或几乎不知晓的状态，有的则是觉得办理方式和手续麻烦，甚至认为居住证没有用，不完全了解自己的合法权益和公共福利权益，公众知晓度低。

9.1.6 缺乏基本公共服务绩效评估环节，公众参与度不高

公共服务需求的快速增长与公共服务质量之间的矛盾成为社会关注的焦点。长期以来以GDP为经济核心指标的政绩观依然在发挥作用，有些地方政府仍然习惯于抓经济总量和增长率、抓招商投资项目，缺乏对提供基本公共服务执行严格的绩效评估体系，往往在基本公共服务供给和民生工程方面投入不足。当前，政府部门对流动人口公共服务的真实需求和差异化需求不仅缺乏足够了解，而且基本公共服务绩效评价大多由政府职能部门自己开展,很少有第三方评估机构参与，政策执行效果缺乏评估和反馈，而且有的评估方法和评估内容不够科学和全面，

绩效评估结果缺乏明显的约束力。公众参与基本公共服务均等化的建设程度较低，未能充分、有效征求民众的意见，公众参与度不高。

9.2 户籍制度改革进程中提升流动人口公共服务的对策研究

9.2.1 提升居住证的“含金量”，明确公共服务均等化的成本分担机制

长期以来二元户籍制度是流动人口享受流入地基本公共服务的主要鸿沟和障碍，户籍背后的公共服务差异是本质和核心。政府需真正转变观念，承认流动人口为城市创造的巨大价值和贡献，降低居住证申领条件，建立居住证与公共服务有机衔接机制和配套措施，使得居住证体现公共服务的权利保障。对于中等城市，居住证申领条件应尽量低，遵循“低门槛、阶梯式”的改革路径；对于特大城市，依据城市综合承载力确定户籍进入门槛和差别化落户政策。同时，扩大医疗卫生、公共教育、养老保障等方面的资金投入，以政府财政资金投入为主体，为流动人口提供更优质的公共服务，满足流动人口在住房保障、医疗保险、就业和教育等方面的权益诉求。此外，加大公共服务治理制度的配套改革力度，提升和赋予居住证更高的“含金量”。例如，大力推动针对流动人口的保障性住房和住房公积金的公共服务；继续深化流动儿童义务教育政策体系，从“能上学”向“上好学”转变，使其完全享受同等的义务教育。

在公共服务均等化的成本分担机制方面，厘清中央和地方政府需要承担的公共成本及企业和个人需要承担的市场成本，以政府财政投入为主体，同时带动企业和社会组织的社会资本加入，鼓励社会资本参与新建、扩建医院、学校和保障性住房等公共服务设施，提高输入地城市吸纳流动人口的公共服务能力。这不仅要使流动人口享有水平大体相同的公共服务，而且按照明确的成本-收益原则，建立政府、企业、社会组织和个人“四位一体”的公共服务成本分担机制。

9.2.2 建立基本公共服务多元化供给模式，提升公共服务供给效率

政府供给、市场供给和志愿供给是三种公共服务供给模式，但是三种模式都有各自的优势和局限性。政府供给具有集中性，除纯公共产品必须由政府提供外，对于准公共产品，特别是接近私人物品性质的公共产品，可以由市场供给和志愿供给，采用签约外包、特许经营、公私伙伴关系、官助民办等合作模式，充分、有效利用私人部门和社会组织的资金来缓解政府部门的财政压力。市场供给以竞争和绩效为导向，有利于提高公共服务供给效率，但是，由于私营部门对于提供

外部性强的基本公共服务缺乏积极性和主动性，降低了资源配置的效率，产生了基本公共服务的质量低劣等问题。志愿供给模式能通过自主治理解决社会问题，满足不同群体的社会需求，但是又容易出现资源不足和业余主义等问题。

针对上述问题，并且由于实现高质量、区域相对均衡的公共服务任务的复杂性，决定了公共服务不可能完全由政府财政承担，任何一种单一的模式都无法保证公共服务的充分和有效供给，只有将三种模式有机结合起来，发挥各自的优势，才能实现供给主体多元化和供给效率的提升。在主体地位上，以政府供给为主体，市场供给和志愿供给为有益补充，灵活运用基本公共服务的政策工具，如补贴、免税、减税、低息贷款、代用券、直接生产、联合生产等工具，充分调动民间资本，充分发挥市场化和志愿供给优势，同时避免公共服务治理中越位、错位、缺位的角色冲突，探究各级组织之间的职能对接、耦合互补，以形成公共服务供给机制，从根本上提高公共服务资源的利用效率，创新公共服务供给模式，建立政府、市场化主体和社会组织的公共服务协同供给模式。

9.2.3　利用“互联网+”模式，健全和完善动态的人口信息数据库

政府进一步结合国民经济和社会信息化发展对人口信息的需求，以公安部门的流动人口数据库为基础，通过“互联网+”整合统计、公安、人力资源和社会保障、卫生健康委员会、共青团、工会等政府部门的信息资源，健全和完善流动人口综合服务管理信息系统，动态更新人口信息数据。通过建立连贯互通、以居民身份标识码为标识的人口基础数据信息库，建立流动人口信息网络平台，对流动人口的就业、培训、收入、失业、社会保险、居住、计划生育、子女教育等情况进行动态监测，形成以进城务工人员为主体的流动人口动态监测机制，实现人口基础信息的交换共享，进一步完善流动人口信息资源共享工作机制，为提高规范化的公共服务质量奠定信息基础。

“互联网+”能发展更多线上服务模式，能显著增强对公共服务的支撑作用，整合公共服务信息资源和加强公共服务需求的精准预测，在互联网引领下提高流动人口就业、培训、子女教育、医疗、养老等公共服务水平，为流动人口提供智慧民生服务，不断健全人口动态管理机制，建立跨部门、跨地区的流动人口综合性网络管理信息平台。这有助于建立便捷、优质、公平、高效、协同合作的公共服务治理新模式。

9.2.4　以人为本，提高流动人口公共服务参与度和认可度

以人为本是流动人口公共服务工作的出发点和落脚点，积极扩展居住证条件下流动人口享有公共服务权益的范围，扩大流动人口社会保障覆盖面，推动公共

服务设施建设，为流动人口享受与本地市民同等的就业、子女教育、社会保障、住房等公共服务提供机会。同时，政府应深入调研流动人口群体的公共服务需求，建立流动人口公共服务的需求表达机制，真正了解流动人口最迫切的公共服务需求。在有限的财力和资源下，必须分清主次，重点解决流动人口公共服务最关切的诉求。当前，他们最关心的是子女教育、就业、保障住房和异地医疗报销等问题，解决这些问题需要优化公共服务供给流程，提高公共服务供给质量，有效提升流动人口对公共服务的认可度。例如，改变以市民户籍为主的保障房分配机制，向符合居住证条件的进城务工人员开放廉租房和保障房申请，把符合条件的进城务工人员纳入住房公积金制度；健全针对农业转移人口的救助机制；加大人口密集地区公共教育资源投入，保障其子女能享受和城镇儿童大致相等水平的教育。

此外，针对异地就医报销问题，政府部门可以整合医疗保险制度，将流动人口纳入城乡医疗保险体系，提高医疗基金统筹层次，以信息化建设为依托，实现医疗信息系统数据同步更新，搭建异地就医结算信息平台，便捷处理异地医疗结算问题，人性化改进异地就医报销制度和流程。这一系列问题的解决，以流动人口在城镇安居乐业为目标，需要政府转变理念，从强调管理转向强调服务，通过引导流动人口参与社会治理，真正做到为流动人口提供基本公共服务，保障流动人口平等享有公共服务权益。

9.2.5 以财权事权相适应为原则，健全公共服务的财税流转体制

为了使政府的公共服务供给能够适应人口流动的新趋势，按照财政资源分配与流动人口数量和人均转移支付相匹配的精神，根据流入地和流出地特点，依据权利和义务对等及政府财力与公共服务事权相匹配的原则，合理划分事权与支出责任，创新公共服务财税流转体制，建立财政转移支付同流动人口市民化挂钩机制。同时，中央政府合理承担与人口流动密切相关的统筹和支出责任，调整中央与地方政府间的财政关系，对于吸纳流动人口较多且财力薄弱地区，加大均衡性转移支付的力度，努力提高公共服务统筹水平，建立流入地和流出地的跨省统筹机制，实现办事与花钱相统一、事权与支出责任相适应的目标。

通过明确划分中央与地方政府财权与事权，提高社会保障基金的统筹层次，重点关注养老保险和医疗保险两个方面，强化中央政府的支出调剂责任，在公平、公正和兼顾效益的前提下，形成覆盖全国流转的基本公共服务保障体系。同时，以改善流动人口教育、卫生和社会保障服务为重点，建立与居住年限挂钩的基本公共服务梯度赋权衔接机制，不断创新融资工具，逐步允许流入地区通过发行地方政府债券扩大公共服务资金来源，债券发行规模与吸纳外来人口数量挂钩，保障流入人口的公共服务水平。

9.2.6　推动公共服务供给侧改革，构建公共服务监管和绩效评估制度

如前所述，政府和社会需要从公共服务供给侧的生产流程角度，建立公共服务产品的供给筹资机制、信息沟通机制、组织机制、激励机制和监督机制，实现新形势下居住证制度与基本公共服务供给之间的耦合。政府根据流动人口公共服务需求的变化，及时调整公共服务的工作重点和投入方向，划定政府与市场、社会的权责边界，从增加供给总量、提高供给质量和供给效率出发，提升公共服务产品的有效供给。

同时，建立以公共服务为核心的政府绩效管理制度，积极构建基本公共服务产品的监管和绩效评估制度，拓宽流动人口公共服务需求信息收集渠道，明确基本公共服务领域的薄弱环节，建立动态监测机制，引入第三方评估机构对政府基本公共服务进行评估，完善地方政府政绩考核评价办法，强化基本公共服务能力评价。此外，进一步加强对评估结果的实际运用，并利用信息网络技术，探索和完善社会舆论、社会组织、专家团队等多元主体的监督机制。

参 考 文 献

安体富. 2007. 完善公共财政制度逐步实现公共服务均等化. 财经问题研究，7（3）：3-8.

安体富，任强. 2012. 中国省际基本公共服务均等化水平的变化趋势：2000 年至 2010 年. 财政监督，（15）：22-25.

奥斯特罗姆 E. 2000. 公共事物的治理之道. 余逊达，陈旭东，译. 上海：生活・读书・新知三联书店.

彼得斯 B G，冯尼斯潘 F K M. 2007. 公共政策工具：对公共管理工具的评价. 顾建光，译. 北京：中国人民大学出版社.

庇古. 2006. 福利经济学. 北京：商务印书馆.

博兰尼 M. 2002. 自由的逻辑. 冯银江，译. 长春：吉林人民出版社.

蔡昉. 2010a. 户籍制度改革与城乡社会福利制度统筹. 经济学动态，（12）：4-10.

蔡昉. 2010b. 刘易斯转折点与公共政策方向的转变——关于中国社会保护的若干特征性事实. 中国社会科学，（6）：125-137，223.

蔡昉. 2013. 以农民工市民化推进城镇化. 经济研究，（3）：6-8.

曹荣湘，吴欣望. 2004. 蒂布特模型. 北京：社会科学文献出版社.

陈昌盛. 2008. 基本公共服务均等化：中国行动路线图. 财会研究，（2）：15，16.

陈海威，田侃. 2007. 我国建立基本公共服务体系问题探讨. 理论导刊，（6）：44，45.

陈钊，陆铭，佐藤宏. 2009. 谁进入了高收入行业?——关系、户籍与生产率的作用.经济研究，（10）：121-132.

陈振明，耿旭. 2014. 公共服务质量管理的本土经验——漳州行政服务标准化的创新实践评析. 中国行政管理，（3）：15-20.

陈忠谊，李萍. 2017. 新一轮户籍制度改革公共成本测算及分担机制研究. 辽宁行政学院学报，（6）：22-26.

初帅. 2016. 高等教育发展与人口城镇化——来自中国高校扩招的证据. 中国人口科学，（4）：105-112，128.

戴钰. 2010. 以政府基本公共服务绩效评估的指标体系研究. 湖南行政学院学报，（6）：13-17.

丁述磊. 2016. 公共服务对居民主观幸福感的影响——基于医疗、住房、就业服务视角. 东北财经大学学报，(1)：77-84.
杜宾，郑光辉，刘玉凤. 2016. 长江经济带经济与环境的协调发展研究. 华东经济管理，30(6)：78-83.
段成荣，杨舸，张斐，等. 2008. 改革开放以来我国流动人口变动的九大趋势. 人口研究，(6)：30-43.
范建刚. 2012. 我国“户籍改革陷阱”的形成及其破解. 思想战线，(5)：37-42.
方大春，杨义武. 2013. 城市公共品供给对城乡人口迁移的影响——基于动态面板模型的实证分析. 财经科学，(8)：75-84.
方茜. 2014. 基于ISM的基本公共服务与区域经济发展关系研究. 经济体制改革，(1)：49-52.
辜胜阻，李睿，曹誉波. 2014. 中国农民工市民化的二维路径选择——以户籍改革为视角. 中国人口科学，(5)：2-10.
郭治安，张纪岳. 1988. 协同学入门. 成都：四川人民出版社.
国家卫生和计划生育委员会流动人口司. 2017.中国流动人口发展报告. 北京：中国人口出版社.
国务院发展研究中心课题组. 2011. 农民工市民化进程的总体态势与战略取向. 改革，(5)：5-29.
国务院关于印发“十三五”推进基本公共服务均等化规划的通知. 2017.http://www.gov.cn/zhengce/content/2017-03/01/content_5172013.htm[2017-01-23].
哈肯 H. 1987. 协同学讲座. 宁存政，李应刚，译. 西安：陕西科学技术出版社.
扈新强，赵玉峰. 2017. 流动人口家庭化特征、趋势及影响因素研究. 西北人口，38(6)：18-25.
黄新焕，王文平，蔡彬清. 2015. 我国能源—经济—环境系统协调发展评价. 统计与决策，(9)：68-70.
惠云，秦立建. 2016. 医疗保险模式对农民工迁移区域的影响研究. 统计与信息论坛，31(1)：87-92.
姬生翔，姜流. 2017. 社会地位、政府角色认知与公共服务满意度——基于CGSS2013的结构方程分析. 软科学，31(1)：1-5.
贾仁安. 2014. 组织管理系统动力学. 北京：科学出版社.
姜玲，叶选挺，李磊. 2017. 我国农业科技“技术-知识”创新的空间耦合协调格局研究. 管理评论，29(9)：122-132.
柯健，李超. 2005. 基于DEA聚类分析的中国各地区资源、环境与经济协调发展研究. 中国软科学，(2)：144-148.
乐志强. 2016. 社会阶层认知和教育水平对流动人口义务教育公共服务满意度的影响. 上海教育科研，(12)：18-22.
李梅香. 2011. 基本公共服务均等化水平评估——基于新生代农民工城市融合的视角. 财政研究，(2)：58-60 .
李敏纳. 2009. 中国社会公共服务与经济增长关系的实证检验. 统计与决策，(8)：72-74.

李强，胡宝荣. 2013. 户籍制度改革与农民工市民化的路径. 社会学评论，(1)：36-43.
李瑛珊. 2016. 区域经济增长与环境质量耦合协调发展研究. 科技管理研究，36（9）：248-252.
李孜，杨洁敏. 2009. 我国城市流动人口医疗保障模式比较研究——以上海、成都、北京、深圳为例. 人口研究，(3)：99-106.
梁昌勇，代犟，朱龙. 2015. 基于 SEM 的公共服务公众满意度测评模型研究. 华东经济管理，29（2）：123-129.
林登 R M. 2002. 无缝隙政府：公共部门再造指南. 汪大海，译. 北京：中国人民大学出版社.
林光祥，吕韬，彭路. 2017. 广西基本公共服务与区域经济协调关系探讨. 地域研究与开发，36（3）：22-28.
林李月，朱宇，柯文前，等. 2019. 基本公共服务对不同规模城市流动人口居留意愿的影响效应. 地理学报，74（4）：737-752.
林南. 2005. 社会资本：关于社会结构与行动的理论. 上海：上海人民出版社.
刘传江，程建林. 2008. 农民工医疗需求、供给与制度创新. 江西财经大学学报，(1)： 30-35.
刘传明，张春梅，任启龙，等. 2019. 基本公共服务与经济发展互动耦合机制及时空特征——以江苏省 13 城市为例. 经济地理，(4)：26-33.
刘登娟，吕一清. 2017. 长江经济带成渝城市群环境与经济协调发展评价. 经济体制改革，(2)：36-42.
刘广平，陈立文，陈晨，等. 2016. 城镇化、城乡收入差距与房价研究——一个调节效应模型的实证分析. 软科学，30 （6）：39-42.
刘寒波. 2014. 政府购买公共服务的策略选择——基于构建服务型政府的分析. 湖南财政经济学院学报，30（1）：5-17.
刘睿劼，张智慧. 2011. 基于两阶段降维的中国经济发展协调性评价. 中国人口·资源与环境，21（9）：117-122.
刘万霞. 2013. 职业教育对农民工就业的影响——基于对全国农民工调查的实证分析. 管理世界，(5)：64-75.
卢福营，张兆曙. 2006. 客观地位分层与主观地位认同. 中国人口科学，(3)：38-43，95.
鲁元平，王韬. 2011. 收入不平等、社会犯罪与国民幸福感——来自中国的经验证据. 经济学(季刊)，10（4）：1437-1458.
陆益龙. 2008. 户口还起作用吗?——户籍制度与社会分层和流动. 中国社会科学，(1)：149-162.
罗凤金，许鹏，程慧. 2012. 大城市承载力研究. 调研世界，(4)：53-57.
吕微，韩晋乐. 2014. 基于农民满意度的农村公共服务评价体系研究——以山西省为例. 中国行政管理，(7)：90-93.
麻宝斌，李辉. 2010. 协同型政府：治理时代的政府形态. 吉林大学社会科学学报，50(4)：11-16.
马雪松. 2013. 回应需求与有效供给：基本公共文化服务体系建设的制度分析. 湖北社会科学，(10)：35-38.

倪红日，张亮. 2012. 基本公共服务均等化与财政管理体制改革研究. 管理世界，(9)：7-18，60.
彭小辉，史清华，朱喜. 2013. 城乡二元户籍制度的认知、现实影响与改革取向——基于上海的实证调查. 中国软科学，(5)：27-44.
屈小博，程杰. 2013. 地区差异、城镇化推进与户籍改革成本的关联度. 改革，(3)：37-44.
萨瓦斯 E S. 2002. 民营化与公私部门的伙伴关系. 周志忍，等译. 北京：中国人民大学出版社.
斯密 A. 1972. 国民财富的性质和原因的研究. 郭大力，王亚南，译. 北京：商务印书馆.
斯密德 A A. 1999. 财产、权力和公共选择. 黄祖辉，译. 上海：上海人民出版社.
宋宇辰，闫昱洁，薛建春，等. 2016. 能源—经济—环境系统协调发展研究——以呼包银榆经济区为例. 西安财经学院学报，29（4）：39-45.
孙莉，吕斌，周兰兰. 2009. 中国城市承载力区域差异研究. 城市发展研究，(3)：中彩页 3-中彩页 11.
孙璐，吴瑞明，李韵. 2007. 公共服务绩效评价. 统计与决策，(24)：65-67.
孙文凯，白重恩，谢沛初. 2011. 户籍制度改革对中国农村劳动力流动的影响. 经济研究，(1)：28-41.
汤铃，李建平，余乐安，等. 2010. 基于距离协调度模型的系统协调发展定量评价方法. 系统工程理论与实践，30（4）：594-602.
田发，周琛影. 2013. 区域基本公共服务均等化与财政体制测度：一个分析框架. 改革，(1)：50-57.
汪利锬. 2014. 地方政府公共服务支出均等化测度与改革路径——来自 1995—2012 年省级面板数据的估计. 公共管理学报，(4)：29-37.
王健，郑娟，王朋，等. 2014. 中国的迁移与健康：解决流动人口医疗卫生服务政策目标与现实的差距. 公共行政评论，(4)：29-45.
王其藩. 1995. 高级系统动力学. 北京：清华大学出版社.
王琴梅，张佩佩. 2015. 农民工迁移对新型城镇化的驱动效应及区域差异研究. 西北人口，36（6）：43-49.
王胜君，丁云龙. 2010. 行政服务中心的缺陷、扩张及其演化——一个行政流程再造视角的经验研究. 公共管理学报，7（4）：24-30.
王伟同，汤雨萌，魏胜广. 2016. 基于民生满意度视角的基本公共服务绩效评价——来自中国家庭动态跟踪调查数据的分析. 地方财政研究，(3)：51-56.
王兴伦. 2005. 多中心治理：一种新的公共管理理论. 江苏行政学院学报，(1)：96-100.
吴乐珍. 2012. 基于因子分析法的各省基本公共服务绩效评价. 统计与决策，(11)：60-62.
吴明隆. 2009. 结构方程模型：AMOS 的操作与应用. 重庆：重庆大学出版社.
吴瑞坚. 2012. 智慧城市建设与政府治理结构性转型——整体政府的视角. 探求，(5)：20-24.
伍如昕. 2017. 城市化、基本公共服务供给与居民主观幸福感——基于 56 个城市微观数据的经验分析. 人口与发展，23（3）：37-48，67.

武力超，林子辰，关悦. 2014. 我国地区公共服务均等化的测度及影响因素研究. 数量经济技术经济研究，31（8）：72-86.

谢建社，牛喜霞，谢宇. 2011. 流动农民工随迁子女教育问题研究——以珠三角城镇地区为例. 中国人口科学，（1）：92-100.

徐淑一，陈平. 2017. 收入、社会地位与幸福感——公平感知视角. 管理科学学报，20（12）：99-116.

严善平. 2007. 人力资本、制度与工资差别. 管理世界，（6）：4-13.

杨剩富，胡守庚，叶菁，等. 2014. 中部地区新型城镇化发展协调度时空变化及形成机制. 经济地理，34（11）：23-29.

杨颖，穆荣平. 2012. 基本公共服务与经济增长关系的理论与实证研究. 科学学与科学技术管理，33（11）：96-101.

姚先国，赖普清. 2004. 中国劳资关系的城乡户籍差异. 经济研究，（7）：82-90.

尹栾玉. 2016. 基本公共服务：理论、现状与对策分析. 政治学研究，（5）：83-96.

于海燕，黄文义. 2018. 包容性发展与流动人口公共服务公平供给机制优化研究. 理论导刊，（8）：27-32.

袁志刚. 2006. 中国的乡-城劳动力流动与城镇失业：一个经验研究. 管理世界，（8）：28-35.

张海东，杨城晨. 2017. 住房与城市居民的阶层认同——基于北京、上海、广州的研究. 社会学研究，（5）：39-63.

张涵，康飞. 2016. 基于 bootstrap 的多重中介效应分析方法. 统计与决策，（5）：75-78.

张士杰，李勇刚. 2016. 城镇化质量、动力因子与新型城镇化的路径选择——基于中部六省的实证研究. 华东经济管理，（12）：86-91.

张晓莉. 2008. 中外公共服务体制比较. 北京：国家行政学院出版社.

章元，王昊. 2011. 城市劳动力市场上的户籍歧视与地域歧视：基于人口普查数据的研究. 管理世界，（7）：42-51.

郑秉文. 2008. 改革开放 30 年中国流动人口社会保障的发展与挑战. 中国人口科学，（5）：2-17.

郑功成. 2007. 中国流动人口的社会保障问题. 理论视野，（6）：8-11.

郑功成. 2017. 全面理解党的十九大报告与中国特色社会保障体系建设. 国家行政学院学报，（6）：8-17.

周绍杰，王洪川，苏杨. 2015. 中国人如何能有更高水平的幸福感——基于中国民生指数调查. 管理世界，（6）：8-21.

周小刚. 2012. 进城农民工子女状况的现状分析和对策. 西北人口，（3）：6-11.

周小刚，陈东有，叶裕民，等. 2010. 中国一元化户籍制度改革的社会政策协同机制研究. 人口与经济，（4）：1-6.

朱楠，任保平. 2019. 中国公共服务质量评价及空间格局差异研究. 统计与信息论坛，34（7）：100-107.

邹文杰，蔡鹏鸿. 2015. 我国城镇化对公共服务均等化的提升效应研究——以重庆户籍人口为例. 现代财经，（5）：15-22.

Abouzahr C，Lopez A D，Phillips D E，et al. 2013. Assessing the relationship between vital registration systems，health outcomes，and development：a multivariate analysis. The Lancet，381（6）：4-17.

Anselin L. 1995. Local indicators of spatial association-LISA. Geographical Analysis，27（2）：93-115.

Arellano M，Bond S. 1991. Some tests of specification for panel data：monte carlo evidence and an application to employment equations. The Review of Economic Studies，58（2）：277-297.

Arellano M，Bover O. 1995. Another look at the instrumental variable estimation of error-components models. Journal of Econometrics，68（1）：29-51.

Aure M，FØrde A，Magnussen T. 2018. Will migrant workers rescue rural regions? Challenges of creating stability through mobility. Journal of Rural Studies，60：52-59.

Barlas Y. 1996. Formal aspects of model validity and validation in system dynamics. System Dynamics Review：the Journal of the System Dynamics Society，12（3）：183-210.

Barrow L. 2002. School choice through relocation：evidence from the Washington，DC area. Journal of Public Economics，86（2）：155-189.

Blanchflower D G，Oswald A J. 2004. Well-being over time in Britain and the USA. Journal of Public Economics，88（7-8）：1359-1386.

Bogue D J. 1959. The Study of Population：An Inventory appraisal. Chicago：University of Chicago Press：33.

Borjas G J. 2003. The labor demand curve is downward sloping：reexamining the impact of immigration on the labor market. The Quarterly Journal of Economics，118（4）：1335-1374.

Borjas G J，Bronars S G. 1991. Immigration and the family. Journal of Labor Economics，9（2）：123-148.

Brereton F，Clinch J P，Ferreira S. 2008. Happiness，geography and the environment. Ecological Economics，65（2）：386-396.

Cai F. 1999. Spatial patterns of migration under China's reform period. Asian and Pacific Migration Journal，8（3）：313-327.

Cebula R J. 2009. Migration and the tiebout-tullock hypothesis revisited. American Journal of Economics and Sociology，68（2）：541-551.

Cebula R J，Nair-Reichert U. 2012. Migration and public policies：a further empirical analysis. Journal of Economics and Finance，36（1）：238-248.

Cheng T，Selden M. 1994. The origins and social consequences of China' s Hukou system. The China Quarterly，139：644-668.

Clark A E，Frijters P，Shields M A. 2008. Relative income，happiness，and utility：an explanation for the Easterlin paradox and other puzzles. Journal of Economic Literature，46（1）：95-144.

Cliff A D，Ord J K. 1973. Spatial autocorrelation. London：Pion：1-70.

Corrigan O. 2010. Migrants，welfare systems and social citizenship in Ireland and Britain：users or abusers?. Journal of Social Policy，39（3）：415-437.

Dolan P，Peasgood T，White M. 2008. Do we really know what makes us happy? A review of the economic literature on the factors associated with subjective well-being. Journal of Economic Psychology，29（1）：94-122.

Drinkwater S，Robinson C. 2013. Welfare participation by immigrants in the UK. International Journal of Manpower，34（2）：100-112.

Fornell C. 1992. A national customer satisfaction barometer：the Swedish experience. Journal of Marketing，56（1）：6-21.

Forrester J W. 1971. Word Dynamics. Cambridge：Wright-Allen Press：41.

Harris J R，Todaro M P. 1970. Migration，unemployment and development：a two-sector analysis. The American Economic Review，60（1）：126-142.

Hayes A F. 2009. Beyond baron and kenny：statistical mediation analysis in the new millennium. Communication Monographs，76（4）：408-420.

Hood C. 2005. The Idea of Joined-up Government：A Historical Perspective. Oxford：Oxford University Press：19-42.

Iglesias G，del Río P，Dopico J Á. 2011. Policy analysis of authorisation procedures for wind energy deployment in Spain. Energy Policy，39（7）：4067-4076.

Jorgensen M B. 2012. The Diverging logics of integration policy making at national and city level. International Migration Review，46（1）：244-278.

Kernaghan K. 2009. Moving towards integrated public governance：improving service delivery through community engagement. International Review of Administrative Sciences，75（2）：239-254.

Keynes J M. 1936. The General Theory of Employment，Interest and Money. London：Macmillan.

Lee E S. 1966. A theory of migration. Demography，3（1）：47-57.

Lewis W A. 1954. Economic development with unlimited supplies of labour. The Manchester School，22（2）：139-191.

Liang Y，Wang P. 2014. Influence of prudential value on the subjective well-being of Chinese Urban-Rural residents. Social Indicators Research，118（3）：1249-1267.

Ling T. 2002. Delivering joined-up government in the UK：dimensions，issues and problems. Public Administration，80（4）：615-642.

Mackinnon D P，Fritz M S，Williams J，et al. 2007. Distribution of the product confidence limits for the indirect effect：program PRODCLIN. Behavior Research Methods，39（3）：384-389.

Marmolo E. 1999. A constitutional theory of public goods. Journal of Economic Behavior & Organization，38（1）：27-42.

Massey D S，Arango J，Hugo G，et al. 1993. Theories of international migration：a review and appraisal. Population and Development Review，（19）：431-466.

Messinis G. 2013. Returns to education and urban-migrant wage differentials in China：IV quantile treatment effects. China Economic Review，26：39-55.

Mincer J. 1978. Family migration decisions. Journal of Political Economy，86（5）：749-773.

Olson M. 1971 .The Logic of Collective Action：Public Goods and the Theory of Groups. Cambridge：Harvard University Press.

Ostrom E. 2009. A general framework for analyzing sustainability of social-ecological systems. Science，325（5939）：419-422.

Oswald A J. 1997. Happiness and economic performance. The Economic Journal，107（445）：1815-1831.

Paarlberg L E，Lavigna B. 2010. Transformational leadership and public service motivation：driving individual and organizational performance. Public Administration Review，70（5）：710-718.

Peri G. 2007. Immigrants' complementarities and native wages：evidence from California. National Bureau of Economic Research.

Perri，Leat D，Seltzer K，et al. 1999. Governing in the Round-Strategies for Holistic Government. London：Demos：60-61.

Perri，Leat D，Stoker K，et al. 2002. Towards Holistic Governance：The New Reform Agenda. NewYork：Palgrave：24.

Piore M J. 1983. Labor market segmentation：to what paradigm does it belong?. The American Economic Review，73（2）：249-253.

Pollitt C. 2003. Joined-up government：a survey. Political Studies Review ，1（1）：34-49.

Portes A. 1995. Economic Sociology and the Sociology of Immigration：A Conceptual Overview. New York：Russell Sage Foundation：1-41.

Pratto F，Sidanius J，Levin S. 2006. Social dominance theory and the dynamics of intergroup relations：taking stock and looking forward. European Review of Social Psychology，17（1）：271-320.

Radnor Z，Osborne S P. 2013. Lean：a failed theory for public services?. Public Management Review，15（2）：265-287.

Root B D，de Jong G F. 1991. Family migration in a developing country. Population Studies，45（2）：221-233.

Salamon L M，Nunez R D C. 1995. Partners in Public Service：Government-Nonprofit Relations in the Modern Welfare State . Baltimore：Johns Hopkins University Press.

Sasmal R，Sasmal J. 2016. Public expenditure，economic growth and poverty alleviation. International Journal of Social Economics，43（6）：604-618.

Sen A. 1985. Commodities and Capabilities. Amsterdam：North-Holland：32.

Sen A. 2001. Development as Freedom. Oxford：Oxford University Press.

Sharp E B. 1984. Citizen-demand making in the urban context. American Journal of Political Science，28（4）：654-670.

Solinger D J. 1999. Citizenship issues in China's internal migration：comparisons with Germany and Japan. Political Science Quarterly，114（3）：455-478.

Song Q J, Zhou N, Liu T L, et al. 2018. Investigation of a "coupling model" of coordination between low-carbon development and urbanization in China. Energy Policy，121：346-354.

Stark O. 1984. Bargaining，altruism，and demographic phenomena. Population and Development Review，10（4）：679.

Stark O. 1991. Migration in less development countries：risk，remittances and family. Finance and Development，28（4）：431-452.

Stark O，Bloom O E. 1985. The new economics of labor migration. The American Economic Review，75（2）：173-178.

Stark O, Taylor J E. 1991. Migration incentives, migration types：the role of relative deprivation. The Economic Journal，101（408）：1163.

Stark O，Yitzhaki S. 1988. Labor migration as a response to relative deprivation. Journal of Population Economics，1（1）：57-70.

Tamai T. 2009. Variety of products，public capital，and endogenous growth. Economic Modelling，26（1）：251-255.

Tang Z. 2015. An integrated approach to evaluating the coupling coordination between tourism and the environment. Tourism Management，46：11-19.

Tiebout C M. 1956. A pure theory of local expenditures. Journal of Political Economy，64（5）：416-424.

Todaro M P. 1969. A model of labor migration and urban unemployment in less developed countries. The American Economic Review，（21）：157-170.

Welsch H. 2006. Environment and happiness：valuation of air pollution using life satisfaction data. Ecological Economics，58（4）：801-813.

Withers S D. 1997. Methodological considerations in the analysis of residential：a test of duration state dependence and associated events. Geographical Analysis，29（4）：354-372.

Wojtarowicz N，Herold D M. 2014. Coordination practices in federal government：the case of integration policy in Austria. Journal of Economic and Social Policy，16（2）：210-232.

World Health Organization. 2013. Strengthening Civil Registration and Vital Statistics for Births，Deaths and Causes of Death：Resource Kit. Australia：The University of Queensland Press.

Zhang K H，Song S. 2003. Rural-urban migration and urbanization in China：evidence from time-series and cross-section analyses. China Economic Review，14（4）：386-400.

Zhou S，Cheung M. 2017. Hukou system effects on migrant children's education in China：learning from past disparities. International Social Work，60（6）：1327-1342.

附录A　流动人口公共服务主观感知满意度调查问卷

尊敬的朋友们：

您好！

为了解您工作地享有公共服务的情况，恳请您帮助填写以下调查问卷。希望通过此项研究，为相关部门相关政策制定提供一定参考。本问卷采用匿名方式作答，问卷信息只作为研究使用，请您耐心细致填答。

非常感谢您的支持！衷心感谢您的参与！祝您万事如意！

一、个人和居住证办理情况

101. 您的性别（　　）

①男　　②女

102. 您现在的年龄：　　岁

103. 您的户口类型（　　）

①农业户口　　②非农户口　　③其他类型

104. 您的婚姻状况（　　）

①未婚　　②初婚　　③ 离婚　　④离婚再婚　　⑤丧偶　　⑥丧偶再婚

105. 您本人的文化程度：（　　）

①不识字或识字很少　　②小学　　③初中　　④高中

⑤职高、中专、技校　　⑥大专　　⑦本科及以上

106. 您的户籍所在地是哪里？____省 ______市______县。

107. 您现工作或居住地所在的城市：____省_____ 市_____县。

108. 您现在的职业类型（　　）

①国家与社会管理者　　②经理人员　　③私营企业主

④专业技术人员　　⑤办事人员　　⑥个体工商户

⑦商业服务业员工　　⑧产业工人　　⑨农业劳动者

⑩无固定职业

109. 您在当前务工的城市工作了（　　　　）年；在当前务工的城市共缴纳了（　　　　）年的社会保险（如无，则填0年）。

110. 您的平均月收入为（　　　　）元（包括奖金、福利、补贴等）。

111. 您目前住房属于何种情况？

①租住单位/雇主房　②单位/雇主提供免费住房

③政府提供廉租房　④租住私房

⑤已购商品房　⑥已购经济适用房　⑦其他，请说明_____

二、您对务工地政府居住证制度实施的整体评价

201. 您在初期对政府居住证政策的总体期望如何？

①非常低　②比较低　③一般　④比较高　⑤非常高

202. 您对居住证满足您将来落户和居住的期望如何？

①非常低　②比较低　③一般　④比较高　⑤非常高

203. 您对于持有居住证，享受当地福利待遇的期望如何？

①非常低　②比较低　③一般　④比较高　⑤非常高

204. 您认为，务工地政府户籍准入条件中对职业类型的限制程度如何？

①非常低　②比较低　③一般　④比较高　⑤非常高

205. 您认为，务工地政府户籍准入条件中对学历高低的限制程度如何？

①非常低　②比较低　③一般　④比较高　⑤非常高

206. 您认为，务工地政府户籍准入条件中对纳税多少的限制程度如何？

①非常低　②比较低　③一般　④比较高　⑤非常高

207. 您认为，务工地政府户籍准入条件中对居住年限的限制程度如何？

①非常低　②比较低　③一般　④比较高　⑤非常高

208. 办理居住证过程中，当地户籍管理部门的经办人员工作态度如何？

①很不好　②不好　③一般　④比较好　⑤非常好

209. 办理居住证过程中，当地户籍管理部门的经办人员工作效率如何？

①非常低　②比较低　③一般　④比较高　⑤非常高

210. 办理居住证过程中，当地户籍管理部门的办事流程和手续方便程度如何？

①非常低　②比较低　③一般　④比较高　⑤非常高

211. 办理居住证后，您对流动人口享有就业信息和培训的公共服务满意程度评价？

①非常不满意　②不太满意　③基本满意　④比较满意　⑤非常满意

212. 办理居住证后您对流动人口享有基本医疗卫生和计划生育公共服务满意度评价？

①非常不满意　②不太满意　③基本满意　④比较满意　⑤非常满意

213. 办理居住证后，您对流动人口享有社会保障的公共服务满意程度评价？

①非常不满意　②不太满意　③基本满意　④比较满意　⑤非常满意

214. 办理居住证后，您对流动人口享有保障性住房或住房公积金服务的满意程度评价？

①非常不满意　②不太满意　③基本满意　④比较满意　⑤非常满意

215. 您是否认为务工城市居住证新政规定的办理门槛太高而不实用？

①很不同意　②不同意　③不确定　④基本同意　⑤非常同意

216. 您是否认为居住证新政有很多公共服务还没有涉及，还很不完善？

①很不同意　②不同意　③不确定　④基本同意　⑤非常同意

217. 您是否认为居住证新政能给您居住地的生活带来更多的便利和福利？

①很不同意　②不同意　③不确定　④基本同意　⑤非常同意

218. 您是否认为居住证户口新政的实施将在很大程度上改善您在流入地的生活？

①很不同意　②不同意　③不确定　④基本同意　⑤非常同意

三、若您办理了居住证，您对在务工地享有公共服务的整体评价

301. 您对务工地所在城市对流动人口的公共服务财力配置的评价？

①非常满意　②比较满意　③基本满意　④不太满意　⑤非常不满意

302. 您对务工地所在城市对流动人口的公共服务设施配置的评价？

①非常满意　②比较满意　③基本满意　④不太满意　⑤非常不满意

303. 您对务工地所在城市对流动人口的公共服务组织配置的评价？

①非常满意　②比较满意　③基本满意　④不太满意　⑤非常不满意

304. 您对务工地所在城市对流动人口的公共服务经办能力的评价？

①非常满意　②比较满意　③基本满意　④不太满意　⑤非常不满意

305. 您对务工地所在城市对流动人口的公共服务供给过程的评价？

①非常满意　②比较满意　③基本满意　④不太满意　⑤非常不满意

306. 您对务工地所在城市对流动人口的公共服务供给效率的评价？

①非常满意　②比较满意　③基本满意　④不太满意　⑤非常不满意

307. 您对居住证对于提升外来人口的公共服务效果的整体满意度？

①非常满意　②比较满意　③基本满意　④不太满意　⑤非常不满意

308. 您认为新的居住证政策实施，会使您将来一直在务工地定居生活下去吗？

①很不同意　②不同意　③不确定　④同意　⑤非常同意

附录B　户籍制度改革背景下南昌、新余城市综合承载力指标体系构建与测度

一、新时期南昌、新余市户籍制度改革背景

2014年1月，南昌市人民政府印发《关于进一步深化户籍制度改革的实施意见的通知》，建立城乡统一的居民户口登记制度，开创了在中部地区省会城市中进入操作层面的户口一元化登记之先河。另外，在户籍制度改革实施过程中，进一步放宽落户条件，同时做好城乡户口政策衔接工作，加快推进东湖区、西湖区、青云谱区、青山湖区、湾里区、经济技术开发区、高新技术产业开发区、红谷滩新区城中村改造工作。南昌市于2018年7月1日起正式实施人才落户、在校学生落户、单位员工落户、居住人员落户、购房人员落户五条落户措施，进一步促进人口集聚。

新余市2016年开始实施户籍制度改革，坚持积极稳妥、规范有序，坚持以人为本、尊重群众意愿，坚持因地制宜、区别对待，坚持统筹配套、提供基本保障；实行城乡统一的户口登记制度，进一步放宽城镇户口迁移政策，创新人口管理。凡在新余市居住登记半年以上，且有合法稳定就业、合法稳定住所和连续就读条件之一的流动人口，凭居民身份证、本人相片及居住地住址、就业、就读等证明材料，就可以到居住地派出所申领居住证。居住证持有人在居住地可享受《居住证暂行条例》规定的基本公共服务和便利，并根据自己的意愿，可将常住户口迁入居住地落户。

按照《中小城市绿皮书》的城市人口规模划分标准，南昌、新余分别为大城市和中等城市。近年来，南昌作为省会大城市，经济发展明显加速，经济实力也日渐上升，优势明显，是鄱阳湖城市群的中心城市和增长极，但城市病凸显、承载压力较大，同时需在经济规模、经济效率、发展空间、产业结构、收入水平等方面进一步提升，南昌发展得好坏，直接影响到整个经济区域的竞争能力。新余市属于中等城市，正逐步建立网络型城镇体系，但吸引人口集聚的能力不足，对区域经济的发展缺乏强大的辐射和带动作用。为了更直观、深入地在户籍制度改革背景下对南昌

和新余进行城市综合承载力的计算分析和结果展示，并寻找其中潜在的规律和特征，依据2013~2017年这五年南昌、新余及江西省其他城市经济发展水平、城市基础设施、生态环境和城市资源、公共服务四方面，运用熵值法计算相关的综合权重，并着重分析南昌市和新余市两个城市综合承载力的发展趋势。

二、南昌、新余城市综合承载力指标体系的构建

城市综合承载力包括经济承载力、基础设施承载力、生态环境和资源承载力及公共服务承载力。基于对城市综合承载力内涵的剖析，以指标的综合性、可比性、科学性和可获得性为原则，结合江西省各市综合承载能力的实际情况，将城市综合承载力指标体系划分为四个部分：经济发展水平指标，主要反映城市的经济总量和财政收支情况；城市基础设施指标，反映城市邮电通信、交通运输、供水能力及能源供应状况；生态环境和城市资源指标，反映城市自然资源、环卫垃圾、绿地面积及污染治理情况；公共服务指标，体现在医疗卫生、就业服务、社会保障、公共教育和住房面积这五个层面。本部分数据均来源于2014~2018年《江西统计年鉴》及江西省各市统计年鉴，数据收集的年限为2013~2017年，借助于EXCEL软件对相关指标进行测算，指标体系具体说明详见附表B-1。

附表 B-1　城市综合承载力指标体系

一级指标	二级指标	三级指标	单位
经济发展水平	经济总量	城镇居民人均可支配收入	元
		第三产业占比	%
		人均地区生产总值	元
	财政收支	人均地方财政收入	元
城市基础设施	邮电通信	每万人互联网宽带用户数	户
	交通运输	每万人拥有公共汽车车辆	辆
	供水能力	人均日生活用水量	升/人
	能源供应	人均用气量	米^3/人
生态环境和城市资源	自然资源	森林覆盖率	%
	环卫垃圾	生活垃圾无害化处理能力/生活垃圾清运量之比	%
	绿地面积	人均公园绿地面积	米^2
	污染治理	生活污水处理率	%
公共服务	医疗卫生	每万人拥有医疗机构床位数	张
	就业服务	城镇劳动力资源占人口比重	%
	社会保障	城市职工基本养老保险参保人数占总人口比重	%
	公共教育	基础教育师生比	%
		科教文卫事业费占财政支出的比例	%
	住房面积	人均住宅建筑面积	米^2

三、南昌、新余综合承载力各维度分析

（一）熵值法

附表B-1中所陈列出的指标体系，由于各指标之间存在单位和量级的不一致性，需要对收集的原始数据进行无量纲化处理。采用熵值法确定各指标的权重，计算出来的熵值越大，不确定性就越大，从而，指标所涵盖的信息量越少；反之，熵值越小，不确定性越小，那么涵盖的信息量就越多。

（1）对原始数据进行标准化处理：

$$X'_{ij} = \frac{X_{ij} - \min\{X_{ij}\}}{\max\{X_{ij}\} - \min\{X_{ij}\}} \times 0.95 + 0.05 \left(\text{正向指标}\right)$$

$$X'_{ij} = \frac{\max\{X_{ij}\} - X_{ij}}{\max\{X_{ij}\} - \min\{X_{ij}\}} \times 0.95 + 0.05 \left(\text{负向指标}\right)$$

，　i=1,2,…,m；j=1,2,…,n（1）

（2）熵值法确定权重如下：

①先计算第i个指标值在第j个指标下所占的比重，公式如下：

$$p_{ij} = \frac{X'_{ij}}{\sum_{i=1}^{n} X'_{ij}}, \quad j = 1,2,3,\cdots,n \tag{2}$$

②计算第j项指标的熵值e_j：

$$e_j = -k \sum_{i=1}^{n} p_{ij} \times \ln(p_{ij}), \quad k = \frac{1}{\ln(n)} \tag{3}$$

③计算第j项指标的差异性系数d_j：

$$d_j = 1 \vert e_j \tag{4}$$

④计算第j项指标的权重w_j：

$$w_j = \frac{d_j}{\sum_{j=1}^{n} w_j \alpha_{ij}} \tag{5}$$

⑤计算各评价对象的综合评价S_i：

$$S_i = \sum_{j=1}^{n} w_j \alpha_{ij} \tag{6}$$

其中，综合评价S_i中，α_{ij}为第i个市第j项指标的标准化值。

（二）经济发展水平承载力

城市经济发展水平承载力主要指在一定时期、一定的城市空间区域、一定的经济、社会、生态环境条件下，城市的生产要素组合所能承载的城市最优人口规模。经过熵值法对原始数据进行处理，得到附表B-2和附图B-1显示的经济发展水

平承载力。总体来看，2013~2017年，南昌市以绝对的优势位列江西第一，南昌市的经济发展水平最高，毕竟南昌市作为江西省的省会城市，经济发展水平是毋庸置疑的。一方面，南昌市的经济结构在不断地优化，高新技术产业也在不断引进和持续注入资本，以旅游业为主导的第三产业和服务业在经济增长中所贡献的份额连年增加；另一方面，相较于省内其他城市，南昌市拥有得天独厚的资源和交通枢纽等便利条件，从而带动了经济快速发展。此外，新余市位居第二，仅次于南昌市，主要是因为新余市近几年城市化进程的加快和固定资产投资比例加大，使得城市经济总量增加，同时，新余市主要以丘陵地貌为主，其间水系纵横交错，旅游资源同样十分丰富，以至于旅游产业的兴盛为其经济发展增添了许多动力，从而使得该市经济发展水平较高。

附表 B-2　2013~2017 年南昌、新余及江西其他城市经济发展水平承载力数据

年份	南昌	新余	吉安	景德镇	九江	上饶	萍乡	鹰潭	赣州	抚州	宜春
2013	0.1396	0.1269	0.0228	0.072	0.0563	0.1199	0.0675	0.0538	0.0318	0.0117	0.0106
2014	0.1067	0.0974	0.0172	0.1026	0.0467	0.0252	0.0506	0.0444	0.0233	0.0094	0.0091
2015	0.1918	0.1787	0.0298	0.0959	0.0905	0.0443	0.0945	0.0906	0.0405	0.0129	0.0235
2016	0.2443	0.2296	0.0452	0.1049	0.1165	0.0476	0.1297	0.1202	0.0422	0.0262	0.0434
2017	0.1544	0.1218	0.0415	0.1086	0.1179	0.0555	0.0814	0.1248	0.0268	0.0063	0.0511

资料来源：根据 2014~2018 年《江西统计年鉴》整理，下同

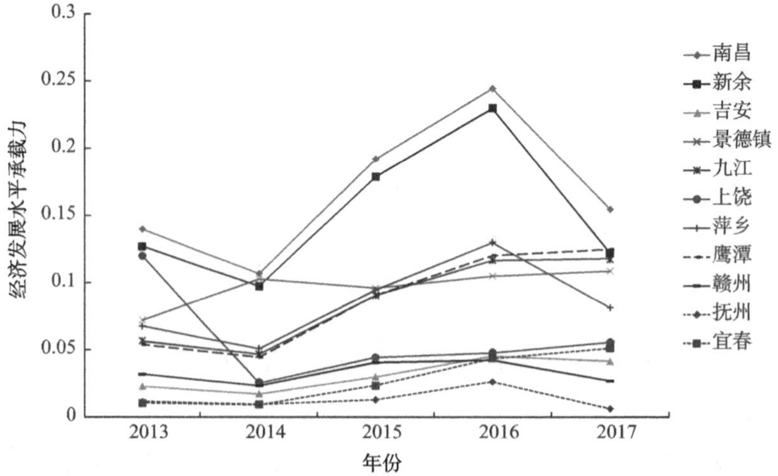

附图 B-1　2013~2017 年南昌、新余及江西其他城市经济发展水平承载力

2016年是“十三五”规划的开局之年，南昌市和新余市两市经济均呈现快速发展的态势，其他地区经济增长较为缓慢。主要原因是，一方面，南昌市主动适应经济发展新常态，坚持稳中求进、绿色崛起，扎实推进供给侧结构性改革，积极推进产业结构调整及优化，从而使得南昌市经济快速增长；另一方面，新余市集中培育集聚性、引领性和带动性的龙头企业，逐步形成了钢铁、新能源、光电信息、装备制造等四大主导产业，从而带动了经济快速发展。

（三）城市基础设施承载力

在城市基础设施承载力方面，附表B-3和附图B-2显示，总体来看，2013~2017年，南昌市基础设施承载力仍有小幅度下滑，但整体相对来说，基础设施较好，近年来，南昌市实施道路“白改黑”、路灯“暗改亮”、架空管线“上改下”、老旧社区“旧改新”、建筑立面改造提升及城市出入口改造提升等整治工程，使得城市面貌出现了明显变化，市容环境明显改善，城市基础设施承载力有了一定的提升。另外，新余市的基础设施承载力排名居中间位置，比南昌市的基础设施承载力要低，虽然新余市在邮电通信、供水能力及能源供应等方面投入较均衡，但是新余市内外交通体系有待进一步完善。然而，景德镇主要得益于近年来在公共交通上发展迅猛，公共汽车的人均拥有量较高，能源供应和供水能力强于南昌，所以景德镇基础设施承载力比较好。吉安市基础设施承载力排名倒数第一，主要因为吉安市公共交通发展滞后，人均拥有公共汽车量偏低，加之邮电通信、能源供应等方面存在不足，所以，吉安市基础设施承载力较差。

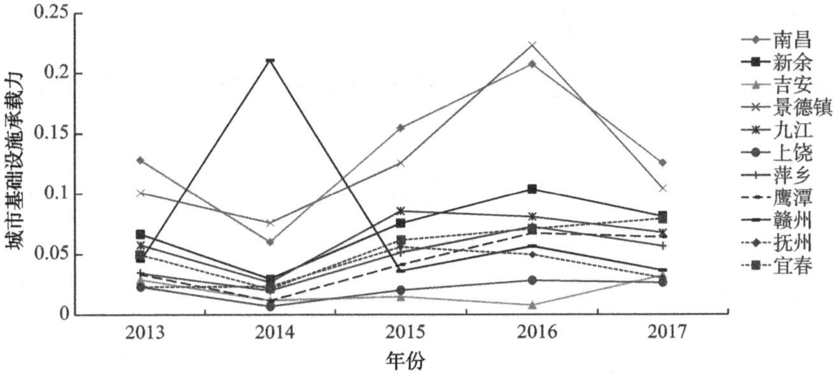

附图 B-2　2013~2017 年南昌、新余及江西其他城市基础设施承载力

附表 B-3　2013~2017 年南昌、新余及江西其他城市基础设施承载力数据

年份	南昌	新余	吉安	景德镇	九江	上饶	萍乡	鹰潭	赣州	抚州	宜春
2013	0.1280	0.0667	0.0290	0.1008	0.0574	0.0231	0.0342	0.0334	0.0445	0.0231	0.0496
2014	0.0600	0.0296	0.0117	0.0759	0.0269	0.0069	0.0198	0.0115	0.2106	0.0232	0.0212
2015	0.1543	0.0754	0.0147	0.1254	0.0855	0.0201	0.0513	0.0412	0.0359	0.0559	0.0615
2016	0.2070	0.1037	0.0076	0.2228	0.0808	0.0281	0.0724	0.0672	0.0564	0.0495	0.0708
2017	0.1252	0.0811	0.0323	0.1044	0.0676	0.0263	0.0565	0.0639	0.0364	0.0301	0.0791

（四）生态环境和城市资源承载力

在生态环境和城市资源承载力方面，附表B-4和附图B-3显示，总体来看，2013~2017年，新余市排名靠前，主要包含如下三点原因：一是新余市煤、铁等自然资源相对丰富；二是新余市拥有总面积298平方千米的仙女湖景区，其中水域面积50平方千米，湖中99座岛屿星罗棋布，动植物种类繁多，森林覆盖率达95%，拥有亚洲最大的亚热带树种基因库；三是新余市构建了区域绿地生态屏障，内外渗透，增强了大气环境的自净能力，减轻了工业污染对城市环境的影响，从而使得新余市生态环境和城市资源承载力较强。然而，南昌市生态环境和城市资源承载力整体水平较落后，作为江西省的省会城市需带动整个省的经济发展，对于自然资源的开垦是必不可少的，经济发展较快，往往导致城市生态环境被破坏，并且南昌市常住人口居多，在有限的资源承载下，城市资源也会消耗较快，从而使得南昌市生态环境和城市资源承载力偏低。

附表 B-4　2013~2017 年南昌、新余及江西其他城市生态环境和城市资源承载力数据

年份	南昌	新余	吉安	景德镇	九江	上饶	萍乡	鹰潭	赣州	抚州	宜春
2013	0.0268	0.0590	0.0438	0.0440	0.0555	0.0458	0.0333	0.0456	0.0167	0.0539	0.0476
2014	0.0449	0.0693	0.0613	0.0563	0.0398	0.0577	0.0461	0.0550	0.0088	0.0644	0.0610
2015	0.0499	0.0955	0.0836	0.0521	0.0857	0.0586	0.0477	0.0834	0.0146	0.0791	0.0602
2016	0.0476	0.0944	0.0871	0.0742	0.0802	0.0759	0.0535	0.0820	0.0393	0.0772	0.0548
2017	0.0571	0.0754	0.0600	0.0605	0.0316	0.0399	0.0390	0.0964	0.0457	0.0734	0.0455

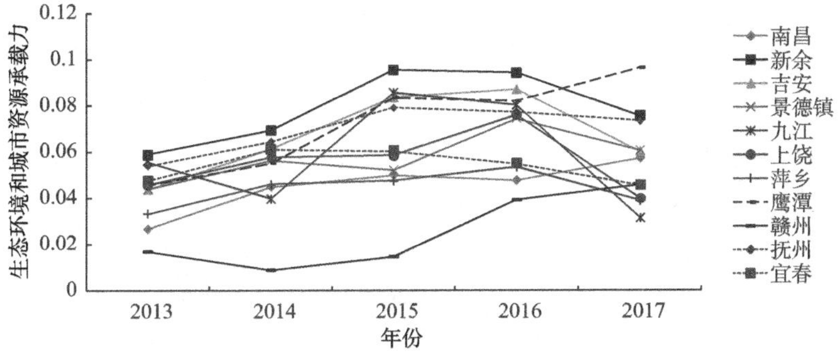

附图 B-3 2013~2017 年南昌、新余及江西其他城市生态环境和城市资源承载力

（五）公共服务承载力

直接决定人口承载力的是区域经济规模、就业结构、公共教育和社会保障所决定的状况。经济规模越大，公共服务水平越高，吸纳的劳动力规模越大，对人口承载力的影响就越大。在公共服务承载力方面，附表B-5和附图B-4显示，总体来看，2013~2017年南昌市公共服务承载力较好，作为省会城市，拥有较好的医疗卫生资源、社会保障力度强、公共教育投入较多，使其优于其他各市的公共服务承载力。其次，近年来，新余市公共服务承载力水平也具有较大的突破，不断加大保障和改善民生的力度，整合公共服务设施，新建、改扩建、有偿置换相结合，解决城区公共服务设施布局不合理、配套设施不齐全及建设滞后等问题。同时，就业创业成效明显，并出台了大众创业、万众创新等一系列配套政策，社会保障制度加快整合，2016年新型农村合作医疗年人均筹资标准提高到540元，参合率达99.5%，城镇居民医疗保险人均筹资标准也有所提高，并发放廉租住房租赁补贴达到5560户和732.2万元，因此，新余市公共服务承载力较强。

附表 B-5 2013~2017 年南昌、新余及江西其他城市公共服务承载力数据

年份	南昌	新余	吉安	景德镇	九江	上饶	萍乡	鹰潭	赣州	抚州	宜春
2013	0.0544	0.0410	0.0608	0.0433	0.0630	0.2390	0.0465	0.0359	0.0550	0.0415	0.0593
2014	0.0592	0.0377	0.0401	0.1301	0.0431	0.0407	0.0241	0.0212	0.1667	0.0411	0.0460
2015	0.1278	0.0850	0.0854	0.0723	0.1074	0.0728	0.0665	0.0580	0.0869	0.0771	0.0992
2016	0.2229	0.1954	0.1572	0.1237	0.1898	0.1550	0.1556	0.1385	0.1085	0.0791	0.2003
2017	0.1290	0.0936	0.0857	0.0763	0.1068	0.0871	0.0796	0.0964	0.0996	0.0622	0.1059

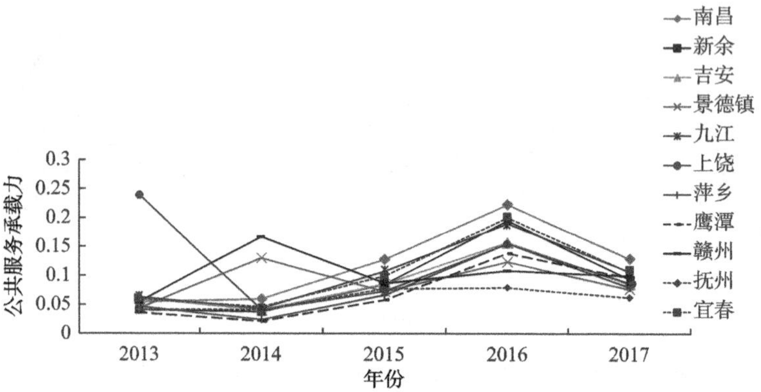

附图 B-4　2013~2017 年南昌、新余及江西其他城市公共服务承载力

四、南昌、新余城市综合承载力测算及实证分析

2016年是“十三五”规划的开局之年，在经济发展水平、城市基础设施、生态环境和城市资源及公共服务等四方面的承载力，江西省各市均呈现突出点，因此，运用熵值法对2016年江西省各市经济发展水平、城市基础设施、生态环境和城市资源、公共服务四类指标数据进行标准化处理，得出各子指标的无量纲标准化值，然后计算各指标体系的权重，详见附表B-6，再进行累计综合加权，最终得到2016年江西省各市综合承载力排名，详见附表B-7。

附表 B-6　南昌、新余及江西其他城市综合承载力指标测算结果

一级指标	二级指标	三级指标	熵值	差异性系数	权重
经济发展水平	经济总量	城镇居民人均可支配收入	0.8477	0.1523	0.0641
		第三产业占比	0.8965	0.1035	0.0436
		人均地区生产总值	0.7984	0.2016	0.0848
	财政收支	人均地方财政收入	0.8367	0.1633	0.0687
城市基础设施	邮电通信	每万人互联网宽带用户数	0.9147	0.0853	0.0359
	交通运输	每万人拥有公共汽车车辆	0.7622	0.2378	0.1001
	供水能力	人均日生活用水量	0.8163	0.1837	0.0773
	能源供应	人均用气量	0.7464	0.2536	0.1068
生态环境和城市资源	自然资源	森林覆盖率	0.9555	0.0445	0.0187
	环卫垃圾	生活垃圾无害化处理能力/生活垃圾清运量之比	0.9423	0.0577	0.0243
	绿地面积	人均公园绿地面积	0.9064	0.0936	0.0394
	污染治理	生活污水处理率	0.9512	0.0488	0.0206

续表

一级指标	二级指标	三级指标	熵值	差异性系数	权重
公共服务	医疗卫生	每万人拥有医疗机构床位数	0.9217	0.0783	0.0329
	就业服务	城镇劳动力资源占人口比重	0.8701	0.1299	0.0547
	社会保障	城市职工基本养老保险参保人数占总人口比重	0.8326	0.1674	0.0705
	公共教育	基础教育师生比	0.8932	0.1068	0.0449
		科教文卫事业费占财政支出的比例	0.9036	0.0937	0.0394
	住房面积	人均住宅建筑面积	0.8259	0.1741	0.0733

附表 B-7　南昌、新余及江西其他城市综合承载力排名

地区	经济发展水平	排名	城市基础设施	排名	生态环境和城市资源	排名	公共服务	排名	综合权重	排名
南昌	0.2443	1	0.2070	2	0.0476	10	0.2229	1	0.7219	1
新余	0.2296	2	0.1037	3	0.0944	1	0.1954	3	0.6232	2
吉安	0.0452	8	0.0076	11	0.0871	2	0.1572	5	0.2971	9
景德镇	0.1049	6	0.2228	1	0.0742	7	0.1237	9	0.5256	3
九江	0.1165	5	0.0808	4	0.0802	4	0.1898	4	0.4673	4
上饶	0.0476	7	0.0281	10	0.0759	6	0.1550	7	0.3065	8
萍乡	0.1297	3	0.0724	5	0.0535	9	0.1556	6	0.4113	5
鹰潭	0.1202	4	0.0672	7	0.0820	3	0.1385	8	0.4078	6
赣州	0.0422	10	0.0564	8	0.0393	11	0.1085	10	0.2465	10
抚州	0.0262	11	0.0495	9	0.0772	5	0.0791	11	0.2321	11
宜春	0.0434	9	0.0708	6	0.0548	8	0.2003	2	0.3694	7

从附图B-5可知，江西省各市综合承载力的综合权重均在0.2以上。其中，南昌市综合承载力的综合权重最大，排名第一，其中包含两方面的原因：一是南昌市作为江西省的省会城市，在经济发展水平、城市基础设施、公共服务等方面具有优势；二是南昌市是江西省的经济、文化和交通的重要枢纽，在邮电通信、交通运输、能源供应、自然资源等方面发展迅速，带动了整个江西的发展，因此，南昌市综合承载力的综合权重当属排名第一。新余市的综合承载力排名第二，超过了江西第二大城市赣州市。近年来，新余市当地工业企业加快了发展步伐，其光电产业、钢铁工业等较发达，工业主导特征较明显。九江市、萍乡市及鹰潭市这三个城市综合承载力的综合权重相差不大，主要由于这三个城市农业发展基础较好，充分发挥了各自的特色和优势，统筹安排，大力发展城市资源，所以，它们综合承载力的综合权重排名靠前。相比之下，综合承载力的综合权重排名较落

后的几个城市，工业和第三产业欠发达，没有充分地开发利用资源，城市承载力不理想。

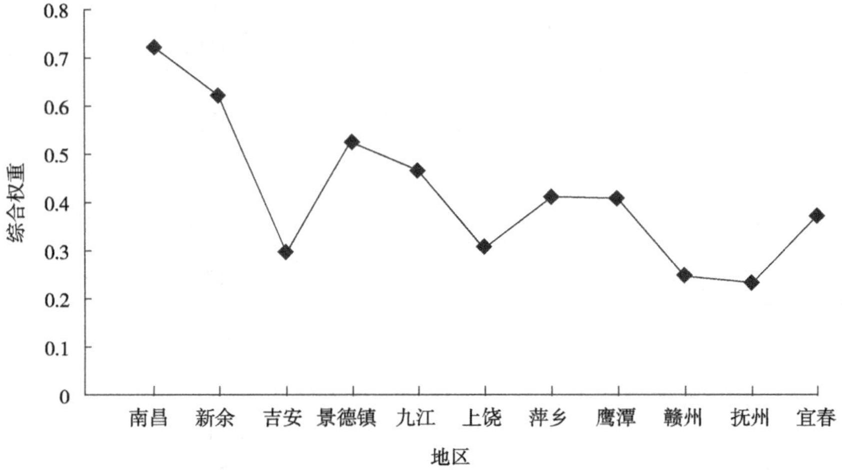

附图 B-5　2016 年南昌、新余及江西其他城市综合承载力的综合权重

综上所述，从选取的江西省各个城市的经济发展水平、城市基础设施、生态环境和城市资源及公共服务承载力来看，南昌作为江西省的省会城市，在经济发展水平、基础设施、资源及公共服务方面区位优势突出，综合承载力较强；新余属于次一级的中心城市，在生态环境和城市资源及对外开放程度等方面具有较强的区域带动性；抚州、吉安等市级城市社会经济发展水平不高，城市资源禀赋及产业基础薄弱，所以城市综合承载力较差，需要进一步提升经济承载力。

户籍制度改革方案，既需要顶层设计，又要贴合地方实际，充分考虑本地经济社会发展潜力和城市综合承载能力，需要在就业、教育、社会保障、住房等公共服务领域寻找户籍制度改革速度之间的平衡点。当前，完全消除城市公共服务筛选机制并不现实，这需要以居住证为切入点，逐渐打破传统利益格局下的公共服务资源分配机制，拓展公共服务资源，将更多的常住人口纳入公共服务体系中，努力实现户籍制度改革与相关经济社会领域改革有机结合、协同推进，实现流动人口的公共服务均等化和均衡化。

附录C　典型访谈案例

访谈案例一

小亮来自内蒙古，乌兰浩特人，目前已经在北京某科技公司工作满5年，研究生毕业之后就一直在北京工作。就在2016年，他与同样在北京工作的扬州女孩结婚了。现在两个人在北京南四环外边租了一个60多平方米的小房子，两个人目前还没有要孩子的打算，但是生活得很幸福。对于北京的交通和物价小亮还是不免有些抱怨，小亮说住的地方距离他的公司要乘坐一个半小时的地铁。北京越来越高的物价，对这对小夫妻来说也是一个不小的难题。小亮已经办理了居住证，他当年办理居住证的时候还是挺麻烦的，跑了好多趟，明明提交了相关的材料，可是有关部门说他无法证明自己在北京的居住时间。他说北京出台了积分落户政策，通过建立指标体系，对每项指标赋予一定分值，总积分达到规定分值的申请人，可申请办理本市常住户口，等自己连续缴纳社会保险7年的时候，就业分值是21分，研究生学历26分，纳税分值6分，年龄分值20分，因为目前还在租房，住所分值不容易拿到，其他指标分值目前还不好界定。总分在73分以上，还是有希望获得北京户籍的，但也会有很多的竞争者。为了以后自己的孩子可以在北京上学，享受更好的教育资源，他还是希望拥有北京户口。

访谈案例二

徐先生，男，36岁，江西省丰城市曲江镇人，在南昌市的一家工厂里担任施工员。他已经在南昌工作6年了，但是单位并没有给他缴纳社保，并且由于工资不算高，月薪5000元，买不起南昌的房子，这6年来一直租房子。徐师傅说自己文化程度不高，国家有什么利于他们这些务工者的政策并不清楚，关于居住证的事也是近期才知道的。徐师傅表示，关于居住证没有人详细地告诉过他，他也不清楚在南昌办理居住证需要什么条件。对于南昌市目前居住证的办理情况，具体来说包括务工地政府户籍准入条件中对职业类型的限制程度、对学历高低的限制程度、对纳税多少的限制程度、对居住年限的限制程度等这些问题都不是很清楚。但是，他对居住证政策的期望比较高，希望在持有居住证之后，能够享受当地福利待遇。虽然期望高，但是徐师傅就平常去政府机关办事时工作人员的态度和办事速度来看，办理居住证可能会花费很多时间，办理流程复杂，手续繁多，工作人员的态度可能不是那么友善。徐师傅对务工地所在城市对流动人口的公共服务财力配置、设施配置、组织配置、经办能力、供给过程等方面不是非常满意，但他坚定地认为如果办理了居住证，还是会给自己和家人的生活带来便利与福利。

访谈案例三

小李，男，26岁，来自湖南省郴州地区，在苏州一家快递公司当快递员，工资是底薪+送货提成+收件提成。小李高中毕业后在家乡的省会城市长沙务工过一段时间，由于从小到大一直待在湖南，从未出过远门，与家人商量后决定去苏州务工开阔一下视野。小李一开始并没有在意居住证这件事，因为他进城务工时间并不长，不办理居住证并不会影响他的正常生活。在闲暇时间小李听到同事谈及机动车被扣，需要持居住证去办理机动车登记。考虑到缴纳社保和能否享受公共卫生服务及公共就业服务等福利，小李认识到办理居住证的必要性，于是通过向同事打听及上网了解相关事宜。由于居住地住址证明包括的内容很多，小李需要办理许多证明材料，耗时很长。同时办理过程中相关单位每天只发有限的号，连着两天他都没有排上队，办理居住证十分费时、费力。因此，他期望换领新证的时候能够不像最初办理居住证那样麻烦，希望办理居住证后能切实享受到居住证新政所涵盖的相关基本福利，同时畅想未来如果能在苏州长期定居，希望他的孩子能享受良好的城市教育资源。小李认为，如果相关机构能够放宽每天办理居住证的数额，未来更多的流动人口办理居住证时会更加方便、快捷，同时殷切期望居住证新政涉及的相关基础福利政策能够更加细化。

访谈案例四

小李，男，28岁，本科学历，家住河南省周口市，在大连市工作已有三年时间，是一家私营企业的企业主，月收入20 000元，在工作地购有一套商品房。

通过采访得知，虽然小李已在大连工作了三年时间，但是对于2016年1月1日起实施的《居住证暂行条例》并不清楚，因为感觉居住证没有什么用，所以小李并没有办理居住证，也不知道办理居住证需要哪些条件。对务工地政府居住证制度实施的整体评价，小李在各方面的期望都比较高，对于务工地政府户籍准入条件中对各项的限制程度小李也觉得比较高。由于没有办理居住证，小李对于居住证新政还不了解。

小李表示，通过办理居住证，希望在务工地享有完整的公共服务，包括提高对流动人口公共服务的资源配置和提高供给效率等方面。最后，因为小李还没有孩子，所以对于实施居住证政策后，小李对子女在城市接受教育情况的整体评价这一问题不做具体的回答。

访谈案例五

小颖，女，28岁，已婚并育有一子，湖南人，在江西省南昌市工作，是一家公司的办公室职员。刚开始工作的时候，小颖独自一人来到南昌，由于孩子还小，留在老家交由爷爷、奶奶照顾，后来孩子长大了，需要上学，所以小颖把孩子接到身边照顾，现在孩子就读于南昌一所公立小学。

访谈中发现小颖对于居住证比较了解，由于孩子的原因，小颖知道了居住证，小颖告诉我们办理居住证需要有房子，还要有社保缴纳年限、工作时间等因素。对于持有居住证，小颖各方面期望都比较高，她说："以前小孩只能上私立学校，现在小孩可以通过考试，进入公立学校学习，也不会被别的小孩歧视，因为现在很多父母都在外地工作，都会遇到这样的情况，不过我觉得还是需要自己努力工作，为小孩在未来的教育方面做好准备。"

对于办理了居住证，在务工地享有公共服务的整体评价，小颖也是满意的，她觉得不可能万事尽善尽美，现在的公共服务配置、经办能力都有待提高，但是已经很不错了，毕竟人口这么多。小颖对于居住证这项政策期望还是蛮高的，因为毕竟她在这个地方已经工作了三年，她对自己现在的这份工作也挺满意，长期内不会考虑离职，所以她希望她的子女可以在这座城市受到良好教育，她也能在他们身边起到督促、引导的作用。

访谈案例六

小罗，女，30岁，江西南昌人，已婚。多年前，因想去大城市打拼自己的未来，她就选择去了工业和经济较发达的广东，在那里她认识了现在的丈夫，交往一段时间后领证结婚，后来小罗把户口也迁到了广东，之后生了孩子，本来一家三口从此可以在广东过上幸福、快乐的生活，可是天有不测风云，小罗失业了，心情郁闷难解，丈夫和孩子就陪她回了江西南昌，看望亲人的同时，顺便散散心。在一次机缘巧合下，小罗通过朋友的介绍在南昌一家中外合资企业谋求到一份不错的管理岗位，公司对她也很重视，没多久就当上了公司某工厂的经理，但是她把户口已经迁到广东了，所以她现在在南昌工作就需要办理居住证。

在采访中，她表示，居住证是政府对外来务工人员的照顾，对于她来说，居住证在工作方面帮了很大的忙，虽然她是南昌本地人，但是生活就是这么戏剧化；现在她对于办理居住证有一些烦恼，就是居住证审核时间太长，很久才能批下来，相关部门的工作效率太低，而她本身工作任务重，有时周末需要加班，没有很多时间花费在办证上，有时候又急需居住证，就像前段时间，她需要报考人力资源管理师等级考试，需要用到居住证，因为户口不在本地，居住证又没有批下来，所以未能成功报考。她希望政府相关部门能够精简居住证办理流程，缩短拿证时间。

访谈案例七

李大哥，天津人，因为受不了严重的空气污染，李大哥一家三口4年前从天津搬到江西南昌，目前在一家公司当财务总会，生活已经达到了小康水平，也在南昌市买了房。在交流中，李大哥说，刚来南昌市的时候，是万分不满意的，前两年像他这种外地人，在公共服务享受上是很受排斥的，为了孩子上学，李大哥托了不少人才把这个搞定。后来，政府部门出台了一个新政策，给他们的生活提供了不少的便利，直到有人通知他们去办理居住证，才知道这个新政策正是居住证政策，一切都回到了正常的生活轨道。

李大哥不断地跟我们强调居住证制度的优势，医保的购买使得自己不再担心家人没钱治病的问题了；孩子上学跟南昌市原户籍居民是一样的；公园越来越美，很多的景点几乎免费对他们开放。居住证制度对外地人来说真的是福音，解决了他们在南昌市很多的后顾之忧，给外地人口的生活提供了便利。李大哥说，过两年换个大点的房子，把孩子的奶奶也一并接过来，一家子团聚。

访谈案例八

王先生原户籍在福建安溪的一个小农村，为了追求更高的生活质量，他来到了江西省南昌市打拼，通过自身的努力，在积累了一定的资金以后，王先生自己开了一个小超市，成了个体商户。随着中国经济的飞速发展，人们的消费水平不断提高，王先生的超市也越开越大。访谈中，王先生对居住证制度了解甚微，而且在南昌生活了这么多年，也没怎么听过居住证，在我们说了居住证能带来诸多好处以后，如子女上学的便利，王先生长叹着说："你们怎么不早一点给我这个电话呢，你是不知道啊，我孩子虽然在城里的公立学校上学，但是由于我们是外省人的原因，缴纳了大额的择校费，要是你们早一点告诉我可以办理居住证，而且居住证还能提供这么多便利的话，我肯定早就办理了。况且，我还算一个缴税大户呢，也达到门槛了，什么也不说了，等会我就去相关部门问问去。"

虽然王先生在南昌市没有什么不适应的地方，而且邻居对他们一家人也相当照顾，但是，毕竟不是本地人，而且户口也不是江西南昌的，孩子的户口上的也是原户籍的，这种如浮萍一般的生活，总是感觉少了一点安定和家的感觉，等子女们都工作了，王先生说就带着老婆回福建安溪，好好养老。

在访谈的最后，王先生对我们的访谈表示深深的感谢，他强调："你们这样的学术研究，真的很贴近生活，有利于普通人的生活。居住证制度对我们这辈人来说是不曾了解的，但是这样的研究和访谈，或多或少地会让人们知道这个政策，能不能办理是另外一回事。如果在一个陌生的城市能稳定下来，每一个人都不会想过浮萍一般的生活，希望在课题研究中，政府能多多普及一些有关我们百姓的政策、举措，让我们有渠道、又有机会了解这些益民的措施和制度。”

访谈案例九

小王，26岁，来自湖南长沙，目前在南昌市一家理发店做美发学徒。在我们过去做访谈的时候，小王正在工作，店长在了解我们的来意以后，让我们先在理发店等会。半个小时以后，小王跟我们闲谈了起来。原来小王来南昌市已经5年了，高中毕业以后就不读书了，先去广州一家电子厂工作了2年，发现在流水线上工作没什么前途，就回到了家里，并经朋友介绍来到南昌市做美发学徒。

我们先询问了一下小王对居住证的了解情况，没想到小王却跟我们讲：“还有这个东西？干什么的？要交钱吗？”经过我们详细地向他介绍以后，小王才万分高兴地表示，原来这个就是居住证啊，他知道这个，他有一个长沙的朋友跟他讲过，而且这个朋友目前正在每个月缴纳社保，这样方便自己以后在南昌市买房和子女上学，这个是解决他们这种外地人口公共服务供给问题的有效途径。小王表示希望办理居住证，以后自己在南昌市开个店、买个房，不打算再回村子了。

访谈案例十

邹女士，35岁，10年前和老公一起由岳阳搬到南昌市，直至今天。邹女士刚来南昌市的时候应聘了一家公司的文员职位，经过了10年的努力，现在已经升到了办公室主任的位置，我们的采访就在他们公司会议室进行的。

当聊到她对南昌市公共服务满意度状况时，邹女士表现得不太满意。可能由于煤炭的原因，空气质量较差，但环保部门一直没有采取合适的应对措施；公交车站每次都是人满为患，道路上车子也一直在挤，但政府部门并未对此做出实际的行动；公园等休闲散步的地方跟以前比确实新增了不少，但是由于管理不当，破坏程度很大；买房的时候只有少数地段可以使用公积金，中心城等地方买房是不能用公积金的。

后来我们又跟邹女士提到居住证制度能缓解这些问题的时候，邹女士意见就更大了，她表示自己不止一次地去了解过居住证，但是不仅办理流程复杂，而且工作人员态度也非常不友好。

访谈案例十一

刘勇，男，42岁，来自江西省丰城市段潭乡，现在在江西省省会南昌市的建筑施工单位做施工员，工资是按日算，按月结，他的身材不高，肤色黝黑，他说，从事这份工作都是没读书的后果，觉得自己知识技能不足，只得卖苦力，年过40岁了，体力大不如从前，多想回乡休息，却因家庭负担，不得不留在这个没有归属感的城市。当问起社保问题时，他说，社保缴纳了四五年了，是为了以后的养老，自己文化程度不高，听别人说这个可以让自己以后有保障，当时也是为了在南昌买房，却也因社保年限未办理居住证。问起对居住证的了解程度时，他说，是为了房子，也是为了安心，如果社保能交够年限，就去办理居住证，对居住证的福利了解不多，但他认为居住证是本地人的一个象征。

他对居住证的期望很高，觉得居住证是外来务工人员与当地人的分水岭，具体的福利也说不出来。由于尚未办理过居住证，也不清楚办理过程中会出现什么状况。他说，现在才买上房，子女也大了，就是为了以后养老才留在城市，选择在这个城市居住。希望以后政府可以降低办理居住证的一些限制，如学历、社保年限。让外来人员能对这个城市有归属感，对工作更上心。

访谈案例十二

黄先生，男，45岁，哈尔滨人，性格豪爽。目前在苏州做生意，是饮品的代理商，相当于个体户性质的代理。每天就是送货，联系供应商进货，拓展客户这类事情，说着比较轻松，但是一行不知道一行的辛苦，他说刚来苏州时，根还没有扎稳，现在属于比较艰苦的阶段，但始终坚信只要坚持过了这段时间就会拨开云雾见天明，这是一段励志的故事。他说，苏州给他的感觉蛮不错的，在空闲的时候可以听着音乐，呼吸着清新的空气，这种生活还是蛮惬意的，他希望自己一家能够在此安家落户，但是面临的最大问题就是小孩的教育，不仅学费高，而且当地较好的学校名额也少，像他们这种外地人的子女很难进去，可是他们又不想让小孩上不好的学校，所以希望政府能对这个事情关注一下，提出一些合理的解决措施，并且感觉苏州的房价和生活消费水平都蛮高的。希望政府能够针对外地人进行适当放宽，给予一定的优惠。此外，他说对于苏州的落户政策和办理居住证的流程都不了解，希望政府可以开辟专门的渠道让外地人有处可询问，进一步提升外地人的生活满意度。

访谈案例十三

小李，女，34岁，之前居住在无锡的一个小镇，25岁的时候，小李组建了家庭，丈夫和她是老乡，一年后，他们的宝宝降生了，宝宝的降生使他们萌生了离开小镇，来到无锡市生活的想法。不久后，夫妻俩辞掉了镇上的工作，会计出身的她来到城市之后很快就找到了一份还不错的工作。生活很快安定了下来，对于居住证新政，小李表示知道一点，是通过务工当地管理部门的经办人员介绍得知的。无锡市的基础设施、医疗水平、教育条件等各方面都比小镇要好，现在她来到这座城市已经五年了，基本已经适应了这里的生活，感觉现在的自己就是半个城市人。对于孩子的教育问题，小李表示很满意现在的教育条件，一家人目前已经在城市里定居，孩子也在公立学校，实行九年义务教育，自己花不了多少钱，而且现在农村子女和城市子女的待遇一样，自己也很放心。城市的生活更便利，小李表示打算一直待在城市，与小镇比起来城市还是有很多优点的，这对孩子的教育也很有帮助，等退休了就有退休工资了，这也算是老有所养，能给孩子们减负。在谈到居住证问题时，小李认为现在办理居住证手续很多，过程很烦琐，希望有关部门能相对简化一下办事流程，这样不仅方便了大众，也能为相关工作人员减轻工作量。

访谈案例十四

廖先生，男，26岁，山西人，目前在北京一家酒店做酒店经理，对于居住证新政制度，廖先生表示有所了解，是通过手机上网得知的。作为“90后”，廖先生每天都会通过网络了解到各方面的资讯。高考过后，廖先生考上了北京的一所高校，第一次来北京的他对大都市的一切事物都感到好奇，通过四年的大学生活，廖先生基本适应了北京的生活，北京作为中国的首都，每年都会吸引成千上万名像廖先生一样的人来到这里。大学毕业后，廖先生留在了北京，并想在这里有一番作为，酒店经理是廖先生在北京的第二份工作。北京的机会很多，同时也人才济济，在北京安家并不容易。廖先生时常会憧憬自己的未来，却不得不面临很大的生活压力，廖先生表示目前没有结婚也没有子女，但据他所知，在北京供孩子读书确实比较复杂，尤其对于他们这种没有本地户口的打工族来说。条件允许的话，希望在这里定居。毕竟医疗、教育设施都比小城市好得多。居住证办理手续多，过程烦琐，希望有关部门能简化办事流程、提高办事效率。廖先生表示即使在北京，各种手续的办理流程依然很烦琐，简化程序是今后改革的一个重要方向。

访谈案例十五

小杨，男，25岁，贵州凯里人，在江西九江工作了两年。小杨觉得这个城市很宜居，有山有水，市中心有两个大湖，环境非常好；交通规划也非常好，除了在上下班高峰期有部分路段拥堵以外，总的来说这里的道路和其他交通设施都非常不错。另外，九江的功能区相对来说比较集中，生活也比较方便。

小杨目前在九江银行工作，现在的收入月均达到1万元左右，扣除每月1300元的房租，在九江的生活还是很不错的。作为一个外地人，小杨没有觉得生活上与本地人有什么差别。在2015年4月的时候小杨买了车，当时为了给车上牌照办理了居住证。小杨表示当时并不清楚九江居住证政策，去办理的时候没有觉得门槛高，派出所只需要他提供身份证、户口本、工作证明和租房合同；需要证明他在九江居住了半年以上才行，如果证明不了，就在派出所登记一下，半年以后再来办理。当时小杨已经在九江居住满半年，并且提供了所有相关材料，可还是花了很多时间，去派出所跑了七八次，前后花了一个多月的时间才办理下来。他感觉管理人员的办事效率极其低下，需要的材料不一次性说完，每次去盖章的时候，管理人员不是在开会就是出去办事了，耽误了许多时间。

小杨觉得是否办理居住证对生活几乎没有影响，当时办理主要是因为要上牌照，后来用过一次，就是上庐山，用居住证可以免门票。在谈到九江的公共服务时，小杨觉得硬件方面还是不错的，基建做得挺好，市容环境不错，市民出行方便；但是对于服务，小杨非常不满意，首先就是办理居住证的事，每次都抽上班的时候来办，结果每次都办不成，服务人员态度还很不好，让他非常恼火；另外去国税局交税的时候也让小杨很不满意，小杨说"我为国家纳税，我应该感到光荣，但是国税局工作人员的态度使我非常不想纳税"，第一次去办事的时候，大厅导税台服务人员在那里有说有笑，并不搭理小杨，结果排了很长的队，工作人员告诉他材料没齐，也不一次性说完，还怪他不问清楚，很简单的一个业务，硬是办了三个多小时，最后告诉他下班了，不办理了，明天再来，小杨当场就发火了，准备打电话给他们领导，办事人员这才给他办理。工作人员的态度、效率真的非常影响大家的满意度。

小杨认为公共服务中最需改进的就是服务，建议政府设立专门的投诉处理监督机构，对每个提供服务的办事机构进行监督，市民有投诉必查证，有则改之无则加勉。

访谈案例十六

小黄，女，1995年出生，单身，来自江西省井冈山市茨坪镇下庄村，家庭成员除爸爸妈妈外，还有一个过继来的哥哥。小黄在与人沟通交流方面总有一种优势，并且很喜欢英语，所以毫不犹豫报考了英语专业。2017年毕业于江西科技师范大学的外语专业后，在井冈山某培训机构担任英语老师，但是由于不喜欢这个机构的工作环境，所以工作两个月之后就离开了。家乡工作机会比较少，而小黄一直以来比较崇尚自由，离开培训机构没多久就通过自己努力去往了深圳的一家外贸公司，虽然是一家小公司，但是去外贸公司才是她真正想要的。

目前在深圳生活，对于自己所在的那家公司，小黄觉得与周围同事的关系都比较和谐，自己对工作环境也挺满意的，但就是由于自己学历不够高（毕业之前有尝试专升本考试，但是没有成功），刚毕业又没多久，所以工资不是很高，一个月只有4000左右，自己在外与别人合租，一个月的房租也要将近千元，生活成本比较高。但是小黄觉得现在只是开始，自己还处于起步阶段，觉得以后会越来越好，她的英语口语特别好，人际交流方面也不错，所以在工作方面目前没有太多大问题，主要就是要多学习，积累经验技巧。另外，由于工作原因经常需要出差去香港这些地方，虽然说出差比较辛苦，但是她善于抓住这种机会，在工作之余很积极、热情地做代购，一方面，多赚一些钱，毕竟生活压力还是挺大的；另一方面，也是在帮助朋友。她还经常和关系好的同事出去游完散心，心态是非常好的。对关于流动人口的政策她不是很了解，但是公司每月对她这样的毕业生会发放一定的租房补贴，这一点令她觉得非常好。她喜欢深圳这个城市，也能适应这里的生活和工作节奏，由于现在还是单身状态，没有找男朋友，所以对于以后是否会稳定在这个城市，她自己也不是很确定，在这方面也没有特别强烈的意愿和要求，只能说走一步看一步。

访谈案例十七

小吴，男，25岁，目前职业为保安，从江西省九江市的一个县城来到南昌市做保安已经5年了。家庭成员除了一个弟弟在读高中外还有一个妹妹在读初中，而自己读大专不到一年就退学了，当时学的是园林艺术专业，觉得没有什么前途，家里负担很大，便放弃了继续读书。之后在一家电子厂工作了一年，那时月收入2500元，在外面租房子一个月花300元，生活费月均800元，1000元寄回家里，剩下的钱存起来。爸爸、妈妈文化程度都为小学，在家里务农，收入极低，目前自己是家里的顶梁柱。在电子厂工作那一年，每天工作超过12小时，经常上夜班，而且生活枯燥乏味，动作单一，里面大部分都是一些年纪较大的人，自己跟他们融入不到一起，长期高强度且打乱生物钟的生活让自己压力很大，情绪很不稳定，并且感觉身体渐渐不好了。一年后他果断辞职，由于自己学历低，阅历浅，很多单位都不想聘用他，最后靠着家里到处求人才谋取了目前的这个工作，在一家银行当保安。一干便是5年，已经成为领班了，目前收入在3200元左右，正常上下班，工作环境及福利较好，除了租房子花400元，基本没什么开销，大楼里面的人素养都较高，小吴与他们相处很好，上下班都会开心得打招呼，小吴觉得以自己的能力能在这里工作已经很满足了。空闲之余，小吴受到他们的熏陶，开始自学一些知识，他说要赶上时代的步伐，希望自己能不做一辈子保安，学点知识，考取些证书，让自己踏入更高的层次，希望自己有一天也能真正走进这栋大楼与他们一起奋斗！

访谈案例十八

陈先生，男，24岁，吉林白城人，现在在郑州从事建筑工作。陈先生在2012年就已经离开家乡，独自在外工作，6年时间里，陈先生先后从事过餐饮业、制造业及建筑业。谈及离开家乡、外出工作的原因，陈先生说自己的老家是农村的，如果不出来打工就要在家种地，到了20岁左右，家里就会催着自己结婚，在农村

20多岁不结婚就成剩男了，他不想过那种乏味无趣的日子，所以想自己出来闯荡。

陈先生现在的工作每天6点上班，晚上一般要到9点左右才能下班，中午有1个小时的时间吃饭、休息。忙的时候，由于要急着赶工程，可能连着一个月都不休假；没有活干的时候可能连着休息好多天。谈到收入，陈先生说自己的工资是日薪制，每天250~300元，因为在工地和工友住宿，所以去掉每天吃饭的30块钱和一些日常花销，每个月净收入7000元左右，这个工资在老家算是高薪了。每年回家过年，亲朋好友听到他的工资收入，都感觉还不错，但是只有陈先生知道自己吃了多少苦。

陈先生说，其实自己一个人在外漂泊特别不容易，身边没有亲人朋友，身体不舒服的时候、无聊孤单的时候都没有人陪，没有活干的时候想出去玩也很少有人一起，并且现在自己仍然是单身，他觉得自己现在没时间谈恋爱，而且觉得现在自己的生活和理想的生活仍然存在一定的差距。陈先生感觉在这个城市里没有什么归属感，因为不会说方言，也听不太懂，饮食的口味也不太喜欢，所以自己一般都在宿舍里看电视剧、睡觉，很少与别人打交道。

陈先生说，自己未来可能会转行，因为现在的工作有一定的危险性，而且时而拖欠工资，如果未来想稳定这是不够的。他希望将来收入更多一点，有了自己稳定的住所，会考虑找女朋友，然后结婚，稳定下来，把父母接过来养老。

访谈案例十九

小甘，男，25岁。从老家安徽合肥去南京打工最后辗转到上海，在上海工作已经有三年了。

小甘是大学专科毕业，早先在南京做房产经纪人，而后来到上海。因为个人热衷于销售行业，也在房产市场有过扎实的基础，家人支持，机缘巧合下最终选择了现在的这份工作。小甘来到上海已经有三年了，现在是58同城二手房直销部门的一名主管。

小甘是一个勤劳、踏实、肯干的年轻人，他自己讲述了从一名直销业务员晋升为主管的艰辛。用他自己的话来说就是有付出就会有回报。用两年半的时间完成了各个层级的晋升，也让他认可了自身的能力。现在小甘已经完全融入了上海的快节奏生活。小甘一直住在公司附近，每天上下班不用挤公交和地铁，骑行15分钟的共享单车就可以到公司。工作方面，小甘已经习惯了直销业务线的辛苦，也已经习惯工作的繁忙。作为一名主管，他平时去得比大家早，下班比大家晚。每天大概八点半到公司，晚上十点下班。他说最令他高兴的就是每月月初第一周的双休，他可以在家睡懒觉，什么都不用做。

小甘对于公司企业文化和企业价值是认可的，认为上海大区的分公司文化也契合自己。询问过小甘，长时间的工作及每天的加班会使自己对公司不满或者不平衡吗？小甘说了三点：第一，他已经习惯了这种工作模式；第二，他也想早点下班，回家休息，可是看到自己部门的小伙伴还在为了业绩努力，他也会被感染；第三，大区有规定的工作时间和业绩考核，这些不是他能说了算的。小甘说，虽然辛苦，可是这些年在58同城学到了很多。例如，对于最基本的办公软件，现在真正做到了熟悉、全面熟练了。另外就是为人处世，见了很多客户，形形色色的人，这都不断地给自己积累了经验。用他的话来说就是，“我最后感觉就是把自己推销给了客户”。

小甘下一个阶段的目标就是区域总监，他希望自己能在下一个三年完成这一目标。

访谈案例二十

小周，22岁，从安徽去郑州工作已经7年了，半年多没有回家。由于在家乡发展空间小，工作机会少，为了有更好的发展，有更多的工资收入，小周初中毕业后就去了郑州工作。主要工作地点在郑州，但是经常需要在全国各地跑。

在大部分的工作时间里，与同事相处融洽，工作氛围很活跃，平时心态还不错，对于喜欢的人和喜欢的事有较强的兴趣，但也会有不开心、不自在的时候，这些都是不可避免的，总体来说无论是生活还是工作，开心的时间要多于不开心的时间。小周目前所处的状态要比自己之前所预想的差些，之间还是有比较大的差距的，由于经常熬夜，工作时间嗓子受损严重。另外，由于正值年轻力壮的时候，身体状况还算比较好，偶尔会有发烧感冒、嗓子发炎等小病。

在郑州7年期间，小周一直都租房子住，公司没有安排，压力也挺大的。现在的年轻人都有自己的空间，并没有在意过自己是否受当地人的尊重，由于待的时间比较长，自然而然地就和当地人熟识了，对所在城市也非常熟悉。当地对流动人口的政策公司并没有进行普及，所以对这方面大家也没有太多的了解。

虽然在郑州七年，熟悉了环境，基础设施也比较好，但是小周仍想换个城市工作，换个环境生存。小周认为目前从事的职业晋升空间有限，只希望自己的工资能有所提高，再攒几年钱，回老家找对象，然后结婚生子，在小城市过安然自得的小生活。小周说，未来很遥远，目前还是做自己喜欢的事情最重要。

访谈案例二十一

小韩，男，1990年生，初婚。家里有爸爸、妈妈和姐姐，居住于江苏省南京，学历本科，专业为法学，在校期间，小韩通过了司法考试、英语四六级、计算机二级和普通话等级等考试，各门课程成绩优异。小韩一直有一个创业的梦想。大学毕业后，小韩在父母的要求下，考了武汉市的公务员，工资为4000元，另外还有良好的福利待遇。虽然公务员工作稳定，待遇较高，但是工作的内容单调，缺乏挑战性，且晋升渠道窄，周期长，对于年轻的小韩来说，这样的工作是枯燥无味的。随后，小韩不顾家人的反对，辞掉了公务员的工作，离开了武汉，到杭州应聘了一家知名律师事务所的律师助理岗位，这个岗位基本工资为3000元。小韩以优异的成绩获得了这个岗位。虽然这份工作的待遇大不如前，但是小韩觉得自己离梦想更近了一步，因此，他不但不觉得失落，反而更有激情，工作更加有动力。凭借着年轻人的干劲，2年后，小韩成了该事务所的一名律师，基本工资涨到了7000元，另外还补贴了交通费和通信费等600元。加上自己完成案子的提成，小韩平均每个月能够获得1.5万元的收入。5年后，小韩积累了足够的资金和经验，回到了南京，创办了自己的律师事务所，开启了自己的创业之路。创业初期，小韩的事务所规模比较小，加上自己，一共只有5个人，任何事情，小韩事必躬亲，整天都扛着巨大的压力。坚持了3年之后，小韩的律师事务所走上了正轨，事务所开始小有名气，客户的数量开始稳定，事务所的经营和管理也越来越规范。小韩说，人生很无奈，没有正确选项，但是人生又很幸运，可以把选项变成正确的，自己曾经也迷茫过，但是凭着一股韧劲儿，走出了安逸的生活，去做自己想做的事，我觉得我找到了自己的人生价值。

访谈案例二十二

小刘，女，1981年生，已婚。家里有爸爸、妈妈、丈夫、丈夫的爸爸妈妈、一个6岁女儿和一个4岁女儿。江西省赣州市兴国县人，学历中专，因为小刘的成绩不太好，所以高考落榜就留在乡里帮自家经营小型便利店，后在乡亲的介绍下与现在的丈夫认识并结婚生子。结婚后，家庭收入主要来自丈夫在城里开摩的载客，而小刘则在家里照顾小孩。随着孩子逐渐长大，收入渐渐支付不起支出的费用，所以在小女儿一岁半的时候，将两女儿安置在奶奶家居住，小刘和丈夫准备到上海丈夫朋友推荐的一家电子厂工作。刚到工厂时，工厂包吃不包住，工资虽然不高但比在家乡时的工资要高。在2013年到上海，一直到2018年，这5年小刘都在这家电子厂工作，小刘觉得找另一份工作成本太高，而小刘的丈夫则在两年后和同事去了一家汽车厂当维修工。由于电子厂工作重复、单一，工作内容枯燥且厂内环境通常密闭不透气，工作时间属于两班倒模式，连续两个星期早班，休息一天后，再上一个星期的晚班，一开始小刘还能适应这种工作模式，但5年过后，小刘觉得自己的身体大不如前，且在厂内工作5年，工资涨幅也不算大，随着家中父亲、母亲年纪越来越大，近几年身体也出现了一些问题，需要经常煎熬中药治疗，而自己的两个女儿也在读书费用上和日常开支上越来越大，小刘心想着要尽快换一份正常上下班的工作，前几天碰到一位从电子厂内离职去房地产销售的前同事，得知地产销售的工资属于底薪4000元加400元补贴加提成，公司会为员工配备一辆电动车作为工作时的交通工具使用，由于上海流动人口较多，房地产销售还是有前景的，据同事口述，自己刚来第一个月由于资源不多处于适应状态，工资比底薪多一点点，但随着自己拥有的客户资源越来越多，4个月后工资已经有6000多元了，小刘目前在电子厂的固定工资为7000元，虽然在与客户交流方面是没问题的，房地产销售工作时间虽然长但也较为规律，但基于自己的年纪已经37岁，且刚进去几个月房地产销售的工资比电子厂低，小刘陷入了纠结的状态。

访谈案例二十三

小刘，女，26岁，是家中独女，早先觉得家中父母管得太多，束缚太多，所以毕业后来到了离家很远的深圳，开始了自己想要的生活。她说，虽然一人在外很辛苦，但是也从没想过再回家，找到了自己喜欢的生活方式，觉得应该就是这样了吧。

在外最大的问题就是住房了，过高的房价让人望而却步，她选择租房。房东的房子是四居室,租给了包括她在内的四个性格截然不同的女生。一个月租金1500元左右，优点是离上班地点近，交通便利。

每月工资由固定工资加提成构成，工作一年多，她的工资也翻了一倍。工作以来心态变化最大的是，总觉得自己学习得还不够，也在不断地充实自己。考证，看书，学习各种技能，最近还开始健身了。她说，刚开始来这座城市的时候压力大，没有归属感，现在已经越来越适应这里的生活了，越来越适应这里的节奏了。

提起对这座城市的印象，小刘说是包容。深圳的人口有一千多万，但是本地居民才495万人左右，这是一座综合性非常强的城市。来到深圳，你可以自由地做你自己。你走在马路上遇见的十个人里面，可能有两个是湖南的，三个四川的，一个湖北的，两个西安的，一个重庆的，很少有广州或者深圳的。深圳是个多民族聚居的经济特区，在这里，流行的不是粤语，不是潮汕话，不是英语，用得最多的是普通话，但是你可以在各处听到你本地的方言。

访谈案例二十四

小曹，女，24岁，单身，家在河北，大学毕业后，在厦门工作已有一年，在一家网络公司做人力资源专员，由于自己专业的原因在家乡对口工作不好找，所以来到厦门工作。目前她本人觉得还是很快乐的，工作环境不错，大家都对她很好，自己也和室友相处融洽。很少碰到人际交往上的问题。

但小曹也有不顺心的事，那就是没有自己的房子，来到厦门的一年里，已经搬了好几次家，这是让她烦心的一件事。

在工资方面，小曹也希望有所提高，目前的工资也只够她生活，工作有一点累，主要是工作时间长，一周只能休息一天。但是，公司的理念还是和自己比较相符的。

虽然自己不是厦门人，但是并没有觉得被他人不尊重。自己所在的公司交通便利，但是人多，空气质量不是很好，一到周末，就会与好友出去玩，这样可以释放压力。目前没有落户厦门，希望有机会能在厦门落户。

一个月的生活费：房租1500元，水电150元，伙食费1000元，交通费450元，衣服、化妆品方面的费用大概800元，周末出去聚会花费200元，电话费200元，大约每月消费4300元，工资4500元，一般每个月不能剩下什么钱。

现在自己是一个专员，希望自己不断努力，可以升职加薪，这样自己的生活就会更好一点，同时，自己也会不断提高自身的业务水平。

访谈案例二十五

小李，男，25岁，来自江西省上饶市，现在在南京市一家服装生产企业工作，负责缝纫机车的检修和维护。小李由于中考成绩不太理想，初中毕业就步入了社会，跟随亲戚去学习缝纫机车的维修，学习了几年后，自己具备了独立作业和维修的能力，便去找了这方面的工作。小李来自一个农村家庭，但家里经济状况还行，他是家中的独生子，这在农村很少见。

小李初中毕业后，最早进入了他的一个表姐家开的服装厂，那家服装厂就在镇上，他会熟练使用缝纫机。后来觉得不能一辈子待在这种小地方，应该去学习一门更加有用的手艺以谋生。后来和他的一个表姐夫去了湖南学习缝纫机车的维修。在他学成之后，曾经在湖南工作了几年，后来由于某些原因离开湖南，去了南京，这几年他一直都在南京。

小李所在的服装厂规模相对较大，他现在每个月的工资是5000多元，为固定工资。厂里为员工提供了住宿，也提供了食堂。但由于吃不惯厂里食堂的饭菜，小李每天会骑车去买菜，回来自己煮。小李的父母和妻子和他在同一个服装厂，但他们从事的是更为基础的工作。每天用于买菜的钱大概要20~30元。即便厂里提供住宿，用于买菜的钱一个月加起来也不到1000元，但是小李每个月还是存不下多少钱。他说，和厂里一些要好的同事会经常出去吃饭或者玩，再加上自己平时也抽烟，经常会买一些零食，所以一个月也剩不了什么钱。

小李觉得现在的生活状态挺好的，一家人能在一起，而且对于初中毕业的他，这个工资水平也算可以。对于未来，小李希望这样下去就挺好，但是以后会尽量节约一些开销，省下一些钱将来为买房子和生孩子做准备。

访谈案例二十六

小汤，女，1994年出生，未婚。家里有爸爸、妈妈、爷爷、奶奶。江西省上饶市余干县人，学历硕士研究生。品学兼优、性格开朗的小汤参加了南昌市某银行管理培训生计划，如今已经是一名管理培训生。作为千万名上班族中的一员，小汤并不孤单，她心态积极乐观，另外，从家乡来到南昌市，单位给了她外派异地补贴。初入职场的小汤也一直保持着良好的心态，绝大部分时间都是积极向上的，因为大家都比较认同企业文化，所以工作氛围是十分和睦友好的。受到同事的关怀、前辈的指导，小汤觉得自己是幸福的，现在的工作和生活对她来说刚刚好。但是由于经验不足，小汤还是会经常遇到许多难题，但她知道这是成长的必经之路，她总是能在棘手的问题中自我学习、自我提高、自我成长。因为目前还处于职场“小菜鸟”的阶段，小汤牺牲了许多自己的时间，她有时希望能够有多一些时间和空间留给自己，她给自己定下了目标，并知道她的目标能够通过努力，按照自己的节奏去一点一点地实现，如此一来便能给自己和家人留出更多的时间和空间。积极的心态及良好的身体健康状况给予了目前工作压力较大的小汤很大的支持，在压力大的时候，小汤会感到有些焦虑，但她能很快地调整过来，当然这也离不开家人的支持。通过在南昌的适应和打拼，在家人的支持下，小汤买了房子，虽然房子不大，但布置得十分温馨，能够舒缓下班后的紧张感，并感受这个城市的美，在休息日偶尔会和同事聚聚，虽然不会说当地的方言，但小汤融入得很好，她热爱并享受现在的一切。在小汤看来，她的幸福感与成家落户没有关系，她对现在的生活比较满意，已经在这个城市落户的她并不着急成家。她更多地希望自己的发展能够稳步提升，对于工作能更加得心应手。

访谈案例二十七

郝静，女，22岁，目前单身状态，没有想要成家的迫切愿望。老家在河北省定州市，大学学的专业是酒店管理，在厦门实习，所以毕业以后就一直留在厦门，现在已经在厦门工作有一年多了，目前是租房住。

因为个人的性格比较开朗，爱交朋友，所以大部分时间是开心快乐的，整体心态乐观，和周围的人相处得也很愉快。自己所在工作单位的文化价值理念与本人不太符合，但自己会努力地适应，对于现在的生活环境，总体感觉挺好的。

在厦门生活到现在，依然没有归属感，虽然没有受到当地人的不尊重，但是没有自己的房子，工作压力大，有时也会感觉到焦虑，公司也没有对流动人口的关注和相关福利制度，自己的身体状况时而好时而糟糕。

对于工作的未来期望是，希望自己的薪资翻倍，也希望自己职位进一步提升，同时希望相关部门可以完善流动人口方面的福利政策待遇，希望自己可以融入这座城市。

访谈案例二十八

赵小姐，女，24岁，来自重庆市大足区。19岁以前，赵小姐从未离开过家乡。19岁考上了江西省内的大学，外出读书。23岁大学毕业后，直接到了南京一家公司上班，现在也一直生活在南京。除了每年一次的春节假期和探亲假（合计25天左右）赵小姐会回家陪家人，其余时间都在南京生活。目前赵小姐将大部分的精力都花在了工作上，所以还是孤身一人，并与一位大学同学合租。两人虽不在同一家公司，但作息时间几乎相同。赵小姐因一直以来性格温和，即使在较大的工作压力下，也能自我排解，整体心态较为积极、放松。在平时与同事、室友相处时，赵小姐也能积极应对，尽力将大小事情都做到让更多的人满意。但赵小姐内心明白，虽然自己是与世无争的性格，但为了以后的生活，现如今这样一个单身女性，每天挤公交、地铁上下班，与人合租，都不是长久之计，也与自己从前在大学时对未来的憧憬和预期不相符合。况且，自己在南京举目无亲，唯一熟悉的就是周围的同事，既不会说当地方言，也对当地饮食不习惯，因此虽然同事、新朋友对自己都还算友好，但赵小姐始终很难对南京产生归属感。同时，家人和一些以前的朋友也都建议赵小姐回到重庆找一份合适的工作，既可以和父母、亲人常聚，还可以通过一些认识的朋友找一个靠谱的男朋友，大大降低了一个人孤身在外地被人欺骗的可能性，同时生活也会便利很多。赵小姐经过深思熟虑之后做出决定，自己当初去南京找工作，就是想一个人外出打拼一番，尽管自己对现在的生活不太满意，但也不至于要离开南京，所以赵小姐想先继续保持目前的状态，等过两三年自己积累了一定的工作经验且有了一些积蓄之后，再回到家乡找一份相似的工作。到时既有能力照顾好自己，也能分出一份精力来照顾家人。至于自己的感情问题，赵小姐表示顺其自然。她认为等以后回了家乡才最有可能遇到合适的人，但如果在回乡之前就遇见了那个让她甘愿改变现有计划的人，她也会慎重考虑。

访谈案例二十九

张秀，女，来自安徽省六安市舒城县，目前单身状态。2015年大学毕业，现在在厦门市第一人民医院上班，是一名护士。她天生比较乐观，对工作、生活的态度非常积极。现从事的职业也是她一直想做的，工作环境也可以，所以，她对现阶段的工作感觉比较顺心，与同事和睦相处，工作氛围和谐。

这个单位并不提供员工宿舍，所以，现在小张在外面租房子住。这里的房价真的太高了，房租对小张来说已经是非常高的了，但在这里算是住的比较差的，楼层最高，小区较老。租住条件不好可能是现阶段小张的一个烦恼。

厦门是小张小时候一直待的地方，对这个地方还是有很深的感情的，目前小张爸妈也在这边工作，她想一直在这里生活，想融入这个城市。这里的环境不错，空气质量也不那么差，小张居住的地方是市中心，离她工作单位也不远，交通较为便利。这里的人们很友善，并没有因为自己是流动人口就对自己区别对待，尽管各个地方存在差异，但这并不影响人们之间和谐相处。

由于小张现在入职不久，她就想好好跟着师傅学本领，练就扎实的基本功，以后的工资当然也会提高。

访谈案例三十

小袁，男，23岁，老家是河北保定的，父母在他小学时就到郑州打工了。小袁一直在保定读书，高中读了一年觉得不想继续上学了，就来到郑州工作。头两年跟着父母一起做点小生意，第三年开始着手自己创业，现在和朋友一起开了一家网站设计公司。小袁说，对于他个人来讲，在郑州经商最明显的不便之处就是当地人会对我们这些外来人口有一些排斥，当地相关部门其实在这个问题上也没办法给予特别的支持，不过在政策上还是比较公平的。

小袁说他于2017年刚刚结婚成家，也即将有自己的孩子，目前公司处于一个上升期，生活也比较稳定，所以现在的状态和心态都是比较好的。不过刚开始自己创业的时候确实遇到了不少困难，也还好当时全家人都在身边，给了很多支持，否则真的很难坚持下来。他是一个比较仗义的人，和身边的人相处得比较和睦，但工作中该讲原则的时候也绝不会怕得罪人。小袁对自己有很高的要求，虽然目前的状态还不错，但自己还不是很满意，希望能够在工作上达到一个更高的标准。

小袁说自己很少做体检，自我感觉身体状况还是很好的，不过由于经常需要应酬，免不了要抽烟、喝酒、熬夜，所以现在希望趁年轻多奋斗一下。他目前在郑州已经买了房和车，这主要是想给家人更多的安全感，之后没有意外的话可能会一直在郑州发展下去，毕竟已经算是扎根了，不过他个人比较倾向未来回到保定生活的。工作的压力一直都有，毕竟员工和合伙人都在看着，压力导致的也不算是焦虑，因为自己有这个心理准备，主要还是自己目标很明确，这些压力就是自己实现目标的渠道。

小袁对郑州的方言掌握得还是比较好的,所以跟当地人的沟通基本没有问题，但是他觉得自己不能称为本地人，因为他内心并不想融入，在当地生活、工作只是为了赚钱，即使在那里生活了很多年，自己还是无法真正地转换心态。小袁说由于自己很小就开始在郑州生活，那里的生活节奏自己还是很能适应的，社会文化也能习惯，整体来讲，工作起来比较开心，团队也是自己创建的，没什么可抱怨的。

小袁在郑州的朋友圈比较广，其中很多都是生意伙伴，平时出去休闲的时间也不多。他对于郑州的流动人口政策没有过多关注，觉得对自己影响也不大。

小袁说希望在5年内自己的公司能够扩大一倍的规模,关于流动人口福利待遇方面自己了解得不是很多，在公司经营上自己也不参与这方面的管理，所以他觉得需要改善的应该是住房问题，希望对外来人口在购买住房的条件方面能够放宽一点。小袁觉得自己已经能够融入当地的生活了，完全融入可能只是时间问题，但期望程度也不是非常高，因为目标实现之后，未来还是打算回到老家。

经过深度访谈案例分析，发现流动人口对居住证和享有公共服务有很高的期望，他们希望通过办理居住证享受和当地居民同样的服务与便利。同时，调查发现不同城市的流动人口对于居住证的办理流程、工作人员的办事效率都不是很满意。居住证制度已经推行了一年，仍有部分流动人口对此不了解，政府应加大宣传力度。同时，有关部门应扩大公共服务资源供给，优化公共服务供给流程，提高公共服务的供给效率，让居住证制度给流动人口带来真正的便利。

后　记

本书是在国家自然科学基金项目研究报告基础上完成的，从项目立项、调研到成册历时四年的时间，并经数次修改完善，最终定稿。在即将付梓之际，本书对调研过程中得到的政府相关部门、企业和流动人口及调研人员的大力支持致以衷心的感谢！研究生许洋、叶数红、薛莲、陈晓、陈水琳、朱玉珍、张志景和林睿为本书撰写和出版付出了辛勤劳动，在此一并表示衷心的感谢！

户籍制度改革与城市常住人口基本公共服务全覆盖问题一直是政府和学界研究的重点与热点，笔者自2006年一直关注这一领域，侧重点一直在流动人口市民化与随迁子女教育、社会保障、公共卫生等政策方面，随着对这一问题不断深入地了解发现，根本性解决公共服务问题不仅需要逐步提高基本公共服务的供给水平和质量，而且关键在于从顶层设计出发，进行一揽子的政策安排。通过顶层设计，改善流动人口的政策制度环境，为他们创造良好的生活、工作环境，并大幅提升流动人口的幸福感和获得感，这已成为政府政策的出发点和落脚点。

中国存在较大的地区差异和城市差异，地区之间人口流动规模日益庞大，外来流动人口在城市工作和生活，却难以与居民享受同等的基本公共服务和福利保障。2016年1月1日，国务院颁发的《居住证暂行条例》正式实施，这一政策的核心思想是：试图打破户籍制度和城市公共服务与社会福利绑定的现实约束，使得大部分地区的流动人口即使不具有工作或居住地的当地户籍，但是依据居住证同样可以享受流入地的基本公共服务。这样，居住证制度将成为长期的阶段性措施，为流动人口平等享有地方政府公共福利提供契机。因此，本书结合政府新一轮的改革发展目标和流动人口对公共服务均等化的迫切需求，对居住证制度改革背景下流动人口公共服务创新模式和运行机制进行深入分析，希望能够促进城市常住人口基本公共服务均等化，提高公共服务供给水平和公共服务资源配置效率，拓展和丰富公共服务治理的理论成果。

受篇幅所限，同时因我们水平和经验有限，本书难免存在不足和疏漏之处，敬请读者批评指正。

最后，向本书引用和参阅的所有成果的作者表示感谢！